DEFESA COMERCIAL E DIREITO SOCIETÁRIO
PARTES RELACIONADAS EM INVESTIGAÇÕES ANTIDUMPING

AMANDA ATHAYDE
JÚLIA MARSSOLA
MARIA AUGUSTA VIEGAS
VICTOR LEITE

Prefácio
Ana Frazão

Apresentação
Victor do Prado

DEFESA COMERCIAL E DIREITO SOCIETÁRIO

PARTES RELACIONADAS EM INVESTIGAÇÕES ANTIDUMPING

Belo Horizonte

2021

© 2021 Editora Fórum Ltda.

É proibida a reprodução total ou parcial desta obra, por qualquer meio eletrônico, inclusive por processos xerográficos, sem autorização expressa do Editor.

Conselho Editorial

Adilson Abreu Dallari
Alécia Paolucci Nogueira Bicalho
Alexandre Coutinho Pagliarini
André Ramos Tavares
Carlos Ayres Britto
Carlos Mário da Silva Velloso
Cármen Lúcia Antunes Rocha
Cesar Augusto Guimarães Pereira
Clovis Beznos
Cristiana Fortini
Dinorá Adelaide Musetti Grotti
Diogo de Figueiredo Moreira Neto (*in memoriam*)
Egon Bockmann Moreira
Emerson Gabardo
Fabrício Motta
Fernando Rossi
Flávio Henrique Unes Pereira
Floriano de Azevedo Marques Neto
Gustavo Justino de Oliveira
Inês Virgínia Prado Soares
Jorge Ulisses Jacoby Fernandes
Juarez Freitas
Luciano Ferraz
Lúcio Delfino
Marcia Carla Pereira Ribeiro
Márcio Cammarosano
Marcos Ehrhardt Jr.
Maria Sylvia Zanella Di Pietro
Ney José de Freitas
Oswaldo Othon de Pontes Saraiva Filho
Paulo Modesto
Romeu Felipe Bacellar Filho
Sérgio Guerra
Walber de Moura Agra

FÓRUM
CONHECIMENTO JURÍDICO

Luís Cláudio Rodrigues Ferreira
Presidente e Editor

Coordenação editorial: Leonardo Eustáquio Siqueira Araújo
Aline Sobreira de Oliveira

Av. Afonso Pena, 2770 – 15º andar – Savassi – CEP 30130-012
Belo Horizonte – Minas Gerais – Tel.: (31) 2121.4900 / 2121.4949
www.editoraforum.com.br – editoraforum@editoraforum.com.br

Técnica. Empenho. Zelo. Esses foram alguns dos cuidados aplicados na edição desta obra. No entanto, podem ocorrer erros de impressão, digitação ou mesmo restar alguma dúvida conceitual. Caso se constate algo assim, solicitamos a gentileza de nos comunicar através do *e-mail* editorial@editoraforum.com.br para que possamos esclarecer, no que couber. A sua contribuição é muito importante para mantermos a excelência editorial. A Editora Fórum agradece a sua contribuição.

Dados Internacionais de Catalogação na Publicação (CIP) de acordo com a AACR2

D313   Defesa comercial e Direito Societário: partes relacionadas em investigações antidumping / Amanda Athayde.. [et al.].– Belo Horizonte : Fórum, 2021.

264 p; 14,5cm x 21,5cm
ISBN: 978-65-5518-259-0

1. Direito Internacional Público. 2. Direito do Comércio Internacional. 3. Direito Societário. I. Athayde, Amanda. II. Marssola, Júlia. III. Viegas, Maria Augusta. IV. Leite, Victor. V Título.

CDD 342.2
CDU 347.7

Elaborado por Daniela Lopes Duarte - CRB-6/3500

Informação bibliográfica deste livro, conforme a NBR 6023:2018 da Associação Brasileira de Normas Técnicas (ABNT):

ATHAYDE, Amanda; MARSSOLA, Júlia; VIEGAS, Maria Augusta; LEITE, Victor. *Defesa comercial e Direito Societário*: partes relacionadas em investigações antidumping. Belo Horizonte: Fórum, 2021. 264 p. ISBN 978-65-5518-259-0.

SUMÁRIO

PREFÁCIO
Ana Frazão 11

APRESENTAÇÃO
Victor Luiz do Prado 15

INTRODUÇÃO 19

CAPÍTULO 1 29
1   Partes relacionadas na legislação multilateral e estrangeira .. 29
1.1   Partes relacionadas no sistema multilateral de comércio – OMC 29
1.1.1 Partes relacionadas nos termos do Acordo Antidumping da OMC 30
1.1.2 Jurisprudência do Órgão de Solução de Controvérsias da OMC sobre partes relacionadas em investigações antidumping 34
1.1.3 A iniciativa dos *Friends of Antidumping* (FANs) sobre partes relacionadas em investigações antidumping 40
1.2   As partes relacionadas nos termos da legislação antidumping dos Estados Unidos 47
1.3   As partes relacionadas nos termos da legislação antidumping da União Europeia 53
1.4   As partes relacionadas nos termos de demais legislações antidumping 58
1.4.1 As partes relacionadas nos termos da legislação antidumping do Canadá 59
1.4.2 As partes relacionadas nos termos da legislação antidumping da Austrália 61
1.4.3 As partes relacionadas nos termos da legislação antidumping da Índia 64

1.4.4	As partes relacionadas nos termos da legislação antidumping da China	66
	Conclusão do Capítulo 1	69

CAPÍTULO 2 71

2	Partes relacionadas na legislação brasileira (arts. 14 e 35 do Decreto nº 8.058/2013)	71
2.1	Critérios legais para caracterização de partes relacionadas nos termos do art. 14 do Decreto nº 8.058/2013	73
2.2	Critérios legais para caracterização de partes relacionadas nos termos do art. 35 do Decreto nº 8.058/2013	80
	Conclusão do Capítulo 2	85

CAPÍTULO 3 87

3	Partes relacionadas e suas repercussões materiais e processuais na investigação antidumping	87
3.1	Partes relacionadas no conceito de indústria doméstica e seus efeitos na análise de admissibilidade de uma petição de investigação antidumping	90
3.2	Partes relacionadas na análise de uma investigação antidumping: impactos no cálculo da margem de dumping	100
3.2.1	Partes relacionadas e suas repercussões no cálculo do valor normal para fins de definição da margem de dumping em uma investigação antidumping	102
3.2.1.1	Partes relacionadas e suas repercussões no custo de produção e no cálculo do valor normal para fins de definição da margem de dumping em uma investigação antidumping	106
3.2.1.2	Partes relacionadas e suas repercussões nas vendas do produto similar no cálculo do valor normal para fins de definição da margem de dumping em uma investigação antidumping	111
3.2.2	Partes relacionadas e suas repercussões no cálculo do preço de exportação para fins de definição da margem de dumping em uma investigação antidumping	115
3.2.2.1	Da reconstrução do preço de exportação decorrente do relacionamento entre produtor e exportador a partir do preço de venda de um exportador relacionado ao primeiro comprador independente	119

3.2.2.2	Da reconstrução do preço de exportação decorrente do relacionamento entre produtor e importador a partir do preço de revenda no Brasil do importador relacionado.....	121
3.2.3	Partes relacionadas e suas repercussões na apresentação de dados e de informações pelas partes interessadas relacionadas ao exportador	123
3.3	Partes relacionadas na análise de uma investigação antidumping: impactos nos indicadores de dano e os efeitos sobre os preços do produto similar no mercado brasileiro (subcotação)...	129
3.3.1	Partes relacionadas na análise de uma investigação antidumping: impactos nos indicadores de dano	130
3.3.2	Partes relacionadas na análise de uma investigação antidumping: efeitos sobre os preços do produto similar no mercado brasileiro (subcotação)...	136
3.4	Partes relacionadas e as repercussões na determinação final de aplicação da medida antidumping..........................	138
3.4.1	A aplicação da medida antidumping para todo o grupo empresarial exportador em casos de partes relacionadas	139
3.4.2	Eficácia dos compromissos de preços em casos de partes relacionadas	144
3.5	Partes relacionadas na análise dos desdobramentos processuais após a aplicação de uma medida antidumping	149
3.5.1	A revisão anticircunvenção em casos de partes relacionadas	151
3.5.2	A revisão de novo exportador em casos de partes relacionadas	154
3.5.3	A revisão de restituição em casos de partes relacionadas	155
	Conclusão do Capítulo 3...	157
CAPÍTULO 4...		159
4	Mecanismos internos e externos de estruturação e exercício do poder empresarial no direito societário, fragmentação do controle e os grupos empresariais.....................................	159
4.1	Breves noções sobre os mecanismos internos de estruturação do poder empresarial no direito societário: controle interno, coligação e influência significativa..........	160

4.2	Breves noções sobre os mecanismos externos de exercício do poder empresarial no direito societário	171
4.3	Breves noções sobre grupos empresariais e fragmentação do controle	178
4.4	Quadro-resumo dos mecanismos internos e externos de estruturação do exercício do poder empresarial e da fragmentação do controle	190
	Conclusão do Capítulo 4	192

CAPÍTULO 5 193

5	Proposta de correlação entre os conceitos do direito societário e as hipóteses de partes relacionadas no Decreto nº 8.058/2013 de investigações antidumping	193
5.1	Correlação entre as hipóteses do art. 35, §1º do Decreto nº 8.058/2013 e os conceitos do direito societário	193
5.1.1	Art. 35, §1º, I, do Decreto nº 8.058/2013 e sua correlação com os conceitos do direito societário: "I - um deles controlar direta ou indiretamente o outro"	195
5.1.2	Art. 35, §1º, II do Decreto nº 8.058/2013 e sua correlação com os conceitos do direito societário: "II - ambos serem controlados direta ou indiretamente por um terceiro"	196
5.1.3	Art. 35, §1º, III do Decreto nº 8.058/2013 e sua correlação com os conceitos do direito societário: "III - juntos controlarem direta ou indiretamente um terceiro"	197
5.1.4	Quadro-resumo das correlações entre os conceitos do direito societário e o art. 35, §1º do Decreto nº 8.058/2013	198
5.2	Correlação entre as hipóteses do art. 14 do Decreto nº 8.058/2013 e os conceitos do direito societário	200
5.2.1	Art. 14, §10, I do Decreto nº 8.058/2013 e sua correlação com os conceitos do direito societário: "I - uma delas ocupar cargo de responsabilidade ou de direção em empresa da outra"	202
5.2.2	Art. 14, §10, II do Decreto nº 8.058/2013 e sua correlação com os conceitos do direito societário: "II - forem legalmente reconhecidas como associados em negócios"	203

5.2.3 Art. 14, §10, III do Decreto nº 8.058/2013 e sua correlação com os conceitos do direito societário: "III - forem empregador e empregado" 205
5.2.4 Art. 14, §10, IV do Decreto nº 8.058/2013 e sua correlação com os conceitos do direito societário: "IV - qualquer pessoa, direta ou indiretamente, possuir, controlar ou deter cinco por cento ou mais das ações ou títulos emitidos com direito a voto de ambas" 206
5.2.5 Art. 14, §10, V do Decreto nº 8.058/2013 e sua correlação com os conceitos do direito societário: "V - uma delas, direta ou indiretamente, controlar a outra, inclusive por intermédio de acordo de acionistas" 210
5.2.6 Art. 14, §10, VI do Decreto nº 8.058/2013 e sua correlação com os conceitos do direito societário: "VI - forem ambas, direta ou indiretamente, controladas por uma terceira pessoa" 211
5.2.7 Art. 14, §10, VII do Decreto nº 8.058/2013 e sua correlação com os conceitos do direito societário: "VII - juntas controlarem direta ou indiretamente uma terceira pessoa" 212
5.2.8 Art. 14, §10, VIII do Decreto nº 8.058/2013 e sua correlação com os conceitos do direito societário: "VIII - forem membros da mesma família" 213
5.2.9 Art. 14, §10, IX do Decreto nº 8.058/2013 e sua correlação com os conceitos do direito societário: "IX - se houver relação de dependência econômica, financeira ou tecnológica com clientes, fornecedores ou financiadores" 215
5.2.10 Quadro-resumo das correlações entre os conceitos do direito societário e o art. 14, §10 do Decreto nº 8.058/2013 218
5.2.11 Quadro-resumo das correlações entre os conceitos do direito societário e os arts. 14, §10, e 35, §1º do Decreto nº 8.058/2013 221
Conclusão do Capítulo 5 222

CONSIDERAÇÕES FINAIS 223

REFERÊNCIAS 231

ANEXOS 239

ANEXO I
INVESTIGAÇÕES ANTIDUMPING ORIGINAIS
REGIDAS PELO DECRETO Nº 8.058/2013 (2013/2020).... 241

ANEXO II
IMPACTO DO RELACIONAMENTO ENTRE AS
PARTES NA DEFINIÇÃO
DE INDÚSTRIA DOMÉSTICA 249

ANEXO III
IMPACTO DO RELACIONAMENTO ENTRE AS
PARTES NO VALOR NORMAL 253

ANEXO IV
IMPACTO DO RELACIONAMENTO ENTRE AS
PARTES NO PREÇO DE EXPORTAÇÃO 257

ANEXO V
IMPACTO DO RELACIONAMENTO SOBRE
A DETERMINAÇÃO FINAL DAS MEDIDAS
ANTIDUMPING 261

PREFÁCIO

É com muita honra e alegria que recebi o convite para prefaciar mais esta importante iniciativa editorial da Professora Amanda Athayde em coautoria com Julia Marssola, Maria Augusta Viegas e Victor Leite. Tem-se aqui um time de peso para tratar de tema relevante e sobre o qual há pouca reflexão: as partes relacionadas em investigações antidumping, o que requer o necessário diálogo entre defesa comercial e direito societário, áreas nas quais a Professora Amanda Athayde transita como poucos.

Aliás, a Professora Amanda Athayde dispensa apresentações e tem se revelado um verdadeiro dínamo tanto dentro da Universidade de Brasília (UnB) como fora dela, tamanha é a energia que ela dedica à vida acadêmica, sempre permeada de inúmeros eventos, iniciativas e projetos editoriais marcados pela qualidade e pela empolgação.

Entretanto, para entender melhor o projeto do qual resultou o presente livro, é importante ressaltar outra das inúmeras virtudes da Professora Amanda: a de saber identificar jovens talentos e de conseguir incentivá-los e mobilizá-los em torno de projetos importantes e atuais. É precisamente esse o caso dos coautores Julia, Maria Augusta e Victor, jovens pesquisadores que já se destacam pela seriedade e profundidade de suas reflexões.

Se o sucesso do livro já poderia ser antecipado pela reunião dos autores, tal diagnóstico se confirma igualmente a partir da escolha do tema, que não poderia ser mais pertinente. Como os próprios autores esclarecem em sua introdução, "[a] despeito de sua importância para as investigações antidumping, não há definição precisa para o conceito de partes relacionadas em defesa comercial", razão pela qual "[o] presente livro surgiu, portanto, da constatação dessa importante lacuna doutrinária e da necessidade de se elaborar e propor uma definição para o conceito de partes relacionadas no

Brasil, na tentativa de delimitar esse conceito especificamente nas investigações antidumping".

Outro ponto muito importante é o reconhecimento do necessário diálogo entre defesa comercial e direito societário, o que é particularmente importante diante de duas áreas que tendem a certo hermetismo e isolamento, o que é totalmente incompatível com a solução de problemas complexos.

Mais adiante, os autores mostram que a sua reflexão, longe de estar adstrita a qualquer preocupação estritamente conceitual, têm efeitos práticos na solução dos problemas de defesa comercial. Não é sem razão que antecipam os impactos significativos que as partes relacionadas têm nas investigações antidumping: (i) no conceito de indústria doméstica e na admissibilidade de uma petição de investigação antidumping, (ii) no cálculo da margem de dumping, (iii) nos indicadores do dano e nos preços do produto similar no mercado brasileiro (subcotação), (iv) na aplicação de medida antidumping e (v) nos desdobramentos processuais após a aplicação de uma medida antidumping.

Observa-se aqui outra das características dos trabalhos da Professora Amanda Athayde, sozinha ou em coautoria, que diz respeito ao esforço de conciliar uma base doutrinária sofisticada com a construção de soluções práticas, a que se soma uma grande preocupação didática.

Como o leitor poderá comprovar, o livro é de fácil leitura, pois o texto é fluido, extremamente organizado e com a presença de figuras e elementos gráficos que ajudam muito na compreensão e absorção dos conteúdos. Outro recurso didático que eu particularmente aprecio bastante, e que também está presente, é o fato de que os autores "pegam o leitor pela mão" desde a introdução cuidadosa, conduzindo-o com cuidado em cada um dos capítulos e ainda apresentando, ao final de cada um deles, uma breve síntese de conteúdo.

Enquanto os Capítulos 1 a 3 são mais gerais e introdutórios, o Capítulo 4 oferece o diálogo já proposto no título da obra, mostrando como o direito societário pode oferecer elementos importantes para a compreensão das partes relacionadas em investigações antidumping. Aqueles que apreciam as discussões sobre os mecanismos internos e externos de estruturação e exercício do poder empresarial encontrarão, nessa parte da obra, uma excelente oportunidade para revisitar as principais questões sobre o tema, incluindo as que dizem respeito ao controle e aos grupos, podendo constatar que os benefícios da análise transcendem à discussão sobre defesa comercial e são de grande utilidade para reflexões mais abrangentes.

Os autores ainda se propõem, no Capítulo 5, a responder à pergunta de pesquisa, buscando o que consideram "uma até então inexplorada forma de correlação entre cada uma das hipóteses de caracterização de partes relacionadas em investigações antidumping do Decreto nº 8.058/2013 e conceitos-chave do direito societário". Aliás, diante do caráter inovador e corajoso da proposta, os autores já anteveem que contrapontos e críticas provavelmente acontecerão e "serão bem-vindos, na medida em que suscitarão novos debates e novas propostas de correlação".

Por fim, não posso deixar de ressaltar a importância dos anexos, em que são sistematizadas as investigações antidumping originais regidas pelo Decreto nº 8.058/2013 (2013/2020), o impacto do relacionamento entre as partes na definição de indústria doméstica, o impacto do relacionamento entre as partes no valor normal, o impacto do relacionamento entre as partes no preço de exportação, o impacto do relacionamento sobre a determinação final das medidas antidumping.

Além de ser a pessoa que, entre as que eu conheço, faz as melhores tabelas sobre qualquer tipo de assunto, essa característica da Professora Amanda não decorre apenas do seu senso estético e da sua capacidade de sistematização de assuntos; é também um gesto de generosidade com seus leitores e pesquisadores futuros, que poderão se utilizar dos dados para avaliar as conclusões dos autores e para prosseguir em pesquisas supervenientes a respeito do tema.

Por todas essas razões, não tenho dúvidas de que a obra que agora eu tenho a honra de prefaciar oferece uma grande contribuição sobre o tema, lançando luzes sobre uma questão de extrema importância e procurando fazê-lo de forma clara e acessível.

Só posso agradecer aos autores pela honra de ter sido convidada para o prefácio e também pela oportunidade de ter tido acesso à obra em "primeira mão", podendo antecipar o sucesso e o reconhecimento que ela certamente conquistará.

Brasília, 10 de setembro de 2021.

Ana Frazão
Professora Associada de Direito Civil, Comercial e Econômico da Universidade de Brasília – UnB.

APRESENTAÇÃO

A atual disciplina internacional sobre antidumping, consubstanciada no "Acordo sobre a Implementação do Artigo VI do Acordo Geral sobre Tarifas e Comércio de 1994", ou mais comumente "Acordo sobre Antidumping da OMC", é resultado de uma longa evolução.

O aludido Artigo VI do GATT foi originalmente acordado e entrou em vigor em 1947, quando 23 Partes Contratantes (entre as quais o Brasil) decidiram aplicar provisoriamente as concessões tarifarias e as regras do Acordo Geral, em um contexto de Pós-Segunda Guerra e de rápida expansão econômica. O texto do Artigo VI senta as bases conceituais da disciplina sobre medidas antidumping: a venda de um produto abaixo do seu "valor normal" em um mercado externo (dumping), o dano causado à indústria doméstica do país importador, o nexo causal entre o dumping e o dano e o cálculo da margem de dumping.

Na Rodada Kennedy do GATT (1964-1967), houve uma primeira tentativa de aprimorar e expandir tais conceitos. Sem a aprovação dos EUA, contudo, essa primeira tentativa foi frustrada. Durante a Rodada Tóquio (1973-1979), negociou-se um "Código Antidumping", de forma plurilateral. O Código pormenorizou extensamente as regras a que os governos devem atender para a introdução de medidas antidumping.

O Código da Rodada Tóquio inspirou, em larga medida, o texto do atual Acordo sobre Antidumping da OMC, em vigor desde 1995. Esse novo Acordo aprimorou e aperfeiçoou as regras desse instrumento de defesa comercial. Além de conter uma normativa mais detalhada, o atual acordo foi – e continua a ser – objeto de procedimentos de solução de controvérsias na OMC. Os relatórios de Grupos Especiais (*panels*) e do Órgão de Apelação – hoje inativo – interpretam e esmiúçam, por vezes de forma contestada, as regras multilaterais sobre antidumping.

O leitor avisado poderia se perguntar, portanto, se ainda há o que se dizer e esclarecer quanto à disciplina sobre antidumping, depois de quase três quartos de século, desde a entrada em vigor do Artigo VI do GATT em 1947. Por que ainda estudar e escrever sobre antidumping em 2021?

A Professora Amanda Athayde, juntamente com os coautores desta obra primorosa, Julia Marssola, Maria Augusta Viegas e Victor Leite, respondem a essa pergunta com particular clareza. As regras sobre antidumping são um arcabouço de direitos e obrigações por parte de governos, incessantemente confrontados com novas situações, dúvidas e desafios que a realidade do comércio exterior apresenta. Esse arcabouço de regras não prevê nem dá respostas a todas as indagações. Para enfrentar novas realidades do comércio exterior e da evolução das empresas, é necessária uma compreensão profunda das regras, para que as medidas adotadas pelos governos sejam tomadas a partir de um exame racional e cauteloso de cada situação particular.

A cautela se justifica: as medidas antidumping permitem aos membros da OMC desviar, unilateralmente (ainda que em resultado de uma investigação, de um procedimento interno sujeito a contraditório), de dois dos princípios fundamentais das regras multilaterais: a não discriminação entre parceiros comerciais e a consolidação de tarifas de importação.

Portanto, é necessário constantemente estudar, entender, apreender essas novas realidades, para que os operadores de comércio exterior – os agentes econômicos envolvidos na exportação e importação – se sintam seguros de que as ações do poder público respondem a critérios claros e objetivos – e não a um instinto puramente protecionista. Ou pior, que a introdução de medidas antidumping seja instrumento de ação de caráter político. É preciso ainda que o governo que introduz medidas antidumping seja capaz de defendê-las, justificando sua conformidade com as regras multilaterais, caso o governo do país exportador decida contestar tais medidas no foro multilateral, mediante recurso ao mecanismo de solução de controvérsias.

Nem sempre se entende, mesmo entre iniciados nas regras da OMC, a importância do Acordo sobre Antidumping. Não é raro ouvir, nos corredores da sede da Organização em Genebra, comentários sobre o caráter hermético dessa disciplina, ou a avaliação de que se trata de um conjunto de regras de caráter meramente processual. O vocabulário peculiar, a redação obscura e gramaticalmente duvidosa do Acordo, as discussões extremamente técnicas e algo bizantinas no Comitê de Antidumping da OMC, muitas vezes, causam certa alergia intelectual nos diplomatas e negociadores. Nada mais enganoso: o Acordo sobre Antidumping é um pilar essencial do direito do comércio internacional. E também objeto de um embate politicamente explosivo, nos tempos que correm. Interpretações contestadas de certas regras sobre antidumping por parte do Órgão de Apelação da OMC, em procedimentos de solução de controvérsias, são apontadas como uma das razões para a crise e inatividade desse órgão. As regras sobre antidumping e sobre subsídios e medidas compensatórias estão no centro das relações conturbadas entre grandes potências comerciais na OMC. Uma melhor compreensão e um entendimento mais profundo das regras são, portanto, não somente necessários do ponto de vista interno, mas podem ajudar a aliviar ou, pelo menos, equacionar certas tensões internacionais.

O trabalho da Professora Amanda Athayde, de Julia Marssola, Maria Augusta Viegas e Victor Leite responde a essa necessidade de entendimento cada vez maior e mais profundo das normas e de sua aplicação no mundo real. Ao trazer instrumentos do direito societário para apoiar a compreensão e aplicação das regras sobre defesa comercial, a obra inova e revigora a doutrina sobre o direito do comércio internacional. Ademais, à seriedade e à profundidade da reflexão, os autores adicionam diagramas extremamente claros e úteis. A apresentação das propostas de interpretação do conceito de partes relacionadas é feita de modo didático, mostrando sua utilidade prática.

Esta é uma obra de referência para quem se interessa por defesa comercial e por direito do comércio internacional. Espero que seja em breve traduzida para o inglês, para que seja acessível a quem pratica e estuda a normativa sobre antidumping.

Meus sinceros cumprimentos e parabéns aos autores pela excelente pesquisa, pelas propostas inovadoras e pela contribuição importantíssima para a doutrina do direito do comércio internacional.

Genebra, 12 de setembro de 2021.

Victor Luiz do Prado
Diretor da Divisão do Conselho e do Comitê de Negociações Comerciais da Organização Mundial do Comércio – OMC.

INTRODUÇÃO

As investigações antidumping[1] constituem um dos pilares da defesa comercial e representam um instrumento tradicional na busca por paridade de condições de concorrência no comércio internacional. Entre os diversos elementos que podem interferir no curso de uma investigação está o relacionamento entre as partes, tanto empresas quanto indivíduos, tanto exportadores quanto produtores da indústria doméstica.

O termo "partes relacionadas" aparece tanto na normativa multilateral sobre o tema, que é o Acordo sobre a Implementação do Artigo VI do GATT 1994 da Organização Mundial do Comércio – OMC (doravante Acordo Antidumping da OMC), quanto na normativa brasileira que regulamenta as investigações antidumping, o Decreto nº 8.058/2013, de 26.7.2013[2] (doravante Decreto nº 8.058/2013 ou Decreto Antidumping). O Decreto nº 8.508/2013 incorpora o Acordo na legislação brasileira,[3] trazendo algumas exigências adicionais, conhecidas como regras "OMC *plus*".[4]

---

[1] BRASIL. Secretaria de Defesa Comercial e Interesse Público (SDCOM). *Guia externo de investigações antidumping*: principais conceitos e metodologias, aspectos formais e termos processuais, e passo a passo das investigações. 1. ed. Brasília: SDCOM, out. 2019.

[2] BRASIL. *Decreto nº 8.058/2013, de 26 de julho de 2013*. Regulamenta os procedimentos administrativos relativos à investigação e à aplicação de medidas antidumping; e altera o Anexo II ao Decreto nº 7.096, de 4 de fevereiro de 2010, que aprova a Estrutura Regimental e o Quadro Demonstrativo dos Cargos em Comissão e das Funções Gratificadas do Ministério do Desenvolvimento, Indústria e Comércio Exterior.

[3] Nos termos dos Decretos: BRASIL. *Decreto Legislativo nº 30, de 15 de dezembro de 1994*. Aprova a Ata Final da Rodada Uruguai de Negociações Comerciais Multilaterais do GATT, as listas de concessões do Brasil na área tarifária (Lista III) e no setor de serviços e o texto do Acordo Plurilateral sobre Carne Bovina; BRASIL. *Decreto nº 1.355, de 30 de dezembro de 1994*. Promulgo a Ata Final que Incorpora os Resultados da Rodada Uruguai de Negociações Comerciais Multilaterais do GATT; BRASIL. *Lei nº 9.019/1995*. Dispõe sobre a aplicação dos direitos previstos no Acordo Antidumping e no Acordo de Subsídios e Direitos Compensatórios, e dá outras providências.

[4] O termo "OMC *plus*" é aplicado em diferentes situações e contextos, e se refere a compromissos e obrigações assumidos pelos membros que vão além do que imposto ou requerido pelos acordos no âmbito da OMC. Para uma discussão sobre o impacto do desenvolvimento de regras OMC *plus*, cf. QIN, Julia Ya. WTO-Plus obligations and their implications for the world trade organization legal system. *Journal of World Trade*, v. 37, 2003. p. 483.

A despeito de sua importância para as investigações antidumping, não há definição precisa para o conceito de partes relacionadas em defesa comercial (doravante *partes relacionadas* ou *partes afiliadas*, também conhecidas, em inglês, como *related parties* ou *affiliated parties*). Ainda que alguns elementos conceituais possam ser encontrados, a definição não é uníssona na normativa multilateral ou mesmo na legislação brasileira. Ausente uma definição precisa para o relacionamento entre as partes, a identificação em concreto desse relacionamento em investigações antidumping pode trazer debates.

O presente livro surgiu, portanto, da constatação dessa importante lacuna doutrinária e da necessidade de se elaborar e propor uma definição para o conceito de partes relacionadas no Brasil, na tentativa de delimitar esse conceito especificamente nas investigações antidumping.

O Acordo Antidumping da OMC apresenta uma definição das hipóteses de relacionamento entre as partes, mas tão somente restrita a partes relacionadas quanto à indústria doméstica (art. 4.1.a, nota de rodapé 11).

FIGURA 1 – Artigo do Acordo Antidumping da OMC sobre partes relacionadas que compõem a indústria doméstica

ACORDO ANTIDUMPING DA OMC E PARTES RELACIONADAS

PARTES RELACIONADAS INVESTIGADAS PELA PRÁTICA DE DUMPING

ART. 4.1(A)

PARTES RELACIONADAS ÀS EMPRESAS QUE COMPÕEM A INDÚSTRIA DOMÉSTICA

Fonte: Elaboração própria.

O Decreto nº 8.058/2013, por sua vez, contém disposições mais detalhadas acerca das partes relacionadas em investigações antidumping, abarcando não apenas a definição de partes relacionadas para fins de indústria doméstica, mas também outras hipóteses em que o relacionamento entre as partes pode ter consequências processuais e materiais em um processo de defesa comercial. Trata-se, assim, de uma típica regra "OMC Plus", sem, no entanto, esgotar as discussões sobre as consequências do relacionamento e as metodologias que devem ser adotadas em investigações antidumping.

Os principais artigos no Decreto nº 8.058/2013 sobre partes relacionadas são o art. 14, §10[5] (referente às empresas estrangeiras, produtoras/exportadoras do produto) e o art. 35, §1º[6] (referente às empresas nacionais, que compõem a indústria doméstica). Nota-se que as hipóteses de relacionamento referentes às empresas estrangeiras são mais amplas que aquelas referentes às empresas nacionais.

FIGURA 2 – Artigos do Decreto nº 8.058/2013 sobre partes relacionadas investigadas pela prática de dumping ou que compõem a indústria doméstica

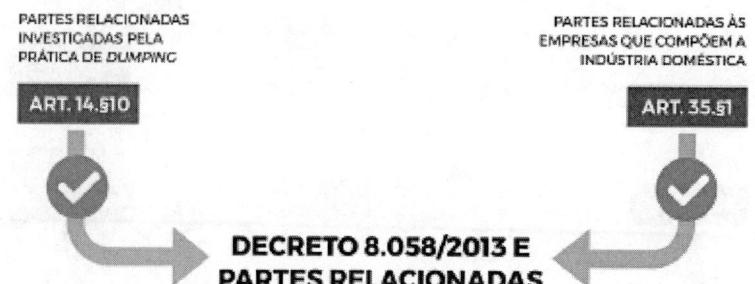

Fonte: Elaboração própria.

---

[5] Decreto nº 8.058/2013, art. 14: "§10. Para os fins deste Capítulo, as partes serão consideradas relacionadas ou associadas se: I – uma delas ocupar cargo de responsabilidade ou de direção em empresa da outra; II – forem legalmente reconhecidas como associados em negócios; III – forem empregador e empregado; IV – qualquer pessoa, direta ou indiretamente, possuir, controlar ou deter cinco por cento ou mais das ações ou títulos emitidos com direito a voto de ambas; V – uma delas, direta ou indiretamente, controlar a outra, inclusive por intermédio de acordo de acionistas; VI – forem ambas, direta ou indiretamente, controladas por uma terceira pessoa; VII – juntas controlarem direta ou indiretamente uma terceira pessoa; VIII – forem membros da mesma família; IX – se houver relação de dependência econômica, financeira ou tecnológica com clientes, fornecedores ou financiadores".

[6] Decreto nº 8.058/2013, art. 35, §1º: "§1º Para os efeitos do inciso I do caput, os produtores domésticos serão considerados associados ou relacionados aos produtores estrangeiros, aos exportadores ou aos importadores somente no caso de: I – um deles controlar direta ou indiretamente o outro; II – ambos serem controlados direta ou indiretamente por um terceiro; ou III – juntos controlarem direta ou indiretamente um terceiro".

Assim, se a noção de partes relacionadas no Acordo Antidumping aparece apenas para fins de composição da indústria doméstica, o Decreto nº 8.058/2013 avança e traz dispositivos que definem relacionamento entre as partes investigadas pela prática de dumping. A figura a seguir ilustra a diferença de escopo do Acordo Antidumping da OMC e do Decreto nº 8.058/2013 a esse respeito:

FIGURA 3 – Artigo do Acordo Antidumping da OMC e artigos do Decreto nº 8.058/2013 sobre partes relacionadas investigadas pela prática de dumping ou que compõem a indústria doméstica

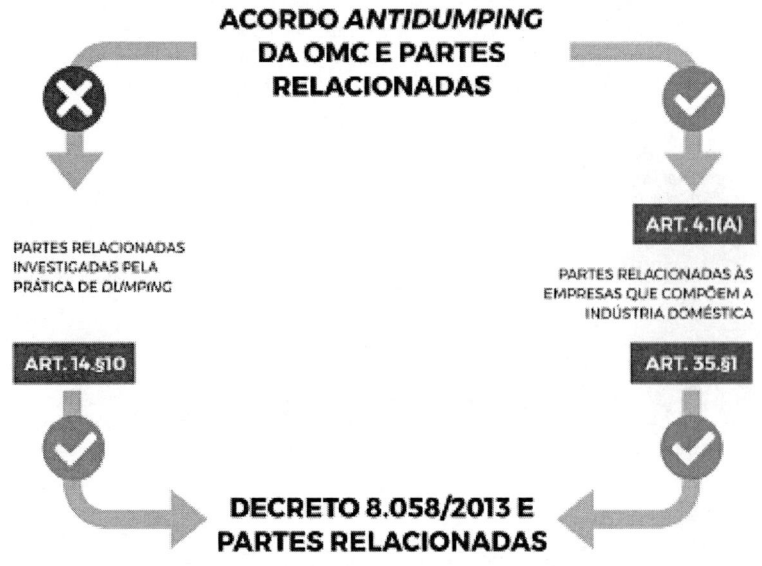

Fonte: Elaboração própria.

Importante destacar, ainda, que as hipóteses do Decreto nº 8.058/2013 elencadas envolvem não apenas o relacionamento entre empresas (como são as hipóteses previstas nos incs. II, IV, V, VI, VII e IX do art. 14, §10 e nos incs. I, II e III do art. 35, §1º do Decreto nº 8.058/2013), mas também o relacionamento entre empresas e indivíduos (como são as hipóteses previstas nos incs. I, III e VIII do art. 14, §10 do Decreto nº 8.058/2013). Por essa razão é que se utiliza no presente livro o termo "partes", para se referir às duas hipóteses de relacionamento, tanto entre empresas quanto entre empresas e indivíduos.

FIGURA 4 – Artigos do Decreto nº 8.058/2013 sobre partes relacionadas investigadas pela prática de dumping ou que compõem a indústria doméstica por característica de relacionamento com empresa ou indivíduo

Fonte: Elaboração própria.

Feita uma brevíssima apresentação sobre a normativa nacional e multilateral sobre partes relacionadas em defesa comercial, e diante da constatação de que a definição de partes relacionadas tem impactos significativos nas investigações antidumping, é possível apresentar, desde já, que há pelo menos cinco repercussões materiais e processuais específicas em que o relacionamento pode afetar a aplicação das normas em procedimentos administrativos antidumping no Brasil: no conceito de indústria doméstica e na admissibilidade de uma petição de investigação antidumping (1), no cálculo da margem de dumping (2) e nos indicadores do dano e nos preços do produto similar no mercado brasileiro (subcotação) (3), quando da determinação final de aplicação de uma medida antidumping, uma vez que se conclua sobre a existência da prática de dumping e de dano dele decorrente (4) e nos desdobramentos processuais após a aplicação de uma medida antidumping (5).

FIGURA 5 – Repercussões materiais e processuais específicas do relacionamento entre partes relacionadas

Fonte: Elaboração própria.

Com tantos desdobramentos relevantes para as investigações de dumping, espanta a pouca atenção dada ao tema pela doutrina e pela jurisprudência. Após uma investigação preliminar das definições de relacionamento entre as partes existentes nas normativas antidumping multilateral, brasileira e estrangeiras, observou-se que o relacionamento entre partes é frequentemente caracterizado quando se identifica exercício de controle ou influência de uma parte sobre a outra, ou juntas sobre ou a partir de uma terceira.

Visto que controle e influência são noções bastante estudadas pelo direito societário, os autores questionaram-se de que forma o direito antidumping poderia se enriquecer a partir da tradição doutrinária do direito societário, a fim de melhor compreender o que constituem partes relacionadas nas investigações antidumping.

Em outras palavras, a presente obra pretende responder à seguinte pergunta: qual a correlação entre o conceito de partes relacionadas em investigações antidumping e os conceitos de controle e influência do direito societário?

A hipótese de pesquisa é de que o direito societário, com suas noções de controle, influência significativa e/ou relevante, pode fornecer pistas para essa definição presente em processos de defesa comercial. Excede o escopo desta empreitada outros aspectos das investigações antidumping,[7] que serão detalhados apenas na medida em que se mostrarem estritamente necessários para a compreensão – e construção – do conceito de partes relacionadas nos processos antidumping.

Para responder a essa pergunta, o livro foi dividido em quatro capítulos. O Capítulo 1 investiga a definição de partes relacionadas no sistema multilateral de comércio e em jurisdições estrangeiras.

O Capítulo 2 apresenta em detalhe os critérios da legislação brasileira para caracterização de partes relacionadas, nos termos dos arts. 14, §10, e 35, §1º, do Decreto nº 8.058/2013, já brevemente apresentados. Importante destacar que outros diplomas legais no Brasil também se referem às partes relacionadas, como o art. 85 do Decreto nº 6.759/2009,[8] o art. 42 da Lei nº 4.502/1964,[9] sobre valoração

---

[7] Para maiores informações sobre a legislação aplicável às investigações antidumping, sugere-se o *Guia de investigações antidumping* da Subsecretaria de Defesa Comercial e Interesse Público da Secretaria de Comércio Exterior do Ministério da Economia (SDCOM/Secex/ME) (Disponível em: https://www.gov.br/produtividade-e-comercio-exterior/pt-br/assuntos/comercio-exterior/defesa-comercial-e-interesse-publico/guias. Acesso em: 4 jan. 2021).

[8] Apesar de não utilizar a expressão "partes relacionadas", o dispositivo traz os critérios para presumir a "vinculação entre as partes na transação comercial", quais sejam, a impossibilidade de "conhecer a composição societária do vendedor, de seus responsáveis ou dirigentes" ou de "verificar a existência, de fato do vendedor". A consequência dessa vinculação se assemelha à do relacionamento entre as partes na investigação antidumping, que também pode gerar uma reconstrução do valor da transação comercial, conforme sinaliza o art. 84 do Decreto nº 6.759/2009.

[9] A Lei nº 4.502/1964 é mencionada no Regulamento Aduaneiro como referência para a determinação do valor do imposto de importação, uma vez que a entrada de mercadoria estrangeira no território aduaneiro é o fato gerador desse imposto. Destaca-se o conceito de "firmas interdependentes" da lei em questão. Para os efeitos da Lei nº 4.502/1964, há relação de interdependência entre as firmas quando há participação mútua de 15% ou mais, existência de *interlock directors* ou quando tiver havido, no ano anterior, venda ou consignação de porcentagem predefinida do volume de vendas dos produtos tributados. Ademais, considera-se uma relação entre as empresas em decorrência dos produtos quando uma delas for a única adquirente ou quando houver vendas por meio de contrato de comissão,

aduaneira, e o art. 9º do CPC 05,[10] sobre valores mobiliários, mas que não serão analisados neste livro, tendo em vista o escopo delimitado pelos autores de correlacionar direito societário e defesa comercial.

Apresentados os conceitos existentes nas legislações multilateral, estrangeira e brasileira, o Capítulo 3 discute os impactos das hipóteses de relacionamento entre as partes envolvidas no procedimento de investigação antidumping.

No Capítulo 4, é conduzido um estudo das noções de direito societário que podem fornecer elementos importantes para uma melhor compreensão da definição de partes relacionadas em investigações antidumping. Especificamente, são apresentados os mecanismos internos e externos de estruturação e exercício do poder empresarial, bem como sobre a noção de grupo empresarial e fragmentação do controle.

Por fim, o Capítulo 5 é a *mise en mouvement* dos conceitos discutidos no livro e a tentativa dos autores de responder à pergunta de pesquisa. Propõe-se uma até então inexplorada forma de correlação entre cada uma das hipóteses de caracterização de partes relacionadas em investigações antidumping do Decreto nº 8.058/2013 e conceitos-chave do direito societário. Diante da inovação proposta, contrapontos e críticas serão bem-vindos, na medida em que suscitarão novos debates e novas propostas de correlação.

Registre-se que este livro adotou como recorte metodológico a exemplificação do tema das partes relacionadas com base nos casos de aplicação de medidas antidumping decorrentes de investigações originais, iniciadas sob o Decreto nº 8.058/2013 e com decisões publicadas até abril de 2020.[11] Foram, então,

---

participação ou ajustes semelhantes. Vê-se, portanto, que a interdependência é caracterizada quando se identifica algum fator que possa alterar o curso normal da transação.

[10] Segundo o pronunciamento técnico, são consideradas partes relacionadas se pessoa ou membro familiar tiver controle pleno ou compartilhado, influência significativa, for membro da administração ou possuir influência significativa sobre a entidade que reporta a informação contábil. Também são consideradas relacionadas as entidades no mesmo grupo econômico, coligadas, controladas ou controladores de uma terceira. Nesses casos, as informações contábeis das transações devem ser divulgadas. O conceito atribuído às partes relacionadas é semelhante àquele encontrado na legislação antidumping, visto que ambos se referem à existência de controle. No entanto, a legislação antidumping busca analisar se houve impacto ou não da transação decorrente do relacionamento entre as partes.

[11] O referido decreto entrou em vigor em 1º.10.2013, mas nos termos da norma transitória prevista em seu art. 197, as investigações e as revisões cujas petições tenham sido

desconsiderados os casos de aplicação de medidas antidumping com decisões posteriores a abril de 2020 e casos iniciados segundo a normativa anterior, o Decreto nº 1.602/1995. Para realização desta pesquisa empírica, foram selecionadas, a partir da base de dados da Secretaria Executiva da Câmara de Comércio Exterior – Camex (doravante Camex), disponibilizada no seu endereço eletrônico, as resoluções Camex, as circulares da Secretaria de Comércio Exterior – Secex (doravante Secex) e as portarias da Secretaria Especial de Comércio Exterior e Assuntos Internacionais – Secint (doravante Secint) que reconheciam a existência de dumping, utilizando o procedimento expresso do Decreto nº 8.058/2013. Essa análise foi realizada utilizando os parâmetros do binômio produto-origem, razão pela qual há possivelmente informações divergentes para diferentes origens em uma investigação antidumping referente a um mesmo produto.

Esses processos administrativos de investigações antidumping originais, iniciadas sob o Decreto nº 8.058/2013 e com decisões publicadas até abril de 2020, totalizaram 30 (trinta) casos que, ao final, foram consolidados no *Anexo I – Investigações antidumping originais regidas pelo Decreto nº 8.058/2013 (2013/2020)*. A tabela do anexo classifica os casos por tipo de produto, peticionária, origem, número da resolução, circular ou portaria, e quanto à existência ou não de discussão acerca de partes relacionadas. A partir dos resultados obtidos por meio dessa pesquisa empírica, buscou-se apresentar, sempre que pertinente ao longo dos capítulos do livro, exemplos de decisões concretas da autoridade investigadora de defesa comercial brasileira sobre o tema das partes relacionadas em investigações antidumping.

---

protocoladas até a entrada em vigor do Decreto nº 8.058/2013 continuariam a ser regidas pelo Decreto nº 1.602, de 1995.

CAPÍTULO 1

1 Partes relacionadas na legislação multilateral e estrangeira

O primeiro capítulo dedica-se a investigar a existência de uma definição para partes relacionadas no sistema multilateral de comércio e em jurisdições estrangeiras. Para tanto, serão inicialmente analisadas as previsões do Acordo Antidumping da OMC, os precedentes envolvendo partes relacionadas do Órgão de Soluções de Controvérsias e os esforços dos membros para avançar na discussão dentro da organização (1.1). Em seguida, apresentar-se-ão a legislação bem como os precedentes pertinentes de jurisdições com tradição em investigações de dumping, tal qual os Estados Unidos (1.2) e a União Europeia (1.3). A fim de enriquecer o *benchmarking*, normativas de outras jurisdições em que foram identificadas definições para o relacionamento entre as partes também serão brevemente apresentadas neste capítulo – é o caso de Canadá, Austrália, Índia e China (1.4).

1.1 Partes relacionadas no sistema multilateral de comércio – OMC

A presente seção inicia-se com uma análise das previsões do Acordo Antidumping da OMC no que diz respeito ao relacionamento entre as partes (1.1.1), discutidas à luz dos principais precedentes envolvendo partes relacionadas do Órgão de Soluções de Controvérsias (1.1.2). Por fim, serão apresentados os esforços dos membros para avançar na discussão dentro da organização (1.1.3).

1.1.1 Partes relacionadas nos termos do Acordo Antidumping da OMC

O Acordo Antidumping da OMC não apresenta uma definição específica do que são as *affiliated parties* ou *related parties*. Não obstante, alguns artigos do texto do Acordo Antidumping da OMC podem ser úteis na tentativa de se avançar na busca por uma definição multilateral de partes relacionadas para investigações antidumping. Conforme antecipado, o Acordo Antidumping da OMC apresenta uma parcial definição das hipóteses de relacionamento, ou seja, uma definição do que são as partes relacionadas tão somente restrita à definição de indústria doméstica (art. 4.1(a), nota de rodapé 11).

O art. 4 do Acordo Antidumping da OMC, dedicado à definição de indústria doméstica, prevê em seu art. 4.1[12] que o termo "indústria doméstica" deve ser definido como a totalidade dos produtores nacionais do produto similar. Caso não seja possível ter a totalidade dos produtores nacionais, a indústria doméstica será definida como aqueles entre os quais a produção conjunta do mencionado produto constitua a maior parte da produção nacional total do produto. Caso, porém, os produtores estejam relacionados aos exportadores ou importadores, ou sejam eles próprios importadores do produto que alegadamente se importa a preços de dumping, nos termos do art. 4.1(a), a indústria doméstica poderá ser interpretada como alusiva

---

[12] Acordo Antidumping da OMC, art. 4: 1. "Para os propósitos deste Acordo o termo 'indústria doméstica' deve ser interpretado como a totalidade dos produtores nacionais do produto similar ou como aqueles dentre eles cuja produção conjunta do mencionado produto constitua a maior parte da produção nacional total do produto a menos que: (a) os produtores estejam relacionados aos exportadores ou importadores ou sejam eles próprios importadores do produto que alegadamente se importa a preços de dumping, situação em que a expressão "indústria doméstica" poderá ser interpretada como alusiva ao restante dos produtores; (b) em circunstâncias excepcionais, o território de um Membro poderá, no caso do referido produto, ser dividido em dois ou mais mercados competitivos; os produtores em cada um desses mercados poderão ser considerados como indústrias independentes se: (a) os produtores em atividade em um desses mercados vendem toda ou quase toda sua produção do bem em questão no interior deste mesmo mercado e (b) a demanda nesse mercado não é suprida em proporção substancial por produtores daquele mesmo bem estabelecidos em outro ponto do território. Em tais circunstâncias, dano poderá ser encontrado mesmo quando a maior parte de produção nacional não esteja sofrendo dano, desde que haja concentração das importações a preços de dumping no interior daquele mercado específico e, mais ainda, desde que as importações a preços de dumping estejam causando dano aos produtores de toda ou quase toda a produção efetuada dentro daquele mercado".

ao restante dos produtores nacionais do produto similar, excluídos então aqueles que sejam partes relacionadas.

O contexto do art. 4.1(a) do Acordo Antidumping da OMC, portanto, endereça a preocupação de que determinados produtores domésticos poderiam não apoiar uma investigação antidumping devido a interesses derivados de seus relacionamentos com produtores/exportadores estrangeiros, temendo eventualmente "intimidação comercial ou retaliação de governos cujas empresas de seus países possuíssem subsidiárias no território de aplicação da medida antidumping", nos termos da própria resolução Camex.[13] O resultado prático é que este dispositivo permite às autoridades investigativas excluir uma parte relacionada da definição de indústria doméstica.

FIGURA 1 (Repetição) – Artigo do Acordo Antidumping da OMC sobre partes relacionadas que compõem a indústria doméstica

ACORDO ANTIDUMPING DA OMC E PARTES RELACIONADAS

PARTES RELACIONADAS
INVESTIGADAS PELA
PRÁTICA DE DUMPING

ART. 4.1(A)

PARTES RELACIONADAS
ÀS EMPRESAS QUE COMPÕEM A
INDÚSTRIA DOMÉSTICA

Fonte: Elaboração própria.

No texto do art. 4.1(a) do Acordo Antidumping da OMC, consta a nota de rodapé 11,[14] que esclarece que os produtores

---

[13] BRASIL. Resolução Camex nº 57, de 19 de junho de 2015. *Diário Oficial da União*, 22 jul. 2015.

[14] Acordo Antidumping da OMC, art. 4.1: "(a) Para os efeitos deste parágrafo, produtores serão considerados relacionados com os exportadores apenas no caso de: a) um deles, direta ou indiretamente, controlar o outro ou b) ambos serem controlados, direta ou indiretamente, por um terceiro ou c) juntos ambos controlarem, direta ou indiretamente, um terceiro, desde que haja motivos para acreditar-se, ou disto suspeitar-se, que tal relação pode levar o produtor em causa a comportar-se diferentemente dos que não integram tal relação. Para os fins deste parágrafo, considera-se que um controla o outro quando o primeiro está em condições legais ou operacionais de impedir ou induzir as decisões do segundo".

nacionais do produto similar serão considerados relacionados com os exportadores apenas no caso de:

a) um deles, direta ou indiretamente, controlar o outro; ou

b) ambos serem controlados, direta ou indiretamente, por um terceiro; ou

c) juntos ambos controlarem, direta ou indiretamente, um terceiro, desde que seja possível suspeitar que esse relacionamento faria com que as partes se comportassem de modo diferente em comparação a partes não relacionadas.

FIGURA 6 – Parâmetros para a caracterização de partes relacionadas que compõem a indústria doméstica nos termos da nota de rodapé 11 do art. 4.1(a) do Acordo Antidumping da OMC

Fonte: Elaboração própria.

Além da definição de indústria doméstica do art. 4, outro artigo relevante do Acordo Antidumping da OMC que pode ser usado como contexto mais amplo para o tema de partes relacionadas é o art. 2, relativo à determinação de dumping. Apesar de este artigo não trazer uma definição expressa para partes relacionadas, tal qual acontece na nota de rodapé 11 do art. 4.1(a), esse dispositivo fornece elementos, segundo o Órgão de Solução de Controvérsias da OMC,[15] para compreender o impacto de relacionamento entre as partes na determinação de dumping.

O art. 2.3 do Acordo Antidumping da OMC fornece orientações para a construção do preço de exportação para quando as autoridades entenderem que ele não é confiável em função de uma associação ou relacionamento entre exportador e importador e um terceiro. O Órgão de Solução de Controvérsias da OMC já analisou se e de que forma um relacionamento entre partes investigadas pela prática de dumping pode afetar o "curso normal das atividades comerciais" (*the ordinary course of trade*), mencionado no art. 2.1 do Acordo Antidumping. Naquele caso, o Órgão de Apelação aceitou a definição proposta pelos Estados Unidos e acordada pelo Japão no caso US – Hot-Rolled Steel,[16] segundo a qual vendas acontecem no curso normal das atividades comerciais se feitas "sob condições e práticas que, por um período de tempo razoável antes da data de venda da mercadoria em questão, teriam sido consideradas normais para vendas de produtos similares estrangeiros".[17]

Nota-se, portanto, que enquanto o art. 4.1(a) do Acordo Antidumping da OMC permite às autoridades investigativas a exclusão de uma parte relacionada da definição de indústria doméstica, o art. 2.3 apenas fornece elementos para que as autoridades construam um preço de exportação confiável e verossímil, no bojo da determinação de dumping. Nota-se, portanto, que o Acordo Antidumping da OMC não traz qualquer definição de partes relacionadas para as demais hipóteses que

---

[15] OMC. US – Hot-Rolled Steel. Appellate Body Report, WT/DS184/AB/R, 24 July 2001, para. 145-147.
[16] OMC. US – Hot-Rolled Steel. Appellate Body Report, WT/DS184/AB/R, 24 July 2001, para. 139.
[17] Tradução nossa. Trecho original em inglês: "if made under conditions and practices that, for a reasonable period of time prior to the date of sale of the subject merchandise, have been normal for sales of the foreign like product".

não sejam aquelas que compõem a indústria doméstica (nos termos do art. 4.1(a)), fornecendo apenas diretrizes de como as transações entre partes relacionadas podem ser tratadas, sem apresentar detalhamento das consequências nem das metodologias aprofundadas para o tratamento dos dados em caso de constatação da existência de partes relacionadas para fins de apuração da margem de dumping.

Cabe, portanto, investigar se os poucos precedentes sobre o tema do Órgão de Solução de Controvérsias da OMC podem nos ajudar a compreender o conceito e as implicações da existência de partes relacionadas para a investigação antidumping.

1.1.2 Jurisprudência do Órgão de Solução de Controvérsias da OMC sobre partes relacionadas em investigações antidumping

Conforme já mencionado, o art. 2 do Acordo Antidumping da OMC, relativo à determinação de dumping, ainda que não apresente uma definição expressa para partes relacionadas, fornece elementos para compreender o impacto de relacionamento entre as partes na determinação de dumping.

As discussões acerca dos efeitos da existência de relacionamento entre as partes para a determinação do dumping aconteceram pela primeira e vez e de forma mais emblemática no caso *US – Hot-Rolled Steel*, em 2001, envolvendo Índia e Estados Unidos, notadamente quando da análise da compatibilidade com as regras da OMC do chamado "teste *arm's length*", aplicado pelos Estados Unidos. Registre-se que *arm's length* é a expressão utilizada para se referir a uma operação comercial em que as partes atuem de modo independente, sem influenciar as ações uma da outra. Trata-se de um princípio que busca assegurar que as partes agirão de acordo com seus próprios interesses, não estando sujeitas à pressão da outra parte, e sem risco de colusão entre elas. Quando uma operação é realizada em *arm's length*, ela será apreciada como se tivesse sido conduzida por partes não relacionadas.

Essa definição é relevante para a discussão das partes relacionadas em antidumping porque o relacionamento entre as partes pode, precisamente, colocar em risco o caráter *arm's length* de uma operação. De forma geral, operações entre familiares ou entre empresas cujos acionistas têm um relacionamento entre si não serão *arms's length*, mas classificadas como *arm in arm*. Nesses casos, as partes têm uma identidade de interesses porque existe um relacionamento entre elas, seja ele profissional seja pessoal.[18]

Em suas investigações de defesa comercial, o Departamento de Comércio dos Estados Unidos (USDOC) aplicava o "teste *arm's length*" a fim de verificar se uma operação entre partes relacionadas poderia ser considerada *arm's length* e, por conseguinte, teria sido conduzida *in the ordinary course of trade*. O teste consistia em tratar as vendas feitas por um exportador para um cliente relacionado como tendo sido feitas em condições normais de comércio se os preços praticados fossem pelo menos 99,5% dos preços cobrados de clientes não relacionados. Assim, o propósito do teste *arm's length* é verificar se o relacionamento entre exportador e importador tem, em geral, efeito sobre os preços das mercadorias,[19] a fim de determinar de que forma será feito o cálculo do valor normal.

O Órgão de Apelação, quando da análise da compatibilidade desse teste com as regras da OMC, lembrou que os deveres de toda autoridade antidumping são os mesmos, segundo o Acordo Antidumping: excluir transações do cálculo do valor normal quando essas não são feitas em condições de mercado.[20] O Órgão de Apelação explicou que o relacionamento entre as partes pode ser um sinal de vendas acima do preço de custo, mas abaixo do preço de mercado, e, portanto, que talvez não ocorram no curso normal das atividades comerciais. Essas transações deveriam ser objeto de investigação específica das autoridades. No entanto, a metodologia aplicada pelos Estados Unidos excluía apenas as transações que tivessem como efeito um preço abaixo das condições de mercado, e não excluía aquelas transações que estivessem com um preço

---

[18] Para uma discussão acerca do caráter *arm's length* das operações, ver publicação da OCDE sobre preços de transferência: OCDE. *Transfer Pricing Guidelines for Multinational Enterprises and Tax Administrations*. July 2010. p. 31-57.

[19] OMC. *US – Hot-Rolled Steel*. United States' first written submission to the Panel, WT/DS184/R, 24 July 2000, para. 212.

[20] OMC. *US – Hot-Rolled Steel*. Appellate Body Report, WT/DS184/AB/R, 24 July 2001, para. 139, 145-146.

acima das condições de mercado, sem levar em consideração que o relacionamento entre partes relacionadas pode afetar os preços em ambas as direções. Assim, determinada transação poderia não se realizar *in the ordinary course of trade* tanto se os preços fossem mais baixos ou mais altos que em condições de mercado, ambos distorcendo o valor normal.[21] O Órgão de Apelação entendeu, assim, que o teste aplicado pelos Estados Unidos era incompatível com as regras da OMC.

Analisando a natureza das transações que não configurariam *ordinary course of trade*, o Órgão de Apelação sinalizou, por exemplo, que empresas com acionistas em comum, ainda que sejam pessoas jurídicas diferentes, tenderiam a não agir segundo considerações comerciais.[22] Segundo o precedente, quanto maior o grau de propriedade (de ações) em comum, implicando controle conjunto (*common control*), maiores as chances de as transações entre essas partes não acontecerem segundo condições comerciais normais.[23] Esse julgado, *US – Hot-Rolled Steel*, portanto, não define exatamente o que caracterizam partes afiliadas, mas nos fornece algumas pistas para essa definição, como a existência de acionistas em comum e o grau de propriedade dessas ações em comum, caracterizadoras da noção de controle comum.

Em *US – Hot-Rolled Steel*, o Órgão de Apelação da OMC determinou, portanto, que transações entre partes relacionadas, por terem o potencial de impactar as relações comerciais e não acontecer de acordo com *the ordinary course of trade*, podem causar distorções no valor normal e, portanto, devem ser excluídas desse cálculo. Nesses casos, seria suficiente reconhecer esse potencial impacto para determinar que transações entre partes relacionadas não acontecem no curso normal das atividades comerciais, sem a obrigatoriedade de se comprovar, com base em evidências, que há algum efeito concreto nessas relações comerciais.[24]

---

[21] OMC. *US – Hot-Rolled Steel*. Appellate Body Report, WT/DS184/AB/R, 24 July 2001, para. 157.

[22] OMC. *US – Hot-Rolled Steel*. Appellate Body Report, WT/DS184/AB/R, 24 July 2001, para. 141.

[23] OMC. *US – Hot-Rolled Steel*. Appellate Body Report, WT/DS184/AB/R, 24 July 2001, para. 143.

[24] OMC. *US – Hot-Rolled Steel*. Appellate Body Report, WT/DS184/AB/R, 24 July 2001, para. 143-147.

Além disso, em 2004, em *US – Softwood Lumber V*, envolvendo Canadá e Estados Unidos, foram analisadas transações de duas companhias. Uma delas, Tembec, realizou transações entre suas diferentes instâncias. Já a segunda, West Fraser, estava dividida legalmente em companhias separadas, de forma que suas transações são entre partes afiliadas.[25] O Canadá apontou que o tratamento da Tembec pela autoridade americana (USDOC) não foi adequado, vez que diferente daquele dado à West Fraser, contrariando o art. 2.2.1.1 do Acordo Antidumping.[26] Sobre isso, o Órgão de Apelação diferenciou essas transações daquelas ocorridas no caso *US – Hot-Rolled Steel*, que analisou se as transações entre partes afiliadas foram realizadas *in the ordinary course of trade*. No caso em questão, a pergunta foi se as partes estavam em situações semelhantes e como a autoridade de investigação deveria agir diante disso. A conclusão foi de que as companhias Tembec e West Fraser não estavam em situação semelhante e, por esse motivo, o Painel teria justificativa para utilizar metodologia diversa. Ou seja, o Órgão de Apelação estabeleceu que transações entre diferentes instâncias de uma mesma companhia, como a Tembec, não poderiam ser comparadas a transações entre partes relacionadas, que não se dão entre uma mesma empresa, que é o caso da West Fraser.[27]

Em outros casos, o Órgão de Solução de Controvérsias da OMC debruçou-se sobre considerar ou não partes relacionadas como uma única entidade para fins de cálculo da margem de dumping ("colapsar").[28] O art. 6.10 do Acordo Antidumping da OMC prevê que as autoridades devem, em regra, determinar uma margem individual de dumping para cada produtor ou exportador identificado sob investigação. "Colapsar" a margem de dumping, por sua vez, permitiria à autoridade antitruste aplicar uma mesma

---

[25] OMC. *US – Softwood Lumber V*. Appellate Body Report, WT/DS264/AB/R, 11 August 2004, para. 148.
[26] OMC. *US – Softwood Lumber V*. Appellate Body Report, WT/DS264/AB/R, 11 August 2004, 11 August 2004, para. 167.
[27] OMC. *US – Softwood Lumber V*. Appellate Body Report, WT/DS264/AB/R, 11 August 2004, 11 August 2004, paras. 170-176.
[28] O termo "colapsar" é um estrangeirismo que foi incorporado pelo jargão da defesa comercial no Brasil para representar o cálculo de uma única margem de dumping para um grupo empresarial, quando diferentes empresas relacionadas são tratadas como uma única entidade.

margem para todos os produtores ou exportadores compreendidos como uma única entidade.

Sobre o tema, em *Korea – Certain Paper*, decidido em 2007, envolvendo Indonésia e República da Coreia, o Painel considerou compatível com o referido artigo a decisão da autoridade coreana de tratar três empresas relacionadas como um único exportador, atribuindo-lhes uma única margem de dumping. Para que isso fosse possível, o Painel entendeu que é necessário que a autoridade antidumping investigue se as empresas têm um relacionamento estreito o suficiente para justificar esse tratamento.[29] Os elementos que caracterizaram essa relação e justificaram uma margem de dumping única foram: as três empresas (i) eram de propriedade majoritária da mesma empresa, (ii) tinham participações e gestão em comum, podendo deslocar a produção entre si, (iii) tinham atividade comercial e objetivos corporativos em comum e (iv) realizavam vendas no mercado interno através de uma única empresa.[30] O Painel concluiu, assim, que os termos "exportador" e/ou "produtor" no art. 6.10 não devem ser lidos de forma a exigir uma margem individual de dumping para cada entidade legal independentemente das circunstâncias.[31]

Em jurisprudência mais recente, de 2017, *EU – Fatty alcohols (Indonesia)*, envolvendo Indonésia e União Europeia, os termos *"single economic entity"*, *"very closely related companies"*, *"closely affiliated companies"* e *"two entities that are closely intertwined"* foram utilizados como sinônimos pela Indonésia.[32] A discussão refere-se à interpretação do art. 2.4 do Acordo Antidumping da OMC.[33]

---

[29] OMC. *Korea – Certain Paper*. Panel Report, WT/DS312/R, 28 October 2005, para. 7.161.

[30] OMC. *Korea – Certain Paper*. Panel Report, WT/DS312/R, 28 October 2005, para. 7.168.

[31] OMC. *Korea – Certain Paper*. Panel Report, WT/DS312/R, 28 October 2005, para. 7.159.

[32] OMC. *EU – Fatty alcohols (Indonesia)*. Appellate Body Report, WT/DS442/AB/R, 5 September 2017, nota de rodapé n. 79.

[33] Art. 2º (Determinação da Existência de dumping): "4. Quando não ocorrerem, no curso de operações comerciais normais, vendas de produto similar no mercado interno do país exportador ou quando, por força de situação particular do mercado, tais vendas não permitirem uma comparação adequada, a margem de dumping será determinada por comparação com o preço comparável de um produto similar quando exportado para um terceiro país – que poderá ser o mais elevado preço de exportação, desde que seja um preço representativo – ou com o custo de produção no país de origem, acrescido de um montante razoável relativo tanto aos custos de administração, comercialização e outros, quanto ao lucro. Como regra geral, o montante de lucro não deverá exceder o

Segundo a Indonésia, o Painel errou ao entender que o fato de existir uma *single economic entity* não seria suficiente para afetar a comparabilidade de preços no art. 2.4 do Acordo Antidumping. Apesar disso, o Painel apontou que as transações entre duas *single economic entities* podem ter impacto na comparabilidade dos preços.[34] Nesse caso, o Órgão de Apelação esclareceu que autoridades antidumping não podem substituir os custos de fato ocorridos numa transação entre partes relacionadas pelos custos que teriam sido incorridos se o produto tivesse sido obtido de um fornecedor independente.[35] Assim, entendeu que a Indonésia não soube demonstrar o erro do Painel quanto ao relacionamento entre as partes.

Em precedente mais recente, de 2017, no Painel do caso *US – OCTG (Korea)*, envolvendo República da Coreia e Estados Unidos, esclareceu-se que a mera existência de relacionamento entre as partes não autoriza automaticamente que as autoridades antidumping construam o preço de exportação.[36] Segundo o precedente, se houver evidências de que o preço de exportação é confiável, a despeito da existência de relacionamento entre as partes, a autoridade precisa considerá-las.[37] Nesse caso, o Painel também esclareceu o sentido do termo "associação" empregado no art. 2.3 do Acordo Antidumping da OMC, aduzindo que associação poderia resultar de laços jurídicos formais ou relações não obrigatórias muito menos estruturadas (*formal legal ties or far less structured and non-binding relationships*).[38] Nota-se, portanto, que o precedente *US – OCTG (Korea)* foi mais cauteloso do que o *US – Hot-Rolled Steel*, que recomendou a comprovação, com base em evidências, dos efeitos concretos do

---

lucro normalmente obtido nas vendas de produtos da mesma categoria geral no mercado doméstico do país de origem".

[34] OMC. *EU – Fatty alcohols (Indonesia)*. Appellate Body Report, WT/DS442/AB/R, 5 September 2017, para. 5.36.

[35] Trecho original: "Moreover, contrary to Indonesia's argument, the Panel's reasoning does not imply that, when confronted with transactions between closely affiliated parties, investigating authorities may replace the expenses actually incurred with the expenses that would have been incurred had the producing entity obtained the service from an independent provider" (EU – Fatty alcohols (Indonesia), *Appellate Body Report*, WT/DS442/AB/R, 5 September 2017, para. 5.112).

[36] OMC. *US – OCTG (Korea)*. Panel Report, WT/DS488/R, 14 November 2017, para. 7.148.

[37] OMC. *US – OCTG (Korea)*. Panel Report, WT/DS488/R, 14 November 2017, para. 7.148.

[38] OMC. *US – OCTG (Korea)*. Panel Report, WT/DS488/R, 14 November 2017, para. 7.150.

relacionamento nas transações, para que seja desconsiderado algum preço ou operação na determinação do dumping.

Em resumo, nota-se que a jurisprudência do Órgão de Solução de Controvérsias da OMC apresenta, assim, alguns elementos e consequências da caracterização do relacionamento entre as partes, mas permanece ausente uma definição precisa e pacificada pela OMC para "partes relacionadas". Além da definição de indústria doméstica do art. 4, outros artigos relevantes do Acordo Antidumping da OMC que podem ser usados como contexto mais amplo para o tema de partes relacionadas são os art. 2.1, 2.2, 2.3, 2.4 e 6.1.

1.1.3 A iniciativa dos *Friends of Antidumping* (FANs) sobre partes relacionadas em investigações antidumping

Conforme verificado, não há previsão expressa sobre o conceito de partes relacionadas no Acordo Antidumping da OMC, e o Órgão de Solução de Controvérsias vem se debruçando sobre o tema casuisticamente, ao longo dos anos. Essa falta de definição de partes relacionadas e de seus efeitos no contexto de apuração do dumping nos textos da OMC encorajou membros a unirem esforços no sentido da atualização do Acordo Antidumping. Até a Rodada Doha, houve intensos debates e esforços do Grupo Negociador de Regras a fim de encontrar uma definição consensual para o conceito de "partes relacionadas" e de disciplinar seus efeitos na determinação do dumping, com o intuito de conferir maior previsibilidade e transparência na aplicação das normas pelas autoridades de defesa comercial ao redor do mundo.

Em 2002, um grupo de países denominado *Friends of Antidumping* (sigla em inglês – FANs), que reuniu, além do Brasil, Chile, Colômbia, Costa Rica, Hong Kong, Israel, Japão, Coreia do Sul, Noruega, Singapura, Tailândia e Taiwan, apresentou um documento de trabalho expondo a preocupação de que o Acordo Antidumping da OMC não endereçaria se as vendas domésticas a partes relacionadas deveriam ser consideradas na apuração do valor normal do produtor/exportador, nem incluiria qualquer outra norma que regulasse as transações envolvendo fornecedores relacionados.³⁹

Os FANs aduziram ainda que a definição de partes relacionadas constante do Acordo Antidumping relativa à indústria doméstica seria restrita e insuficiente para as repercussões do relacionamento no contexto da apuração do dumping:

> [...] não há definição apropriada de partes relacionadas no Acordo AD. A nota de rodapé 11 fornece essa definição no contexto restrito da determinação da indústria doméstica. No entanto, não constitui base suficiente para definir o que são partes relacionadas no contexto do valor normal porque não estipula quando e como os preços de transação entre filiais podem ser rejeitados ou ajustados.⁴⁰

Os membros primeiramente apontaram as dificuldades resultantes da ausência de uma definição específica para as partes relacionadas em relação à apuração do dumping, devido à dificuldade de interpretar os dados apresentados pelas partes. A existência de relacionamento entre as partes pode trazer consequências para classificar a transação como tendo ocorrido "no curso normal das atividades comerciais", nos termos do art. 2 do Acordo Antidumping da OMC, podendo impactar o cálculo do valor normal.

Os FANs aduzem ainda que o relacionamento entre as partes afeta a confiabilidade dos preços, e que a ausência da definição de partes relacionadas abre espaço para que as autoridades de defesa comercial elevem de forma desproporcional o ônus probatório do produtor/exportador e realizem ajustes ou descartem operações, cujo relacionamento não impacta a formação de preços. Nesse sentido, os FANs argumentavam que a atualização do Acordo Antidumping da OMC, com a incorporação da definição de relacionamento entre

---

[39] OMC. Comunicação recebida em 27 de junho de 2002 das Missões Permanentes do Brasil, Chile, Colômbia, Costa Rica; Hong Kong, China; Israel; Japão; Coreia do Sul; Noruega; Territórios Aduaneiros de Taipé Chinês, Penghu, Kinmen e Matsu; Singapura, Suíça e Tailândia. *TN/RL/W/10*. 28 jun. 2002.

[40] Tradução nossa. Texto original em inglês: "there is no appropriate definition of "affiliation" in the AD Agreement. Footnote 11 provides the definition of affiliation in the narrow context of determining the domestic industry. It, however, does not constitute a sufficient basis to define affiliation in the context of normal value because it does not stipulate when and how transaction prices between affiliates may be rejected or adjusted".

partes para o efeito do dumping e de suas consequências para a investigação, ampliaria transparência, a previsibilidade e a segurança jurídica, na medida em que diminuiria o espaço de discricionariedade das autoridades de defesa comercial ao redor do mundo.

No documento apresentado, os FANs também levantaram a preocupação quanto à ausência de clareza para a reconstrução do preço de exportação prevista pelo art. 2.3 do Acordo Antidumping, no caso de relacionamento entre as partes que implique distorções do comércio. A ausência de diretrizes implicaria diferentes práticas entre as autoridades de defesa comercial, que poderia resultar em assimetria abusiva de dedução de custos e benefícios do preço de exportação construído.[41]

A partir da circulação do documento, outros países se manifestaram acerca da importância de se discutir o relacionamento entre partes para efeitos do dumping, como foi o caso da Austrália, da China, da Argentina e dos Estados Unidos.

A Austrália[42] reafirmou a importância do tema e a utilidade de se esclarecer a definição de partes relacionadas e seus efeitos para fins da determinação do dumping, solicitando mais informações sobre a proposta apresentada pelos países que compunham o grupo dos FANs. Os FANs manifestaram a necessidade de haver regras para a reconstrução do preço de exportação para evitar discricionariedade e abusos por parte das autoridades investigadoras nacionais (TN/RL/W/31). Essa preocupação foi seguida pela China, que apresentou documento afirmando que os arts. 2.3 e 2.4 deveriam ser esclarecidos para apresentar um guia a respeito da justa comparação[43] entre o preço de exportação reconstruído e o valor normal.[44]

---

[41] OMC. Comunicação recebida em 27 de junho de 2002 das Missões Permanentes do Brasil, Chile, Colômbia, Costa Rica; Hong Kong, China; Israel; Japão; Coreia do Sul; Noruega; Territórios Aduaneiros de Taipé Chinês, Penghu, Kinmen e Matsu; Singapura, Suíça e Tailândia. *TN/RL/W/10*. 28 jun. 2002. Tradução nossa. Trecho original em inglês: "abusive asymmetry deduction of costs and profits from constructed export price".

[42] OMC. Comunicação recebida em 14 de outubro de 2002 da Missão Permanente da Austrália. *TN/RL/W/23*. 15 out. 2002.

[43] O termo usado no documento apresentado pela China foi "symetric comparison", que traduzimos como "justa comparação" por se aderir melhor ao texto do Acordo Antidumping, art. 2.4, que disciplina que as autoridades devem garantir a justa comparação ("fair comparison") entre o valor normal e o preço de exportação.

[44] OMC. Comunicação recebida em 5 de março de 2003 da Missão Permanente da China. *TN/RL/W/66*. 6 mar. 2003.

Os FANs também apresentaram, de forma consolidada, fazendo referência ao documento produzido pela Austrália, três questões que entendiam ser cruciais na discussão de partes relacionadas para fins da determinação do dumping:

> [...] acreditamos que há três dimensões ao se considerar as operações entre partes afiliadas: (i) limites para as autoridades iniciarem investigações em relação a transações com empresas afiliadas, (ii) critérios para encontrar o preço de transferência entre partes afiliadas que não estão em condições normais de comércio e (iii) métodos apropriados para ajustar o preço de transferência.[45]

Com relação à questão (i), sobre "limites para as autoridades iniciarem investigações em relação a transações com empresas afiliadas", o documento seleciona a noção de "controle", já presente na definição de partes relacionadas para fins da definição da indústria doméstica, como parâmetro-base para identificação das situações de relacionamento que deveriam chamar a atenção das autoridades. Ademais, os FANs identificam que os "padrões normalmente aceitos internacionalmente iriam prover boas medidas para considerações futuras sobre esses limites".[46]

Há ainda clara preocupação por parte dos FANs em estabelecer regras para determinar se o preço de transferência entre as partes relacionadas teria sido determinado sob condições normais de comércio,[47] manifesta nos pontos (ii), "critérios para encontrar o preço de transferência entre partes afiliadas que não estão em condições

---

[45] OMC. Replies to Additional Questions to Our Second Contribution. *TN/RL/W/31*. 25 nov. 2002. Tradução nossa. Trecho original em inglês: "As discussed in our answer to a question previously posed by Australia, we are of the opinion that there are three dimensions in considering the affiliated party transactions: (i) thresholds for the authorities to initiate inquiries on affiliated party transactions, including request for information maintained by the affiliated party; (ii) criteria to find that the transfer price between affiliated parties is not "in the ordinary course of trade"; and (iii) appropriate methods to adjust or revise the transfer price".

[46] Tradução nossa. Trecho original em inglês: "generally accepted international standards would provide some good yardsticks for our further consideration on this threshold".

[47] Trecho original em inglês da discussão: "In addition, the authorities' determination that the transfer price is not 'in the ordinary course of trade' must be based on the positive evidence showing that the transfer price was substantially different from the transaction price between unaffiliated parties because of the affiliation. In the case of sales, for example, the transfer price must be substantially different from the sales price to unaffiliated parties in similar sales conditions".

normais de comércio", e (iii), sobre "métodos apropriados para ajustar o preço de transferência".

Essa primeira definição apresentada pelos FANs, que identifica no binômio participação societária e controle efetivo para fins de declaração de relacionamento que pudesse vir a ser uma preocupação para fins da determinação do dumping, foi revista pelos membros em documento posterior. O posicionamento revisto alinha-se às preocupações apresentadas pelos Estados Unidos da América, apontando as possíveis distorções em decorrência do controle ou da influência entre partes que não sejam juridicamente relacionadas:

> A definição tradicional de controle por meio da aquisição de ações falha em endereçar adequadamente arranjos modernos de negócio, que normalmente encontram uma empresa operando em posição de impor limitações ou de exercer direção sobre outra, na ausência de uma relação equânime. A ideia de um controle *de facto* ou da habilidade de uma parte, jurídica ou operacionalmente, de impor limitações ou de exercer direção sobre outra parte, mesmo quando não há propriedade de capital ou outro controle "jurídico", deveria ser endereçada por esse Grupo a fim de analisar problemas que surgem do relacionamento entre produtores estrangeiros e revendedores.[48]

Ou seja, segundo entendimento norte-americano, as formas de exercício de poder de uma sociedade sobre outra não estariam mais ligadas, necessariamente, às formas tradicionais de controle, dado que estas não são suficientes para endereçar as complexidades existentes nos modelos de negócios atuais. A principal noção seria, portanto, a de controle de fato, ou da habilidade de exercício de direção econômica ou restrições sobre outra parte, seja legalmente ou de modo operacional.

---

[48] OMC. Comunicação recebida em 17 de junho de 2003 da Missão Permanente dos Estados Unidos da América. *TN/RL/W/130*. 20 jun. 2003. Tradução nossa. Trecho original em inglês: "The traditional definition of control through stock ownership fails to address adequately modern business arrangements, which often find one firm operationally in a position to exercise restraint or direction over another in the absence of an equity relationship. The idea of de facto control, or the ability of one party to legally or operationally exercise restraint or direction over another party, even where there is no equity ownership or other "legal" control, should be addressed by this Group for purposes of analyzing issues arising from relationships among foreign producers and resellers".

Em documento posterior à manifestação dos argumentos apresentados pelos EUA, os FANs apresentam uma proposta para incluir um dispositivo no Acordo Antidumping da OMC que definisse "partes relacionadas" para fins de determinação do dumping. A proposta ainda se baseava numa ideia de controle para definição das partes relacionadas. O controle seria apurado com base em critérios formais de controle direto em base majoritária em termos de participação societária, de poder de voto nas instâncias decisórias ou em dispositivos estatutários que reconhecessem o controle.[49]

Segundo Hees, apesar de ter subscrito o documento, o Brasil não concordava com a definição proposta.[50] E o Brasil divergia do entendimento apresentado para a definição do relacionamento para fins da determinação do dumping com base na ideia de controle, pois entendia que existiriam outras formas legais de uma empresa determinar a política de outra sem que detivesse o controle desta.[51] Por essa razão, "entendia o Brasil a conveniência de se empregar uma definição baseada no conceito de influência significativa".[52] Nesse sentido, o Brasil apresentou o documento em 2005, de que constava uma proposta de definição de partes relacionadas com base no conceito de influência significativa: "Uma parte relacionada é qualquer parte que se considera ter, direta ou indiretamente, influência ou é significativamente influenciada por outra parte, ou que é igualmente influenciada por uma terceira parte".[53]

---

[49] OMC. Comunicação recebida em 11 de março de 2004 pelas missões permanentes do Brasil, Colômbia, Costa Rica; Hong Kong, China; Japão; Coreia do Sul; Noruega; Territórios Aduaneiros de Taipé Chinês, Penghu, Kinmen e Matsu; Singapura, Suíça e Tailândia. *TN/RL/W/146*. 11 mar. 2004.

[50] HEES, Felipe. O conceito de "partes afiliadas" na definição das condições comerciais normais: aspectos técnicos e as negociações na Rodada Doha. In: HEES, Felipe; CASTAÑÓN PENHA VALLE, Marília (Org.). *Dumping subsídios e salvaguardas*: revistando aspectos técnicos dos instrumentos de defesa comercial. São Paulo: Singular, 2012. p. 226.

[51] HEES, Felipe. O conceito de "partes afiliadas" na definição das condições comerciais normais: aspectos técnicos e as negociações na Rodada Doha. In: HEES, Felipe; CASTAÑÓN PENHA VALLE, Marília (Org.). *Dumping subsídios e salvaguardas*: revistando aspectos técnicos dos instrumentos de defesa comercial. São Paulo: Singular, 2012. p. 226.

[52] HEES, Felipe. O conceito de "partes afiliadas" na definição das condições comerciais normais: aspectos técnicos e as negociações na Rodada Doha. In: HEES, Felipe; CASTAÑÓN PENHA VALLE, Marília (Org.). *Dumping subsídios e salvaguardas*: revistando aspectos técnicos dos instrumentos de defesa comercial. São Paulo: Singular, 2012. p. 227.

[53] OMC. Comunicação recebida em 10 e outubro de 2005 da Delegação do Brasil. *TN/RL/GEN/67*. 2005. Tradução nossa. Trecho original em inglês: "An affiliated party shall be

O sentido proposto pelo Brasil definia influência significativa como o poder de governar políticas financeiras e operacionais de uma empresa por meio de participação direta ou indireta, ou por meio de relações contratuais que implicassem dependência econômica, financeira ou tecnológica de uma empresa. Conforme será possível notar nos capítulos 3 e 4, essa posição brasileira parece estar bastante alinhada com a doutrina e a legislação societária.

As discussões no âmbito da OMC, no entanto, não avançaram. Após a consolidação das propostas de revisão do Acordo Antidumping, o tema da definição de partes relacionadas para efeitos do dumping foi abandonado do anteprojeto. Apenas dois temas foram mantidos no documento TN/RL/W/254, ainda que sem consenso: (i) a necessidade de se esclarecer ou não provisões a respeito da exclusão de partes relacionadas na definição da indústria doméstica e (ii) o relacionamento e o dever de cooperação com a autoridade investigadora.

Após a apresentação do anteprojeto de 2011, os esforços negociadores foram interrompidos, e apenas em 2017 houve uma nova tentativa da China[54] de retomar as discussões para atualização dos mecanismos de defesa comercial. Essa iniciativa levantou os pontos que haviam sido discutidos em outras oportunidades, incluindo a questão do relacionamento para fins do dumping, mas apresentou uma proposta de agenda de discussão dos mecanismos de defesa comercial menos ambiciosa, destacando apenas os tópicos em que acreditava haver consenso. Nesse sentido, a proposta chinesa excluiu a discussão sobre a definição de relacionamento para fins de determinação do dumping.

Assim, é possível constatar que, ainda que discussões tenham existido no seio da OMC sobre necessidade de se estabelecer critérios mais objetivos para determinar o que são partes relacionadas para fins da apuração da margem de dumping e seus respectivos esforços para as investigações, nenhum avanço efetivamente ocorreu. De

---

any party which is considered to, directly or indirectly, have significant influence or be significantly influenced by another party, or which is under the common significant influence of a third party".

[54] OMC. Comunicação recebida em 21 de abril de 2017 da Delegação da China. *TN/RL/ GEN/85*. 24 abr. 2017.

todo modo, a proposta de definição apresentada pelos FANs, grupo do qual o Brasil faz parte, foi importante para sua incorporação na legislação nacional em 2013, nos termos do Decreto nº 8.058/2013 (*vide* Capítulo 2 deste livro).

Uma vez apresentadas as previsões do Acordo Antidumping da OMC e as discussões multilaterais sobre partes relacionadas, apresentar-se-ão a legislação bem como os precedentes pertinentes de jurisdições com tradição em investigações de dumping, tal qual os Estados Unidos (1.2) e a União Europeia (1.3), bem como de outras jurisdições que possam enriquecer esse *benchmarking* que permite melhor compreender como o tema é tratado em outros países (1.4).

1.2 As partes relacionadas nos termos da legislação antidumping dos Estados Unidos

Nos EUA, de acordo com o *Tariff Act* de 1930, que corresponde ao Capítulo 4 do 19º Título do *US Code*,[55] as competências pela investigação de dumping são divididas entre duas autoridades responsáveis: Departamento de Comércio dos Estados Unidos (USDOC) e Comissão de Comércio Internacional (USITC). O USDOC determina se existe dumping ou subsídio e, se houver, a margem de dumping ou o valor do subsídio, e a USITC determina se há dano material ou ameaça de dano material à indústria doméstica.[56]

O subtítulo VI dessa normativa corresponde à regulação dos direitos antidumping e medidas compensatórias. Em sua Parte 4, relativa às definições gerais e regras especiais, encontra-se a definição de partes relacionadas em dois dispositivos diferentes: o primeiro (i) quanto à definição de partes relacionadas da indústria doméstica, e o segundo (ii) em termos gerais para as demais consequências

---

[55] UNITED STATES OF AMERICA. *US Code*. Title 19 – Customs Duties, Chapter 4 – Tariff Act of 1930. Disponível em: https://uscode.house.gov/view.xhtml?path=/prelim@title19/chapter4&edition=prelim.

[56] UNITED STATES OF AMERICA. Understanding Antidumping & Countervailing Duties Investigations. *United States International Trade Commission*. Disponível em: https://www.usitc.gov/.

materiais das investigações, apresentando definições diferentes para partes *affiliated* e *related*, aqui traduzidas como afiliadas ou relacionadas.

A definição de partes relacionadas para fins da definição da indústria doméstica (i) está presente no §1667 (4)(B)(ii) do *Tariff Act* de 1930. Em consonância com a definição do Acordo Antidumping, presente na nota de rodapé relativa ao art. 4.1(i), a normativa americana define partes relacionadas, para fins da definição de indústria doméstica, como aquelas que estão sob uma relação de controle vertical (uma controlada e outra controladora, ainda que indiretamente) ou em uma relação horizontal em que ambas sejam controladas por terceira parte ou controlem terceira parte (ainda que indiretamente):

> §1667 (4)(B)
> (ii) para os propósitos da cláusula (i), um produtor e um exportador são consideradas partes relacionadas se
> (I) o produtor direta ou indiretamente controla o exportador ou o importador,
> (II) o exportador ou o importador direta ou indiretamente controla o produtor,
> (III) uma terceira parte direta ou
> (IV) o produtor e o exportador ou importador direta ou indiretamente controla uma terceira parte e há uma razão para acreditar que a relação permite que o produtor aja de forma diferente em comparação com um produtor não relacionado
> Para os propósitos desse subparágrafo, uma parte deve ser considerada direta ou indiretamente controlada por outra parte se ela está jurídica ou operacionalmente em posição de exercer controle ou direção sobre a outra parte.[57]

---

[57] Tradução nossa. Trecho original em inglês: "(ii) For purposes of clause (i), a producer and an exporter or importer shall be considered to be related parties, if — (I) the producer directly or indirectly controls the exporter or importer, (II) the exporter or importer directly or indirectly controls the producer, (III) a third party directly or indirectly controls the producer and the exporter or importer, or (IV) the producer and the exporter or importer directly or indirectly control a third party and there is reason to believe that the relationship causes the producer to act differently than a nonrelated producer. For purposes of this subparagraph, a party shall be considered to directly or indirectly control another party if the party is legally or operationally in a position to exercise restraint or direction over the other party".

Já a definição de partes afiliadas (*affiliated*), em termos gerais para efeito da investigação antidumping (ii), está presente no §1667 (33) do 19 *US Code* (771(34)) do *Tariff Act* de 1930:

> §1667
> (33) Partes afiliadas
> As seguintes partes devem ser consideradas "afiliadas" ou "pessoas afiliadas":
> (A) Membros de uma família, incluindo irmãos e irmãs (sejam de sangue puro ou mestiço), cônjuge, ancestrais e descendentes lineares.
> (B) Qualquer dirigente ou diretor de uma organização e tal organização.
> (C) Sócios.
> (D) Empregador e empregado.
> (E) Qualquer pessoa que, detendo poder de voto, direta ou indiretamente possui pelo menos 5% ou mais das ações.
> (F) Duas ou mais partes direta ou indiretamente controlando, controladas por, ou sob controle comum de qualquer parte.
> (G) Qualquer parte que controle qualquer outra parte e esta outra parte. Para os fins deste parágrafo, uma parte será considerada como controlando outra se estiver jurídica ou operacionalmente em posição de exercer controle ou direção sobre a outra parte.[58]

As hipóteses de relacionamento previstas neste parágrafo são mais amplas que as hipóteses de relacionamento para fins de definição da indústria doméstica. Além das hipóteses de posse, controle e poder de voto, a norma prevê a definição de relacionamento por meio de relações operacionais, de negócios, de parentesco e laborais.

Importa observar que, para esses dois dispositivos, o "controle" de uma parte sobre a outra ou sobre uma terceira parte é considerado quando aquela estiver jurídica ou operacionalmente em

---

[58] Tradução nossa. Trecho original em inglês: "(33) Affiliated persons. The following persons shall be considered to be 'affiliated' or 'affiliated persons': (A) Members of a family, including brothers and sisters (whether by the whole or half blood), spouse, ancestors, and lineal descendants. (B) Any officer or director of an organization and such organization. (C) Partners. (D) Employer and employee. (E) Any person directly or indirectly owning, controlling, or holding with power to vote, 5 percent or more of the outstanding voting stock or shares of any organization and such organization. (F) Two or more persons directly or indirectly controlling, controlled by, or under common control with, any person. (G) Any person who controls any other person and such other person. For purposes of this paragraph, a person shall be considered to control another person if the person is legally or operationally in a position to exercise restraint or direction over the other person".

posição de exercer controle ou direção sobre a outra parte. Assim, para o USDOC, a noção de *affiliated* substituiu a noção de "controle"[59] para fins de análise da existência de benefício a um agente.[60]

Segundo o Trade Policy Review da OMC de março de 2006,[61] a extensão do relacionamento entre as partes é definida pela análise de aspectos legais, fiduciários, de propriedade e controle. Esclarece-se que uma participação acionária de 5% é considerada suficiente para dar origem a um relacionamento de "parte afiliada", embora o "controle" possa existir mesmo na ausência de qualquer participação acionária.[62] No entanto, já se sabe que os Estados Unidos apresentam uma definição de partes relacionadas mais alargada em sua legislação nacional, que se distancia da linha intermediária apresentada pelos FANs na OMC, como já indicado no item 1.1.3, *supra*.[63] Os EUA entendem que o conceito de controle baseado em critérios tradicionais de propriedade ou de participação societária (controle "legal") não é suficiente, devendo ser consideradas hipóteses de exercício de influência por outros meios. A legislação americana apresenta lista exaustiva de hipóteses de relacionamento, porém a cobertura das situações fáticas é a mais diversa. Como se afirmou acima, além das hipóteses de controle "legal" (posse, controle e poder de voto), a norma prevê a definição de relacionamento por meio de relações operacionais, de negócios, de parentesco e laborais.

Além dessas diretrizes para identificar a existência de partes relacionadas, os EUA eram conhecidos por aplicarem um teste que

---

[59] A noção de controle será mais bem discutida no decorrer deste trabalho, a partir das definições do direito societário incluídas no Capítulo 4.

[60] "Specifically, 'affiliation' replaces 'control' as the standard for when we will have a reasonable basis to believe or suspect that a competitive benefit is bestowed on the subject merchandise" (OMC. *Notification of laws and regulations under articles 18.5 and 32.6 of the agreements*. 2019. p. 82).

[61] "The 'affiliated parties' test primarily pertains to the USDOC's attribution methodology, under which the Department examines to what extent two or more entities are related to each other, based on legal, fiduciary, ownership or control factors, in order to assess whether and to what extent subsidy benefits may be attributable across those entities" (OMC. United States. *Trade Policy Review*, 22-24 mar. 2006. p. 214).

[62] UNITED STATES OF AMERICA. *US Code*. Title 19 – Customs Duties, Chapter 4 – Tariff Act of 1930. §1677 (33) (E). Disponível em: https://uscode.house.gov/view.xhtml?path=/prelim@title19/chapter4&edition=prelim.

[63] OMC. Comunicação recebida em 17 de junho de 2003 da Missão Permanente dos Estados Unidos da América. *TN/RL/W/130*. 20 jun. 2003.

permite verificar se transações entre partes relacionadas são conduzidas no *ordinary couse of trade* ou distorcem o preço de exportação: o *arm's length test* ou *99.5 percent test*. Depois da decisão da OMC em *US – Hot-Rolled Steel*, como visto no item 1.1.2, *supra*,[64] que definiu que as metodologias de prevenção de distorção do valor normal através de transações entre partes relacionadas aplicadas pelas autoridades antidumping deveriam refletir igualmente os efeitos que preços mais baixos ou mais altos do que o normal teriam no *ordinary course of trade*, o USDOC alterou a metodologia para se conformar às regras da OMC, através do documento *Antidumping proceedings: affiliated party sales in the ordinary course of trade*.[65]

O teste (o *arm's length test* ou *99.5 percent test*) consiste em duas partes. A primeira – sobre determinar se existe relacionamento entre as partes – foi mantida. A segunda, antigamente, consistia em tratar as vendas feitas por um exportador para um cliente relacionado como tendo sido feitas em condições de mercado se os preços praticados fossem pelo menos 99,5% dos preços cobrados de cliente não relacionados. A nova metodologia estabelece que, para que as vendas do exportador ou produtor a uma parte relacionada sejam incluídas no cálculo do valor normal, esses preços de venda devem estar, em média, dentro de uma faixa definida dos preços de venda do mesmo produto objeto ou de mercadoria comparável vendida por esse exportador ou produtor a todos os clientes não afiliados. A faixa atualmente aplicada para esta finalidade é entre 98 e 102%, inclusive dos preços para clientes não relacionados para que as vendas a essa parte relacionada sejam consideradas "no curso normal do comércio" e usadas no cálculo do valor normal. A nova faixa permite ponderar os efeitos de preços mais baixos ou mais altos que o normal em condições de mercado e suas potenciais distorções ao *ordinary course of trade*.

Alguns precedentes do USDOC permitem verificar a aplicação desses elementos de caracterização de partes relacionadas nas investigações antidumping.

---

[64] OMC. *US – Hot-Rolled Steel*. Appellate Body Report, WT/DS184/AB/R, 24 July 2001, para. 157.
[65] USDOC. Antidumping proceedings: affiliated party sales in the ordinary course of trade. *International Trade Administration*, 15 nov. 2002.

No caso da privatização do grupo siderúrgico francês Usinor, caso de medidas compensatórias conduzido pelo USDOC, encontramos a definição de *arm's length* utilizada pela autoridade. Segundo o USDOC, uma operação é considerada *arm's length* quando "negociada entre partes não relacionadas, cada uma agindo conforme seu próprio interesse, ou entre partes relacionadas em que os termos utilizados existiriam mesmo se a transação fosse entre partes não relacionadas".[66] Neste caso, a autoridade identificou partes relacionadas entre empregador e empregado, verificando que a venda de ações da empresa para empregados configurava uma transação entre partes relacionadas que não corresponderia à *arm's length*, uma vez que seus interesses e da companhia seriam indistintos. Os empregados receberam vantagens na compra de ações, com desconto de preço e melhores condições de pagamento.[67]

Em *Certain Oil Country Tubular Goods From the Republic of Korea*, o USDOC analisou elementos para caracterização de associação entre as partes.[68] A autoridade entendeu que importador e exportador eram relacionados devido a uma relação estreita de controle de fornecimento. A Posco está envolvida tanto na produção quanto nas vendas das operações da Nexteel envolvendo a mercadoria em questão. A combinação de seu envolvimento tanto no lado da produção quanto no lado das vendas criaria uma situação única em que a Posco seria operacionalmente capaz de exercer controle ou direção sobre a Nexteel de uma maneira que afetaria o preço, a produção e a venda de OCTG (*oil country tubular goods*). A USDOC identificou ainda provas de colaboração de estratégias de *marketing* entre as empresas, demonstrando que Nexteel e Posco agiam conjuntamente ou com um propósito em comum e poderiam, portanto, ser consideradas partes associadas (*associated*).[69]

---

[66] Tradução nossa. Trecho original em inglês: "a transaction negotiated between unrelated parties, each acting in its own interest, or between related parties such that the terms of the transaction are those that would exist if the transaction had been negotiated between unrelated parties".

[67] OMC. *US – Countervailing Measures Concerning Certain Products from the EC*. First submission of the United States, WT/DS212, 8 December 2004, para. 36-37.

[68] USDOC. *Certain Oil Country Tubular Goods from the Republic of Korea*, Final Determination. 79 FR 41983, 18 July 2014.

[69] OMC. *US – OCTG (Korea)*. Panel Report, WT/DS488/R, 14 November 2017, para. 7.173.

Até graus de relacionamento muito baixo podem ser considerados pelos EUA como justificativas para se caracterizar partes relacionadas. Na investigação sobre *Certain Cut-to-Length Carbon Steel Plate from Brazil*, foi identificado relacionamento mesmo com limitações práticas ao exercício do controle e apesar de a participação da empresa brasileira ser minoritária. Mesmo assim foi necessário o envio de questionário às partes relacionadas para identificar se existia ou não o efetivo controle entre elas.[70] Sobre isso, o Brasil comentou "o limiar da afiliação é, no entanto, irrealisticamente baixo, levando o USDOC a requerer a submissão de informações sensíveis de venda de seus consumidores afiliados sobre o correspondente ter ou não controle efetivo sobre as afiliadas".[71]

Em resumo, a legislação nacional norte-americana é bastante abrangente quanto à caracterização das partes relacionadas para fins de investigações antidumping.

1.3 As partes relacionadas nos termos da legislação antidumping da União Europeia

Na União Europeia, comércio internacional e comércio exterior são competências exclusivas da União. Assim, existe uma única autoridade responsável pelos procedimentos de defesa comercial, a Comissão Europeia, através de sua Direção-Geral

---

[70] "Under the guise of price manipulation, USDOC treats sales to affiliated home market customers with circumspection. If USDOC determines that the respondent's relationship to a customer is close enough to be deemed 'affiliated' under the US statute, USDOC applies a test that excludes the sales to affiliated customers for whom average prices are lower than sales to unaffiliated customers and not sales to affiliated customers for whom the average prices are higher. It then requires the respondent to report the affiliates' downstream sales. The threshold of affiliation, however, is unrealistically low, leading USDOC to require submission of sensitive, proprietary sales information of the affiliated customer whether or not the respondent has effective control over the affiliate" (OMC. *US – Hot-rolled steel*. Panel Report, Annex B, Submission of Brazil as Third Party, WT/DS184/R, 2001, p. 10).

[71] Tradução nossa. Trecho original em inglês: "the threshold of affiliation, however, is unrealistically low, leading USDOC to require submission of sensitive, proprietary sales information of the affiliated customer whether or not the respondent has effective control over the affiliate" (OMC. *US – Hot-rolled steel*. Submission of Brazil as a Third Party, WT/DS184/AB/R, 31 July 2000, para. 143-147).

do Comércio (DGTRADE).[72] Os Estados-Membros não possuem autoridades antidumping porque os procedimentos de defesa comercial são centralizados.

A principal normativa que rege as investigações antidumping é o Regulamento nº 2016/1036[73] (Regulamento Antidumping). O Regulamento prevê o impacto do relacionamento entre as partes para o cálculo do valor normal, referindo-se a "partes que pareçam estar associadas".

> Artigo 2º Determinação da existência de dumping
> A. VALOR NORMAL
> 1. [...]
> Os preços praticados entre partes que pareçam estar associadas ou terem um acordo de compensação só podem ser considerados praticados no decurso de operações comerciais normais e utilizados para o estabelecimento do valor normal, se se determinar que não são afetados por essa associação ou acordo.
> A fim de determinar se duas partes estão associadas, pode ser tida em conta a definição de partes coligadas do artigo 127º do Regulamento de Execução (UE) 2015/2447 da Comissão.

A definição de partes coligadas se encontra no Regulamento de Execução (UE) nº 2015/2447 de 24.11.2015, que estabelece as regras de execução de determinadas disposições do Regulamento (UE) nº 952/2013, o Código Aduaneiro da União Europeia,[74] em seu art. 127. Para a Comissão Europeia, duas partes são consideradas relacionadas ("coligadas", na tradução oficial em português) quando:

> a) Se uma fizer parte da direção ou do conselho de administração da empresa da outra e reciprocamente;
> b) Se tiverem juridicamente a qualidade de sócios;
> c) Se uma for o empregador da outra;

---

[72] Cf. sítio eletrônico da Direção-Geral do Comércio da Comissão Europeia: https://ec.europa.eu/trade/.

[73] UNIÃO EUROPEIA. *Regulamento (UE) 2016/1036 relativo à defesa contra as importações objeto de dumping dos países não membros da União Europeia, de 8 de junho de 2016.*

[74] UNIÃO EUROPEIA. Regulamento de Execução (UE) 2015/2447 – da Comissão de 24 de novembro de 2015 que estabelece as regras de execução de determinadas disposições do Regulamento (UE) n. 952/2013 do Parlamento Europeu e do Conselho que estabelece o Código Aduaneiro da União. *Jornal Oficial da União Europeia*, 29 dez. 2015.

d) Se uma terceira parte possuir, controlar ou detiver direta ou indiretamente 5 % ou mais das ações ou partes emitidas com direito de voto em ambas;
e) Se uma delas controlar a outra direta ou indiretamente;
f) Se ambas forem direta ou indiretamente controladas por uma terceira parte;
g) Se, em conjunto, controlarem direta ou indiretamente uma terceira parte;
h) Se forem membros de uma mesma família.
3. Considera-se que uma pessoa controla outra quando a primeira pode de fato ou de direito exercer orientação sobre a segunda.

Constata-se, portanto, que a União Europeia possui uma definição de partes relacionadas em sua legislação nacional que incorpora o elemento central do controle, identificado pelos FANs na OMC,[75] mas avança, assim como a definição norte-americana, ao prever hipóteses de relacionamento em caso de vínculo empregatício, familiar ou mesmo de participações societárias minoritárias.

O art. 2º do Regulamento Antidumping, relativo ao preço de exportação, indica diretrizes de construção do preço de exportação quando ele não for viável em virtude de uma associação ou acordo de compensação entre exportador e importador ou entre essas partes e um terceiro. Nesses casos, ao invés de ser "o preço efetivamente pago ou a pagar pelo produto vendido pelo país de exportação para a União",[76] poderá ser calculado com base nos valores revendidos ao primeiro comprador independente:

B. PREÇO DE EXPORTAÇÃO [...]
9. Quando não houver preço de exportação ou se afigurar que o preço não é fiável em virtude de uma associação ou de um acordo de compensação entre o exportador e o importador ou um terceiro, o preço de exportação pode ser calculado com base no preço a que os produtos importados são revendidos pela primeira vez a um comprador independente ou se não forem revendidos no mesmo estado em que foram importados, noutra base razoável.

---

[75] A noção de controle será mais bem discutida no decorrer deste trabalho, a partir das definições do direito societário.
[76] UNIÃO EUROPEIA. Regulamento (UE) 2016/1036. Art. 2º (B)(8).

O Regulamento Antidumping define também o relacionamento entre as partes na indústria doméstica, estabelecendo que os produtores são considerados relacionados aos exportadores ou importadores se houver uma relação de controle vertical ou horizontal entre eles, em consonância com o dispositivo equivalente da OMC (Acordo Antidumping, art. 4.1(i)) e também com a normativa norte-americana (19 *US Code Part* IV §1667 (4)(B)):

> a) Um deles controlar direta ou indiretamente o outro;
> b) Ambos forem direta ou indiretamente controlados por um terceiro; ou
> c) Ambos controlarem direta ou indiretamente um terceiro, desde que existam razões para acreditar ou suspeitar que essa relação tem por efeito o produtor em causa comportar-se de modo diferente do dos produtores não ligados.
> Para efeitos do presente número, considera-se que uma parte controla outra quando a primeira pode de facto ou de direito exercer autoridade ou orientação sobre a segunda.

A União Europeia observou recentemente avanços importantes em sua legislação em termos de definição e enquadramento de atividades comerciais entre partes relacionadas, sobretudo através da Diretiva nº 2017/828 do Parlamento Europeu e Conselho, que alterou a Diretiva nº 2007/36 no que se refere aos incentivos ao envolvimento dos acionistas em longo prazo.[77]

A diretiva de 2007,[78] relativa aos direitos dos acionistas, não abordava o tema das partes relacionadas. Já a diretiva de 2017 facilitou a identificação dos acionistas e os fluxos de informação entre os acionistas e a empresa, além de regular as transações com as partes relacionadas, fornecendo assim elementos para caracterização. A diretiva traz como exemplo de transações entre partes relacionadas as transações com acionistas controladores, administradores-chave ou sociedades pertencentes ao mesmo grupo.

---

[77] UNIÃO EUROPEIA. Diretiva (UE) 2017/828 – do Parlamento Europeu e do Conselho de 17 de maio de 2017 que altera a Diretiva 2007/36/CE no que se refere aos incentivos ao envolvimento dos acionistas a longo prazo. *Jornal Oficial da União Europeia*, 20 maio 2017.

[78] UNIÃO EUROPEIA. Diretiva (CE) 2007/36 – do Parlamento Europeu e do Conselho de 11 de julho de 2007 relativa ao exercício de certos direitos dos acionistas das sociedades anônimas. *Jornal Oficial da União Europeia*, 14 jul. 2007.

Algumas investigações de dumping conduzidas pela Comissão Europeia permitem verificar a aplicação desses elementos caracterizadores de partes relacionadas. No entanto, geralmente, a reflexão sobre o relacionamento em si entre as partes não está presente na decisão pública da autoridade de imposição de medidas, e a autoridade se concentra em analisar as consequências do relacionamento entre as partes. A Comissão Europeia menciona, nesses casos, em nota de rodapé, a definição utilizada para caracterizar o relacionamento entre as partes, que é, em verdade, uma referência ao art. 127 do Regulamento UE nº 2015/2447, citado acima. Como exemplos, mencionam-se as investigações de *fatty alcohols* provenientes da Índia, Indonésia e Malásia[79] e de *stainless steel cold-rolled flat* provenientes da China e de Taiwan.[80]

Como consequências da identificação de relacionamento entre as partes para a investigação de dumping, os dados relativos às vendas entre partes relacionadas podem ser levados em consideração desde que haja concorrência com outras vendas (de forma que os preços sejam semelhantes e os produtos possam ser adquiridos de empresas não relacionadas).[81] A prática da Comissão Europeia, porém, não parece ser muito rígida nesse sentido.[82] De modo geral, levam-se em consideração as informações sobre transações entre partes relacionadas quanto à produção, utilização da capacidade instalada, investimentos, estoques e produtividade, mas fatores como lucratividade, *cash flow*, retorno de investimentos, volume de vendas e preços só serão considerados se ocorrerem

---

[79] COMISSÃO EUROPEIA. *Notice of initiation of an anti-dumping proceeding concerning imports of certain fatty alcohols and their blends originating in India, Indonesia and Malaysia*. 13 August 2010, nota de rodapé n. 6.

[80] COMISSÃO EUROPEIA. *Notice of initiation of an anti-dumping proceeding concerning imports of stainless steel cold-rolled flat products originating in the People's Republic of China and Taiwan*. 26 June 2014, nota de rodapé n. 2.

[81] COMISSÃO EUROPEIA. *Decision n. 283/2000/ECSC imposing a definitive anti-dumping duty on imports of certain flat rolled products of iron or nonalloy steel, of a width of 600 mm or more, not clad, plated or coated, in coils, not further worked than hot-rolled, originating in Bulgaria, India, South Africa, Taiwan and the Federal Republic of Yugoslavia and accepting undertakings offered by certain exporting producers and terminating the proceeding concerning imports originating in Iran*. 4 February 2000, para. 45.

[82] MCGOVERN, Edmond. *European Union anti-dumping and trade defence law and practice*. [s.l.]: Globefield Press, 2019. p. 41:6.

num território de livre mercado,[83] ou pelo menos serão analisados independentemente.[84]

Em resumo, a legislação europeia é mais abrangente que a proposta apresentada pelos FANs perante à OMC, mas ainda assim não tão alargada quanto a legislação norte-americana quanto à caracterização das partes relacionadas para fins de investigações antidumping. Assim, uma vez apresentada a legislação bem como os precedentes pertinentes de jurisdições com tradição em investigações de dumping, tal qual os Estados Unidos e a União Europeia, passa-se à apresentação de outras jurisdições que possam enriquecer esse *benchmarking* e melhor compreender como o tema é tratado em outros países.

1.4 As partes relacionadas nos termos de demais legislações antidumping

A fim de enriquecer o *benchmarking* deste livro e melhor compreender como o tema das partes relacionadas é tratado em outros países, passa-se a uma breve apresentação da legislação das seguintes jurisdições com experiência consolidada em investigações antidumping: Canadá (1.4.1), Austrália (1.4.2), Índia (1.4.3), China (1.4.4) e Argentina (1.4.5).

---

[83] *Paracresol originating in China*, OJ L 75, 2003, p. 12, rec. 42; *Large rainbow trout originating in Norway, Faeroe Islands*, OJ L 72, 2004, p. 23, rec. 43; *Dead-burned (sintered) magnesia originating in China*, OJ L 125, 2006, p. 1, rec. 61; *Vinyl acetate originating in the USA*, OJ L 209, 2011, p. 24, rec. 39; *White phosphorus, also called elemental or yellow phosphorus originating in Kazakhstan*, OJ L 43, 2013, p. 38, rec. 56; *Organic coated steel products originating in China*, OJ L 73, 2013, p. 16, recs. 459 et seq.; *Cold-rolled flat steel products originating in China, Russia*, OJ L 37, 2016, p. 1, rec. 123. *Crystalline silicon photovoltaic modules and key components (i.e. cells) originating in China*, OJ L 56, 2017, p. 1, rec. 508.

[84] COMISSÃO EUROPEIA. *Commission Implementing Regulation (EU) 2018/1017 of 18 July 2018 amending Implementing Regulations (EU) 2017/366 and (EU) 2017/367 imposing definitive countervailing and anti-dumping duties on imports of crystalline silicon photovoltaic modules and key components (i.e. cells) originating in or consigned from the People's Republic of China and Implementing Regulations (EU) 2016/184 and (EU) 2016/185 extending the definitive countervailing and anti-dumping duty on imports of crystalline silicon photovoltaic modules and key components (i.e. cells) originating in or consigned from the People's Republic of China to imports of crystalline silicon photovoltaic modules and key components (i.e. cells) consigned from Malaysia and Taiwan, whether declared as originating in Malaysia and in Taiwan*. para. 566.

1.4.1 As partes relacionadas nos termos da legislação antidumping do Canadá

Considerando a legislação de outros países sobre dumping, passa-se à regulamentação canadense, definida no *Special Import Measures Act* (Sima).[85] As investigações de defesa comercial no Canadá são conduzidas por duas autoridades. A determinação de dumping e análise do dano constituem competências distintas que darão lugar a procedimentos independentes conduzidos por duas autoridades, separados, mas concomitantemente.

A *Canada Border Services Agency* (CBSA) inicia a investigação, sendo responsável pela determinação de dumping. O *Canadian International Trade Tribunal* (CITT), de forma independente da CBSA, mas a partir da investigação por ela iniciada, assume a análise do dano, realizando as audiências com as partes interessadas. Uma decisão positiva de dano por parte da CITT confere à CBSA a autoridade de impor medidas antidumping.

Feitas essas considerações preliminares sobre a particularidade na condução das investigações de defesa comercial no Canadá, o Sima apresenta a definição canadense para partes relacionadas. Para relacionamento entre as partes quanto à indústria doméstica, a legislação estabelece que produtores são relacionados a exportadores ou importadores quando:
- uma das partes controla a outra direta ou indiretamente;
- as partes são direta ou indiretamente controladas por uma terceira parte;
- em conjunto, as partes controlam direta ou indiretamente uma terceira parte.[86]

---

[85] CANADÁ. *Special Import Measures Act*. R.S.C., 1985, c. S-15.
[86] Tradução nossa. Trecho original em inglês: "Producers related to exporters or importers (1.2) For the purposes of the definition domestic industry in subsection (1), a domestic producer is related to an exporter or an importer of dumped or subsidized goods where (a) the producer either directly or indirectly controls, or is controlled by, the exporter or importer, (b) the producer and the exporter or the importer, as the case may be, are directly or indirectly controlled by a third person, or (c) the producer and the exporter or the importer, as the case may be, directly or indirectly control a third person, and there are grounds to believe that the producer behaves differently towards the exporter or importer than does a non-related producer".

Para além do relacionamento entre as partes no que tange à indústria doméstica, o Sima apresenta o conceito de *associated persons*, que podem ser pessoas relacionadas entre si, ou pessoas que estabelecem uma operação que não pode ser considerada *arm's length*. Trata-se de definição interessante que possibilita a classificação entre partes relacionadas não através unicamente da análise do relacionamento entre elas, mas da natureza independente ou não de suas operações. Quanto às hipóteses para classificação de partes relacionadas segundo a natureza do relacionamento entre elas, o Sima estabelece que são partes relacionadas quando:

- os indivíduos apresentam laço sanguíneo, de casamento, união estável ou adoção;
- uma parte é diretora da outra;
- as partes têm executivos e diretores em comum;
- as partes são sócias;
- uma é empregada da outra;
- controlam direta ou indiretamente ou são controlados por uma mesma terceira parte;
- uma parte controla direta ou diretamente a outra;
- qualquer outra pessoa direta ou indiretamente possui, detém ou controla cinco por cento ou mais das ações com direito a voto ou ações de cada uma dessas partes;
- uma parte, direta ou indiretamente, possui, detém ou controla cinco por cento ou mais das ações com direito a voto ou ações da outra.[87]

Nota-se, portanto, que a legislação canadense se alinha às posições adotadas pelos EUA e pela União Europeia, indo além das hipóteses de controle "legal" (posse, controle e poder de voto). A norma prevê a definição de relacionamento por meio de relações

---

[87] Tradução nossa. Trecho original em inglês: "(3) For the purposes of subsection (2), persons are related to each other if (a) they are individuals connected by blood relationship, marriage, common-law partnership or adoption within the meaning of subsection 251(6) of the *Income Tax Act*; (b) one is an officer or director of the other; (c) each such person is an officer or director of the same two corporations, associations, partnerships or other organizations; (d) they are partners; (e) one is the employer of the other; (f) they directly or indirectly control or are controlled by the same person; (g) one directly or indirectly controls or is controlled by the other; (h) any other person directly or indirectly owns, holds or controls five per cent or more of the outstanding voting stock or shares of each such person; or (i) one directly or indirectly owns, holds or controls five per cent or more of the outstanding voting stock or shares of the other".

operacionais, de negócios, de parentesco e laborais. Além disso, a definição de partes relacionadas engloba, além das hipóteses que enumeram diferentes naturezas de relacionamento, a classificação como partes relacionadas quando uma operação não é conduzida segundo o *standard arm's length*.

1.4.2 As partes relacionadas nos termos da legislação antidumping da Austrália

A legislação australiana, por sua vez, traz uma forte ligação entre o conceito de partes associadas e as *arm's lenght transactions*, apresentadas na experiência dos EUA (*vide* item 1.2, *supra*). As investigações antidumping no país são regulamentadas por meio do *Customs Act 1901* e lideradas e dirigidas pelo comissário, autoridade máxima da Comissão Antidumping, que responde diretamente ao ministro australiano.

Na seção 269TAA(1)(b) do *Customs Act 1901*, além de outras hipóteses, não podem ser consideradas *arm's lenght transaction* as vendas nas quais o preço foi influenciado por alguma relação – comercial ou não – com o comprador.[88] Além dessa, também não são consideradas *arm's lenght transactions* as situações em que há contraprestação a pagar além do valor do bem ou em situações em que o comprador ou algum associado receberá alguma contraprestação logo após a venda do produto. Ademais, o preço praticado por uma *arm's lenght transaction* é considerado preço de exportação na Austrália ou, se não for essa espécie de transação, ao menos as partes não podem ser associadas.[89]

---

[88] "269TAA Arms length transactions (1) For the purposes of this Part, a purchase or sale of goods shall not be treated as an arms length transaction if: (a) there is any consideration payable for or in respect of the goods other than their price; or (b) the price is influenced by a commercial or other relationship between the buyer, or an associate of the buyer, and the seller, or an associate of the seller; or (c) in the opinion of the Minister the buyer, or an associate of the buyer, will, subsequent to the purchase or sale, directly or indirectly, be reimbursed, be compensated or otherwise receive a benefit for, or in respect of, the whole or any part of the price".

[89] "269TAB Export price (1) For the purposes of this Part, the export price of any goods exported to Australia is: (a) where: (i) the goods have been exported to Australia otherwise than by the importer and have been purchased by the importer from the exporter (whether before or after exportation); and (ii) the purchase of the goods by the importer was an

A seção 269 TAA(1)(b) do *Customs Act 1901* também traz as hipóteses em que as partes são associadas. Segundo o documento, são consideradas partes relacionadas:[90]
- se forem ambas pessoas físicas, (a) houver conexão sanguínea, conjugal ou de adoção, ou (b) uma delas for diretor de uma companhia controlada, direta ou indiretamente pela outra;
- se ambas forem pessoas jurídicas, (a) ambas forem controladas, direta ou indiretamente, por uma terceira pessoa (física ou jurídica); (b) juntas controlarem, direta ou indiretamente, uma terceira corporação; (c) a mesma pessoa (física ou jurídica) estiver em posição de controle de 5% ou mais dos votos da assembleia-geral;
- sendo uma pessoa jurídica, esta for controlada, direta ou indiretamente, pela outra;
- sendo uma pessoa física, esta for empregada ou diretora da outra; e
- forem membros de uma mesma "sociedade" (*partnership*).

Ademais, o preço de exportação na Austrália é aquele cobrado pelos bens pagos por importadores aos exportadores em uma

---

arm's length transaction; the price paid or payable for the goods by the importer, other than any part of that price that represents a charge in respect of the transport of the goods after exportation or in respect of any other matter arising after exportation; or (b) where: (i) the goods have been exported to Australia otherwise than by the importer and have been purchased by the importer from the exporter (whether before or after exportation); and (ii) the purchase of the goods by the importer was not an arms length transaction; and (iii) the goods are subsequently sold by the importer, in the condition in which they were imported, to a person who is not an associate of the importer; the price at which the goods were so sold by the importer to that person less the prescribed deductions; or (c) in any other case—the price that the Minister determines having regard to all the circumstances of the exportation".

[90] Trecho original em inglês: "(4) For the purposes of this Part, 2 persons shall be deemed to be associates of each other if, and only if: (a) both being natural persons: (i) they are connected by a blood relationship or by marriage or by adoption; or (ii) one of them is an officer or director of a body corporate controlled, directly or indirectly, by the other; (b) both being bodies corporate: (i) both of them are controlled, directly or indirectly, by a third person (whether or not a body corporate); or (ii) both of them together control, directly or indirectly, a third body corporate; or (iii) the same person (whether or not a body corporate) is in a position to cast, or control the casting of, 5% or more of the maximum number of votes that might be cast at a general meeting of each of them; or (c) one of them, being a body corporate, is, directly or indirectly, controlled by the other (whether or not a body corporate); or (d) one of them, being a natural person, is an employee, officer or director of the other (whether or not a body corporate); or (e) they are members of the same partnership".

arm's lenght transaction. Caso não seja uma *arm's lenght transaction* e o importador tenha vendido os bens a partes não associadas, o preço de exportação será o preço de venda pelo importador a essa pessoa, após as deduções previstas. Nas outras situações, o preço de exportação será o preço determinado pelo ministro, devido às condições específicas da exportação.[91] Vê-se que o ministro australiano possui grande influência, uma vez que, se as informações não forem suficientes para determinação do preço de exportação, este é definido por ele, a partir das informações existentes.[92]

Sobre valor normal dos bens exportados para a Austrália, a seção 269 TAC(1)[93] do *Customs Act 1901* caracteriza-o como o preço praticado para venda desses produtos no país de exportação, se for uma *arm's lenght transaction* ou, se não tiver sido vendida pelo exportador, aqueles produtos similares vendidos por outro vendedor. Da mesma forma, o ministro possui prerrogativas em relação à maneira de determinação dessa variável. Por exemplo, se entender que há ausência de volume suficiente de vendas no mercado do país exportador ou que as vendas não podem ser utilizadas devido a situações do mercado exportador, o valor normal não poderá ser o acima definido. Nessas situações, o valor normal

---

[91] "269TAB Export price (1) For the purposes of this Part, the export price of any goods exported to Australia is: (a) where: (i) the goods have been exported to Australia otherwise than by the importer and have been purchased by the importer from the exporter (whether before or after exportation); and (ii) the purchase of the goods by the importer was an arm's length transaction; the price paid or payable for the goods by the importer, other than any part of that price that represents a charge in respect of the transport of the goods after exportation or in respect of any other matter arising after exportation; or (b) where: (i) the goods have been exported to Australia otherwise than by the importer and have been purchased by the importer from the exporter (whether before or after exportation); and (ii) the purchase of the goods by the importer was not an arms length transaction; and (iii) the goods are subsequently sold by the importer, in the condition in which they were imported, to a person who is not an associate of the importer; the price at which the goods were so sold by the importer to that person less the prescribed deductions; or (c) in any other case—the price that the Minister determines having regard to all the circumstances of the exportation".

[92] "269TAB (3) Where the Minister is satisfied that sufficient information has not been furnished, or is not available, to enable the export price of goods to be ascertained under the preceding subsections, the export price of those goods shall be such amount as is determined by the Minister having regard to all relevant information".

[93] "269TAC(1) Subject to this section, for the purposes of this Part, the normal value of any goods exported to Australia is the price paid or payable for like goods sold in the ordinary course of trade for home consumption in the country of export in sales that are arm's length transactions by the exporter or, if like goods are not so sold by the exporter, by other sellers of like goods".

será o praticado em *arm's lenght transactions* entre o país exportador e um terceiro, definido pelo ministro.

Nota-se, portanto, que na legislação australiana o conceito de partes relacionadas é mais abrangente que o canadense, aproximando-se das posições adotadas pelos EUA e pela União Europeia, que vão além das hipóteses de controle "legal" (posse, controle e poder de voto), prevendo a definição de relacionamento por meio de relações operacionais, de negócios, de parentesco e laborais.

1.4.3 As partes relacionadas nos termos da legislação antidumping da Índia

As investigações antidumping da Índia são regulamentadas pela *Customs Tariff Rules* de 1995.[94] Essas medidas são administradas pela Direção-Geral de Remédios Comerciais (*Directorate General of Antidumping and Allied Duties* – DGAD), que funciona no Departamento de Comércio do Ministério do Comércio e Indústria.

Cabe à autoridade responsável determinar o valor normal, preço de exportação e margem de dumping, com base nas diretrizes do Anexo I do documento.[95] O referido anexo aponta que compras cujo valor unitário é inferior aos custos de produção não são consideradas no curso normal de comercialização, devendo ser descartadas na determinação de valor normal. Ainda sobre a determinação do valor normal, no caso de as importações serem realizadas por economias que não são de mercado,[96] ele será

---

[94] ÍNDIA. *Customs Tariff (Identification, Assessment and Collection of Anti-Dumping Duty on Dumped Articles and for Determination of Injury) Rules*. Central Board of Indirect Taxes & Customs – Department of Revenue, Ministry of Finance. 1995.

[95] "10.Determination of normal value, export price and margin of dumping.- An article shall be considered as being dumped if it is exported from a country or territory to India at a price less than its normal value and in such circumstances the designated authority shall determine the normal value, export price and the margin of dumping taking into account, inter alia, the principles laid down in Annex I to these rules".

[96] O mesmo anexo traz o conceito de indústrias que não são de mercado, ou seja, aquelas que não operam de acordo com os princípios do mercado: "8. (1) The term "non-market economy country" means any country which the designated authority determines as not operating on market principles of cost or pricing structures, so that sales of merchandise in such country do not reflect the fair value of the merchandise, in accordance with the criteria specified in sub-paragraph (3)".

reconstruído com o valor de mercado praticado por um terceiro país, selecionado por motivo razoável.[97]

Em 2020, o texto do *Customs Tariff* foi emendado para trazer o conceito de partes relacionadas.[98] Ele aparece em cláusula explanatória da definição de "indústria doméstica",[99] apresentada como o conjunto de produtores envolvidos na manufatura ou qualquer atividade relacionada com aquele bem, que representem a maioria da produção do referido bem, exceto quando os produtores são relacionados com os importadores ou exportadores do referido bem.

Para fins de interpretação dessa cláusula (2(b)), a relação entre produtores e importadores ou exportadores para fins de definição da indústria doméstica pode ser configurada em três situações:[100]

- uma das partes direta ou indiretamente controla a outra;
- as duas são direta ou indiretamente controladas por uma terceira parte; ou
- juntas, elas controlam direta ou indiretamente uma terceira parte a ponto de haver suspeitas consistentes de que os

---

[97] "7. In case of imports from non-market economy countries, normal value shall be determined on the basis of the price or constructed value in a market economy third country, or the price from such a third country to other countries, including India, or where it is not possible, on any other reasonable basis, including the price actually paid or payable in India for the like product, duly adjusted if necessary, to include a reasonable profit margin. An appropriate market economy third country shall be selected by the designated authority in a reasonable manner [keeping in view the level of development of the country concerned and the product in question] and due account shall be taken of any reliable information made available at the time of the selection. Account shall also be taken within time limits; where appropriate, of the investigation if any made in similar matter in respect of any other market economy third country. The parties to the investigation shall be informed without unreasonable delay the aforesaid selection of the market economy third country and shall be given a reasonable period of time to offer their comments".

[98] ÍNDIA. *Notification n. 09/2020* – Customs (N.T). Ministry of Finance, 2 February 2020.

[99] Trecho original em inglês: "Definitions. - 2. In these rules, unless the context otherwise requires, - 'Act' means the Customs Tariff Act, (a) 1975 (51 of 1975), 'domestic industry' means the (b) domestic producers as a whole engaged in the manufacture of the like article and any activity connected therewith or those whose collective output of the said article constitutes a major proportion of the total domestic production of that article except when such producers are related to the exporters or importers of the alleged dumped article or are themselves importers thereof in which case [such producers may be deemed] not to form part of domestic industry".

[100] Trecho original em inglês: "Explanation. - For the purposes of this clause, - (i) producers shall be deemed to be related to exporters or importers only if, - (a) one of them directly or indirectly controls the other; or (b) both of them are directly or indirectly controlled by a third person; or (c) together they directly or indirectly control a third person, subject to the condition that there are grounds for believing or suspecting that the effect of the relationship is such as to cause the producers to behave differently from non-related producers".

efeitos desse relacionamento fazem com que as partes relacionadas ajam de forma diferente do que com partes não relacionadas.

A legislação esclarece que um produtor é considerado controlador de outro quando está legalmente ou operacionalmente em uma posição de exercer um constrangimento ou direção sobre o outro.[101]

O impacto da relação entre as partes é levantado também pela cláusula 22 da *Customs Tariff Rules* da Índia, que se refere ao cálculo da margem de dumping para exportadores que não figuravam na investigação original. A lei determina que a autoridade pode investigar novos exportadores e produtores do país exportador, desde que esses não sejam relacionados aos exportadores e produtores já sujeitos a medidas antidumping.[102] Não existe aqui, no entanto, definição do que consistiria no relacionamento entre as partes nesse caso, nem referência expressa à definição utilizada para a indústria doméstica.

Nota-se, portanto, que a legislação indiana é menos detalhada quanto ao conceito de partes relacionadas, cingindo-se à noção de controle e à definição de indústria doméstica. De forma diversa, como já demonstrado, as posições adotadas pelos EUA, pela União Europeia, pelo Canadá e pela Austrália são mais abrangentes, pois vão além das hipóteses de controle "legal" (posse, controle e poder de voto), a norma prevê a definição de relacionamento por meio de relações operacionais, de negócios, de parentesco e laborais.

1.4.4 As partes relacionadas nos termos da legislação antidumping da China

Na China, a autoridade responsável pelas investigações antidumping é a SETC, a *Chinese State Economic and Trade Commission*.

---

[101] "(ii) a producer shall be deemed to control another producer when the former is legally or operationally in a position to exercise restraint or direction over the latter".

[102] Trecho original em inglês: "22. (1) If a product is subject to anti-dumping duties, the designated authority shall carry out a periodical review for the purpose of determining individual margins of dumping for any exporters or producers in the exporting country in question who have not exported the product to India during the period of investigation, provided that these exporters or producers show that they are not related to any of the exporters or producers in the exporting country who are subject to the anti-dumping duties on the product".

Para a implementação das determinações advindas dessas investigações, há o *Bureau for Industry Injury Investigation*, que responde à STEC. O Decreto nº 45/2002 – *Rules on Investigations and Determinations of Industry Injury for Anti-dumping* – traz a definição de partes relacionadas quanto à indústria doméstica no art. 14.[103]

Segundo o dispositivo, uma parte é relacionada à outra quando:

- uma delas direta ou indiretamente controla ou influencia a outra;
- ambas são direta ou indiretamente controladas ou influenciadas por uma terceira parte; ou
- juntas, as partes direta ou indiretamente controlam ou influenciam uma terceira parte.

Nos termos da legislação chinesa, os produtores domésticos relacionados a exportadores ou importadores do produto sob investigação são excluídos do conceito de indústria doméstica.

Tal qual na legislação indiana, o decreto chinês menciona, em seu art. 47, o impacto do relacionamento entre as partes para a consideração de novos exportadores e produtores do país exportador que não configuravam na investigação original. De modo semelhante, não poderão fazer objeto de uma determinação de dumping separada novos exportadores e/ou produtores relacionados àqueles já sujeitos a direitos antidumping.[104]

Já os conceitos de valor normal e preço de exportação são trazidos da Regulação Antidumping do governo chinês (*Rules on Investigations and Determinations of Industry Injury for Anti-dumping*). O art. 4 define que o valor normal é o preço praticado pela venda de produtos da mesma categoria do investigado, na indústria doméstica

---

[103] CHINA. Rules on Investigations and Determinations of Industry Injury for Anti-dumping. Order of the State Economic and Trade Commission of the People's republic of China. *MOFCOM*, n. 45, 12 dez. 2002.

[104] Trecho original em inglês: "Article 47 - After an import is subject to an anti-dumping duty, new exporters who have not exported the product in question to the People's Republic of China within the period of investigation, may apply to the Ministry of Commerce for a separate determination of the margin of dumping, provided that they can show that they are not related to any of the exporters who are subject to the anti-dumping duty. The Ministry of Commerce shall promptly carry out a review and make a final determination. No anti-dumping duties shall be levied on imports from such exporters or producers while the review is being carried out, but measures may be taken as provided in Item 2, Paragraph 1 of Article 28 of these Regulations".

do país exportador, se ocorridas em condições normais de mercado. Em caso de os produtos não serem vendidos em condições normais de mercado ou se a quantidade vendida não for considerável, o valor normal será aquele utilizado para vendas a um terceiro ou mesmo o mais razoável praticado na indústria doméstica do exportador.[105]

O art. 5 do documento em questão conceitua o preço de exportação de acordo com duas circunstâncias diferentes: (1) o preço de exportação será o preço praticado no caso de a mercadoria possuir um preço efetivamente recebido ou preço a receber; (2) o preço de exportação será o primeiro preço de revenda a comprador independente ou, caso não haja a revenda, o preço de exportação será o valor presumido em base razoável pelo Ministério de Comércio Internacional e Cooperação Econômica da China (MOFTEC).[106]

Nota-se, portanto, que a legislação chinesa, de modo similar à indiana, é mais restritiva quanto ao conceito de partes relacionadas, cingindo-se à noção de controle e à definição de indústria doméstica. De forma diversa, como já demonstrado, as posições adotadas pelos EUA, pela União Europeia, pelo Canadá e pela Austrália são

---

[105] "Article 4: The normal value of imported products shall be determined in the following ways on the basis of different circumstances: (1)in case that the products of the same category as that of the imported products have a comparable price in the domestic market of the exporting country (region) in the ordinary course of trade, that comparable price shall be the normal value; (2)in case that the products of the same category as that of the imported products are not sold on the domestic market of the exporting country (region) in the ordinary course of trade, or the price or quantity of the products of the same category cannot be used as a basis for fair comparison, the normal value shall be the comparable price at which the products of the same category are exported to a proper third country (region) or shall be the production cost of the products of the same category in the country (region) of origin plus reasonable expenses and profits. Where the imported products do not directly come from the country (region) of origin, the normal value shall be determined in accordance with Item (1) of the preceding paragraph; however, if the products are transported only through the exporting country (region) or the products are not produced in the exporting country (region) or no comparable price exists in the exporting country (region), etc., the price of the said products of the same category in the country (region) of origin may be regarded as the normal value".

[106] "Article 5 The export price of the imported products shall be determined in the following ways according to different circumstances: (1)in case the imported products have an actual payment price or a payable price, such price shall be the export price; (2)in case the imported products do not have an export price or its price is not reliable, the price presumed on the basis of the price at which the imported products are re-sold for the first time to an independent buyer shall be regarded as the export price; however, if the imported products are not re-sold to an independent buyer or not re-sold in the status when they are imported, the price presumed by the MOFTEC on a reasonable basis may be regarded as the export price".

mais abrangentes, pois vão além das hipóteses de controle "legal" (posse, controle e poder de voto) – a norma prevê a definição de relacionamento também por meio de relações operacionais, de negócios, de parentesco e laborais.

Uma vez concluída a investigação deste Capítulo 1 sobre a existência de uma definição para partes relacionadas no sistema multilateral de comércio e em jurisdições estrangeiras, passa-se a apresentar, em detalhe, o conceito de partes relacionadas na legislação brasileira, nos termos do Decreto nº 8.058/2013.

Conclusão do Capítulo 1

O objetivo deste primeiro capítulo foi identificar experiências internacionais quanto à definição de partes relacionadas em investigações antidumping. Verificou-se que o conteúdo do Acordo Antidumping da OMC é ainda muito limitado se comparado à complexidade representada pelo relacionamento entre partes envolvidas em investigações antidumping. A jurisprudência do Órgão de Solução de Controvérsias, ainda incipiente na matéria, contribui mais no sentido de apontar os desdobramentos e as possíveis consequências da existência de partes relacionadas em processos antidumping do que no esclarecimento efetivo de sua caracterização e do seu conceito. Não à toa, há mais de uma década, ainda que com interrupções, existe um movimento por parte dos membros de avançar nas discussões acerca do relacionamento entre as partes e sofisticar a definição a elas hoje dispensada no Acordo Antidumping da OMC. O texto aborda apenas o relacionamento entre as partes em relação à indústria doméstica, em definição bastante ancorada na noção de controle.

As hipóteses de caracterização de relacionamento entre as partes incluídas no Acordo Antidumping da OMC, referentes à indústria doméstica, são reproduzidas nas legislações nacionais dos membros que contêm provisões específicas para a existência de partes relacionadas em investigações antidumping. As jurisdições com tratamento mais sofisticado de partes relacionadas, como Estados Unidos, União Europeia, Canadá e Austrália, preveem também outras hipóteses de caracterização que vão além da noção de controle, podendo estar relacionadas tanto a vínculos societários quanto não societários, como familiares e laborais.

CAPÍTULO 2

2 Partes relacionadas na legislação brasileira (arts. 14 e 35 do Decreto nº 8.058/2013)

Este segundo capítulo irá detalhar o que diz a legislação brasileira sobre os critérios legais para caracterização de partes relacionadas, nos termos dos arts. 14, §10 e art. 35, §1º do Decreto nº 8.058/2013. Apesar de as discussões no bojo da OMC não terem avançado no sentido de se positivar uma definição de partes relacionadas e seus efeitos nas investigações antidumping (*vide* subseção 1.1 deste livro), o Brasil incorporou em seu Decreto nº 8.058/2013 os dispositivos que havia apresentado como proposta, a fim de assim garantir mais transparência e segurança aos procedimentos das investigações antidumping.

Para tanto, em 2011 foi aberta consulta pública[107] para receber sugestões de alteração do decreto então vigente (Decreto nº 1.355, de 30.12.1994). Das contribuições à consulta pública, apenas duas apresentaram questões relativas ao tema: uma solicitava a inclusão de uma definição de partes relacionadas[108] e outra solicitava a inclusão de um critério objetivo para identificar transações não normais entre partes relacionadas.[109]

O Decreto nº 8.058/2013 passou a apresentar, em dois artigos diferentes, as hipóteses que configuram um relacionamento, ou seja, elementos que permitem a caracterização de partes relacionadas. Os principais dispositivos no Decreto nº 8.058/2013 sobre partes relacionadas, art. 14, §10[110] (referentes a partes relacionadas inves-

---

[107] BRASIL. *Portaria Secex nº 28*, de 29 de agosto de 2011.
[108] Disponível em: http://www.mdic.gov.br/images/REPOSITORIO/secex/decom/Consulta_pública/MOVE.pdf.
[109] Disponível em: http://www.mdic.gov.br/images/REPOSITORIO/secex/decom/Consulta_pública/Uno_Trade.pdf.
[110] Decreto nº 8.058/2013: "Art. 14. [...] §10. Para os fins deste Capítulo, as partes serão consideradas relacionadas ou associadas se: I - uma delas ocupar cargo de responsabilidade ou de direção

tigadas pela prática de dumping) e art. 35, §1º[111] (referentes a partes relacionadas que compõem a indústria doméstica), serão discutidos nas subseções a seguir (2.1 e 2.2, respectivamente).

FIGURA 2 (Repetição) – Artigos do Decreto nº 8.058/2013 sobre partes relacionadas investigadas pela prática de dumping ou que compõem a indústria doméstica

PARTES RELACIONADAS INVESTIGADAS PELA PRÁTICA DE DUMPING
ART. 14.§10

PARTES RELACIONADAS ÀS EMPRESAS QUE COMPÕEM A INDÚSTRIA DOMÉSTICA
ART. 35.§1

DECRETO 8.058/2013 E PARTES RELACIONADAS

Fonte: Elaboração própria.

Conforme será possível notar, o Decreto nº 8.058/2013 incorporou em seus dispositivos o conceito de influência significativa para determinação do relacionamento entre as partes e seus efeitos sobre o cálculo do valor normal e do preço de exportação, assim como apresentou critérios objetivos para definição de certas consequências desse relacionamento na determinação do dumping. Trata-se, assim, de posição mais abrangente do que a posição adotada pelos FANs no âmbito da OMC (*vide* subseção 1.1.2, *supra*, neste livro), e

---

em empresa da outra; II - forem legalmente reconhecidas como associados em negócios; III - forem empregador e empregado; IV - qualquer pessoa, direta ou indiretamente, possuir, controlar ou deter cinco por cento ou mais das ações ou títulos emitidos com direito a voto de ambas; V - uma delas, direta ou indiretamente, controlar a outra, inclusive por intermédio de acordo de acionistas; VI - forem ambas, direta ou indiretamente, controladas por uma terceira pessoa; VII - juntas controlarem direta ou indiretamente uma terceira pessoa; VIII - forem membros da mesma família; IX - se houver relação de dependência econômica, financeira ou tecnológica com clientes, fornecedores ou financiadores".

[111] Decreto nº 8.058/2013: " Art. 35. [...] §1º Para os efeitos do inciso I do caput, os produtores domésticos serão considerados associados ou relacionados aos produtores estrangeiros, aos exportadores ou aos importadores somente no caso de: I - um deles controlar direta ou indiretamente o outro; II - ambos serem controlados direta ou indiretamente por um terceiro; ou III - juntos controlarem direta ou indiretamente um terceiro".

de algum modo semelhante às posições adotadas pelos EUA, pela União Europeia, pela Austrália e pelo Canadá, pois vão além das hipóteses de controle "legal" (posse, controle e poder de voto), a norma prevê a definição de relacionamento por meio de relações operacionais, de negócios, de parentesco e laborais.

A partir da apresentação dos critérios legais para caracterização de partes relacionadas em investigações antidumping dos arts. 14 e 35 do Decreto nº 8.050/2013, espera-se, neste capítulo, identificar os elementos caracterizadores de relacionamento entre as partes que nortearão, posteriormente, a revisão de literatura de direito societário.

2.1 Critérios legais para caracterização de partes relacionadas nos termos do art. 14 do Decreto nº 8.058/2013

O art. 14 do Decreto nº 8.058/2013 está inserido no capítulo referente à determinação de dumping, razão pela qual será necessária uma brevíssima introdução a respeito de alguns conceitos relevantes nas investigações antidumping antes de passarmos, especificamente, para o tema das partes relacionadas.[112]

A prática de dumping consiste na introdução de um produto no mercado doméstico brasileiro, inclusive sob as modalidades de *drawback*, a um preço de exportação inferior ao seu valor normal (art. 7º do Decreto nº 8.058/2013). Trata-se, portanto, de uma prática de discriminação de preços que será considerada desleal no comércio internacional se causar dano à indústria doméstica do país de destino do produto.

Para investigações da prática de dumping, é necessário calcular o valor normal e o preço de exportação praticados pelo produtor/exportador estrangeiro, que servirão de base para o cálculo da margem de dumping. Haverá, portanto, prática de dumping,

---

[112] Para maiores informações sobre a legislação aplicável às investigações antidumping, sugere-se o *Guia de investigações antidumping* da Subsecretaria de Defesa Comercial e Interesse Público da Secretaria de Comércio Exterior do Ministério da Economia (SDCOM/Secex/ME) (Disponível em: https://www.gov.br/produtividade-e-comercio-exterior/pt-br/assuntos/comercio-exterior/defesa-comercial-e-interesse-publico/guias. Acesso em: 4 jan. 2021).

quando uma empresa exportar para o Brasil um produto a preço (preço de exportação) inferior àquele que pratica para o produto similar nas vendas para o seu mercado interno (valor normal).

FIGURA – Guia de investigações antidumping da SDCOM: valor normal, preço de exportação e margem de dumping

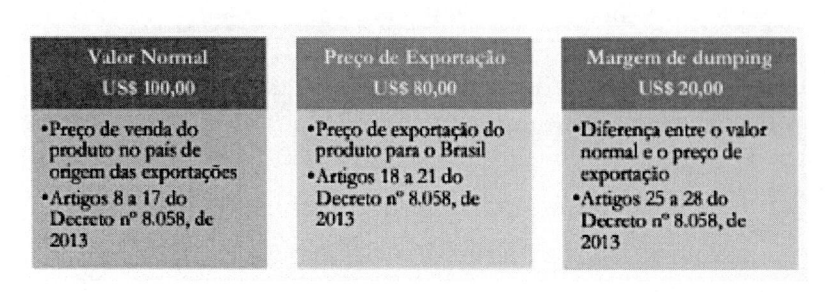

Valor Normal US$ 100,00	Preço de Exportação US$ 80,00	Margem de dumping US$ 20,00
•Preço de venda do produto no país de origem das exportações •Artigos 8 a 17 do Decreto nº 8.058, de 2013	•Preço de exportação do produto para o Brasil •Artigos 18 a 21 do Decreto nº 8.058, de 2013	•Diferença entre o valor normal e o preço de exportação •Artigos 25 a 28 do Decreto nº 8.058, de 2013

Fonte: *Guia de investigações antidumping* da SDCOM/Ministério da Economia.

O preço de exportação corresponde ao preço recebido, ou a receber, pelo produto exportado ao Brasil, líquido de tributos, descontos ou reduções efetivamente concedidos e diretamente relacionados com as vendas do produto objeto da investigação, quando o produtor for o exportador do produto objeto da investigação. Caso o produtor não seja o exportador e ambos não sejam partes associadas ou relacionadas, o preço de exportação será, preferencialmente, o recebido, ou o preço a ser recebido, pelo produtor, por produto exportado ao Brasil, líquido de tributos, descontos ou reduções efetivamente concedidos e diretamente relacionados com as vendas do produto objeto da investigação (arts. 18 e 19 do Decreto nº 8.058/2013). Se houver relacionamento entre o produtor e o exportador ou entre o produtor e o importador do produto, o preço de exportação será reconstruído a partir do preço efetivamente recebido ou o preço a receber, partindo-se do preço realizado ao primeiro comprador não relacionado (arts. 20 e 21 do Decreto nº 8.058/2013).

O valor normal, por sua vez, consiste no preço do produto similar, em operações comerciais normais e em quantidade suficiente, destinado ao consumo no mercado interno do país exportador (arts. 8, 12 e 22 do Decreto nº 8.058/2013). O art. 14, porém, esclarece que, caso (i) não existam vendas do produto similar em operações comerciais normais no mercado interno do país exportador ou (ii) quando, (ii.a) em razão de condições especiais de mercado ou (ii.b) de baixo volume de vendas do produto similar no mercado interno do país exportador, não for possível comparação adequada com o preço de exportação, o valor normal será apurado com base em preço de exportação do produto similar para terceiro país apropriado, ou com base em valor normal construído.

Para fins deste livro, essa breve apresentação dos conceitos de preço de exportação e valor normal são relevantes porque o cálculo desses elementos pode sofrer impactos em razão do relacionamento entre as partes envolvidas na produção ou na comercialização do produto analisado na investigação antidumping. Esses impactos na constatação da existência ou não de partes relacionadas em uma investigação antidumping serão detalhadamente apresentados no Capítulo 3 deste livro.

Antes de investigarmos os impactos específicos do relacionamento entre as partes para a investigação antidumping, importa compreender como são conceituadas ou identificadas partes relacionadas. O §10[113] do art. 14 Decreto nº 8.058/2013, ao referir-se às empresas estrangeiras, produtoras/exportadoras do produto similar, apresenta nove hipóteses em que se considera haver partes relacionadas ou associadas:

> I - uma delas ocupar cargo de responsabilidade ou de direção em empresa da outra;
> II - forem legalmente reconhecidas como associados em negócios;
> III - forem empregador e empregado;
> IV - qualquer pessoa, direta ou indiretamente, possuir, controlar ou deter cinco por cento ou mais das ações ou títulos emitidos com direito a voto de ambas;
> V - uma delas, direta ou indiretamente, controlar a outra, inclusive por intermédio de acordo de acionistas;

---

[113] Decreto nº 8.058/2013: "Art. 14. [...] §10. Para os fins deste Capítulo, as partes serão consideradas relacionadas ou associadas se: I - uma delas ocupar cargo de responsabilidade ou de direção em empresa da outra; II - forem legalmente reconhecidas como associados em negócios; III - forem empregador e empregado; IV - qualquer pessoa, direta ou indiretamente, possuir, controlar ou deter cinco por cento ou mais das ações ou títulos emitidos com direito a voto de ambas; V - uma delas, direta ou indiretamente, controlar a outra, inclusive por intermédio de acordo de acionistas; VI - forem ambas, direta ou indiretamente, controladas por uma terceira pessoa; VII - juntas controlarem direta ou indiretamente uma terceira pessoa; VIII - forem membros da mesma família; IX - se houver relação de dependência econômica, financeira ou tecnológica com clientes, fornecedores ou financiadores".

VI - forem ambas, direta ou indiretamente, controladas por uma terceira pessoa;
VII - juntas controlarem direta ou indiretamente uma terceira pessoa;
VIII - forem membros da mesma família; ou
IX - se houver relação de dependência econômica, financeira ou tecnológica com clientes, fornecedores ou financiadores.

FIGURA 7 – Incisos do art. 14, §10 do Decreto nº 8.058/2013 sobre partes relacionadas investigadas pela prática de dumping

PARTES RELACIONADAS INVESTIGADAS PELA PRÁTICA DE *DUMPING*

ART. 14, §10

DECRETO 8.058/2013 E PARTES RELACIONADAS

I - UMA DELAS OCUPAR CARGO DE RESPONSABILIDADE OU DIREÇÃO EM EMPRESA DA OUTRA

II - LEGALMENTE ASSOCIADAS EM NEGÓCIOS

III - EMPREGADOR E EMPREGADO

IV - QUALQUER PESSOA POSSUIR CONTROLE, DIRETO OU INDIRETO, OU COM 5% OU MAIS DE AÇÕES OU TÍTULOS COM DIREITO A VOTO DE AMBAS

V - UMA DELAS POSSUIR CONTROLE, DIRETO OU INDIRETO, DA OUTRA, INCLUSIVE POR ACORDO DE ACIONISTAS

VI - TERCEIRA PESSOA POSSUIR CONTROLE DE AMBAS, DIRETA OU INDIRETAMENTE

VII - AMBAS POSSUÍREM CONTROLE, DIRETA OU INDIRETAMENTE, DE TERCEIRA PESSOA

VIII - MEMBROS DA MESMA FAMÍLIA

IX - RELAÇÃO DE DEPENDÊNCIA ECONÔMICA, FINANCEIRA OU TECNOLÓGICA COM CLIENTES, FORNECEDORES OU FINANCIADORES

Fonte: Elaboração própria.

Nota-se, desde já, que as hipóteses de relacionamento referentes às empresas investigadas pela prática de dumping (art. 14, §10) são mais amplas que aquelas referentes às empresas que compõem a indústria doméstica (art. 35, §1º), conforme já mencionado anteriormente. Recorde-se, ainda, que o art. 14 envolve hipóteses não apenas do relacionamento entre empresas (como são as hipóteses previstas nos incs. II, IV, V, VI, VII e IX do art. 14, §10 e nos incs. I, II e III do art. 35, §1º do Decreto nº 8.058/2013), mas também o relacionamento entre empresas e indivíduos (como são as hipóteses previstas nos incs. I, III e VIII do art. 14, §10 do Decreto nº 8.058/2013).[114] É por isso que o termo "partes" é utilizado ao longo desta obra, por permitir fazer referência tanto a empresas quanto a indivíduos.

---

[114] O art. 14, §10, do Decreto nº 8.058/2013 foi redigido com má técnica legislativa ao indicar as hipóteses de relacionamento entre as partes interessadas envolvendo pessoas físicas. A leitura literal dos dispositivos indica que as partes relacionadas seriam as pessoas físicas propriamente ditas. As hipóteses previstas nos incs. I, III e VIII dizem respeito ao relacionamento entre pessoas jurídicas em que o elo é determinado pela mediação de uma pessoa física. Duas empresas serão consideradas relacionadas quando houver a presença de uma pessoa física com cargo de responsabilidade ou direção em ambas as empresas (inc. I), quando determinada pessoa detiver relação de emprego com ambas as empresas (inc. III) ou quando os controladores, acionistas ou proprietários de cada uma das empresas forem membros da mesma família (inc. VIII).

FIGURA 8 – Art. 14, §10 do Decreto nº 8.058/2013 sobre partes relacionadas investigadas pela prática de dumping por característica de relacionamento com empresa ou indivíduo

PARTES RELACIONADAS
INVESTIGADAS PELA
PRÁTICA DE *DUMPING*

ART. 14.§10

DECRETO 8.058/2013 E PARTES RELACIONADAS

RELACIONAMENTO
ENTRE EMPRESAS

INCISOS II, IV, V, VI, VII E IX

RELACIONAMENTO
ENTRE EMPRESA E INDIVÍDUOS

INCISOS I, III E VIII

Fonte: Elaboração própria.

Ainda que o dispositivo liste hipóteses de caracterização das partes relacionadas, um estudo mais aprofundado da redação utilizada pode fornecer pistas que garantem uma melhor compreensão do relacionamento entre as partes. Diversos elementos aparecem para caracterizar a relação entre as partes: um mais forte, de "controle" (mencionado nos incs. IV, V, VI e VII); outros mais sutis, relacionados à "associação" (mencionada no inc. II); "direção" (mencionada no inc. I); "dependência" (mencionada no inc. IX) e as "relações pessoais e laborais" (mencionadas nos incs. III e VIII). Espera-se que esses termos possam ser mais bem definidos a partir de reflexões acerca de seus significados para o direito societário, tema a ser discutido no Capítulo 4.

FIGURA 9 – Noção de controle ou formas mais sutis de relacionamento nos incisos do art. 14, §10 do Decreto nº 8.058/2013 sobre partes relacionadas investigadas pela prática de dumping

PARTES RELACIONADAS INVESTIGADAS PELA PRÁTICA DE DUMPING

ART. 14.§10

DECRETO 8.058/2013 E PARTES RELACIONADAS

I — UMA DELAS OCUPAR CARGO DE RESPONSABILIDADE OU DIREÇÃO EM EMPRESA DA OUTRA

II — LEGALMENTE ASSOCIADAS EM NEGÓCIOS

III — EMPREGADOR E EMPREGADO

IV — QUALQUER PESSOA POSSUIR CONTROLE, DIRETO OU INDIRETO, OU COM 5% OU MAIS DE AÇÕES OU TÍTULOS COM DIREITO A VOTO DE AMBAS

V — UMA DELAS POSSUIR CONTROLE, DIRETO OU INDIRETO, DA OUTRA, INCLUSIVE POR ACORDO DE ACIONISTAS

VI — TERCEIRA PESSOA POSSUIR CONTROLE DE AMBAS, DIRETA OU INDIRETAMENTE

VII — AMBAS POSSUÍREM CONTROLE, DIRETA OU INDIRETAMENTE, DE TERCEIRA PESSOA

VIII — MEMBROS DA MESMA FAMÍLIA

IX — RELAÇÃO DE DEPENDÊNCIA ECONÔMICA, FINANCEIRA OU TECNOLÓGICA COM CLIENTES, FORNECEDORES OU FINANCIADORES

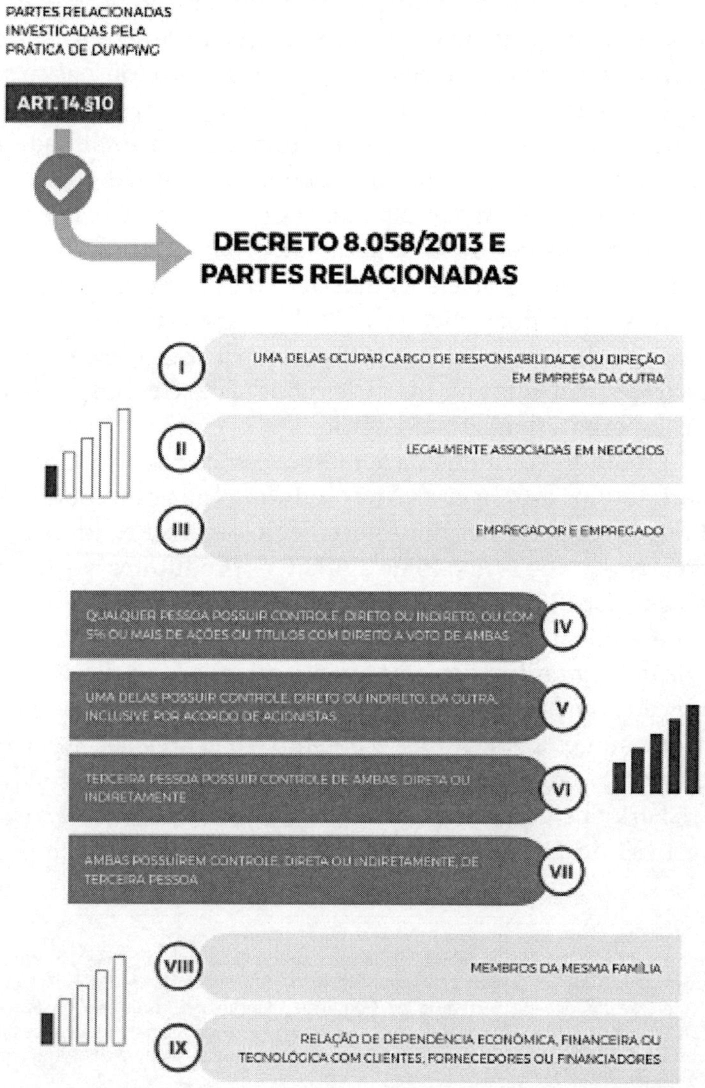

Fonte: Elaboração própria.

2.2 Critérios legais para caracterização de partes relacionadas nos termos do art. 35 do Decreto nº 8.058/2013

O art. 35 do Decreto nº 8.058/2013 está inserido no capítulo referente à definição de indústria doméstica, razão pela qual será necessária uma brevíssima introdução a respeito de alguns conceitos relevantes nas investigações antidumping antes de passarmos, especificamente, para o tema das partes relacionadas.[115]

Considera-se como indústria doméstica a totalidade dos produtores nacionais do produto similar doméstico ou, quando não for possível reunir a totalidade destes produtores e desde que devidamente justificado, o conjunto de produtores cuja produção conjunta constitua parcela significativa da produção nacional do produto similar doméstico (art. 34 do Decreto nº 8.058/2013). A pertinência de compreender essa definição justifica-se pelo fato de que o relacionamento entre as partes pode afetar o rol de produtores que comporão a indústria doméstica.

Produtores da indústria doméstica associados ou relacionados aos produtores estrangeiros, aos produtores ou aos importadores, se houver suspeita de que este vínculo leva o produtor a agir diferentemente da forma como agiriam os produtores que não têm tal vínculo (art. 35 do Decreto nº 8.058/2013), não serão considerados para determinação da indústria doméstica. A lógica por trás dessa previsão é garantir que haja uma possibilidade de defesa da produção doméstica do país importador, incluindo um mecanismo para que interesses de grupos econômicos não prevaleçam sobre os interesses da produção local.

Para fins de caracterização da indústria doméstica, o §1º[116] do art. 35 do Decreto nº 8.058/2013, ao referir-se às empresas

---

[115] Para maiores informações sobre a legislação aplicável às investigações antidumping, sugere-se o *Guia de investigações antidumping* da Subsecretaria de Defesa Comercial e Interesse Público da Secretaria de Comércio Exterior do Ministério da Economia (SDCOM/Secex/ME) (Disponível em: https://www.gov.br/produtividade-e-comercio-exterior/pt-br/assuntos/comercio-exterior/defesa-comercial-e-interesse-publico/guias. Acesso em: 4 jan. 2021).

[116] Decreto nº 8.058/2013: "Art. 35. [...] §1º Para os efeitos do inciso I do caput, os produtores domésticos serão considerados associados ou relacionados aos produtores estrangeiros,

nacionais, que compõem a indústria doméstica, apresenta apenas três hipóteses em que se considera haver partes relacionadas ou associadas:

> I - um deles controlar direta ou indiretamente o outro;
> II - ambos serem controlados direta ou indiretamente por um terceiro; ou
> III - juntos controlarem direta ou indiretamente um terceiro.

FIGURA 10 - Incisos do art. 35, §1º do Decreto nº 8.058/2013 sobre partes relacionadas que compõem a indústria doméstica

PARTES RELACIONADAS ÀS EMPRESAS QUE COMPÕEM A INDÚSTRIA DOMÉSTICA

ART. 35.§1

DECRETO 8.058/2013 E PARTES RELACIONADAS

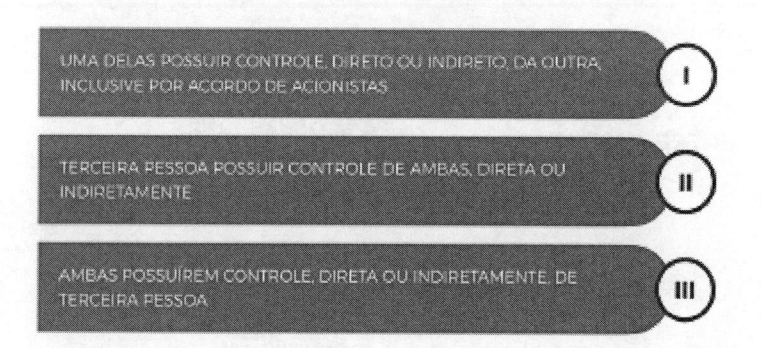

I - UMA DELAS POSSUIR CONTROLE, DIRETO OU INDIRETO, DA OUTRA, INCLUSIVE POR ACORDO DE ACIONISTAS

II - TERCEIRA PESSOA POSSUIR CONTROLE DE AMBAS, DIRETA OU INDIRETAMENTE

III - AMBAS POSSUÍREM CONTROLE, DIRETA OU INDIRETAMENTE, DE TERCEIRA PESSOA

Fonte: Elaboração própria.

---

aos exportadores ou aos importadores somente no caso de: I - um deles controlar direta ou indiretamente o outro; II - ambos serem controlados direta ou indiretamente por um terceiro; ou III - juntos controlarem direta ou indiretamente um terceiro".

Nota-se que as hipóteses elencadas envolvem apenas o relacionamento entre empresas (incs. I, II e III do art. 35, §1º do Decreto nº 8.058/2013), diferentemente do art. 14, que trata também do relacionamento entre empresas e pessoas físicas.

FIGURA 11 – Art. 35, §1º do Decreto nº 8.058/2013 sobre partes relacionadas que compõem a indústria doméstica por característica de relacionamento com empresa ou indivíduo

Fonte: Elaboração própria.

Ademais, é importante analisar a nomenclatura utilizada, para começar a definir blocos de análise destes incisos do art. 35, §1º do Decreto nº 8.058/2013. Como será possível observar, há um único grande elemento caracterizador do relacionamento entre as partes: "controle" (mencionado nos incs. I, II e III), sem a identificação daquelas hipóteses mais sutis de relacionamento previstas no art. 14, §10 do Decreto nº 8.058/2013. Espera-se que a noção de controle aqui empregada possa ser mais bem definida a partir de reflexões acerca de seu significado para o direito societário, tema a ser discutido no Capítulo 4.

FIGURA 12 – Noção de controle ou formas mais sutis de relacionamento nos incisos do art. 35, §1º do Decreto nº 8.058/2013 sobre partes relacionadas investigadas pela prática de dumping

Fonte: Elaboração própria.

Registre-se novamente, portanto, que estas hipóteses do art. 35, §1º são bastante mais restritas do que aquelas previstas no art. 14, §10, do Decreto nº 8.058/2013, sendo que a redação dos incs. I, II e III do art. 35 é extremamente semelhante à dos incs. V, VI e VII do §10 do art. 14, que também versam sobre controle. Veja-se o comparativo, com a análise realizada até o presente momento.

FIGURA 13 – Noção de controle ou formas mais sutis de relacionamento nos arts. 14, §1º e 35, §1º do Decreto nº 8.058/2013 sobre partes relacionadas investigadas pela prática de dumping

PARTES RELACIONADAS INVESTIGADAS PELA PRÁTICA DE DUMPING

PARTES RELACIONADAS ÀS EMPRESAS QUE COMPÕEM A INDÚSTRIA DOMÉSTICA

ART. 14.§10

ART. 35.§1

DECRETO 8.058/2013 E PARTES RELACIONADAS

I — UMA DELAS OCUPAR CARGO DE RESPONSABILIDADE OU DIREÇÃO EM EMPRESA DA OUTRA

II — LEGALMENTE ASSOCIADAS EM NEGÓCIOS

III — EMPREGADOR E EMPREGADO

IV — QUALQUER PESSOA POSSUIR CONTROLE, DIRETO OU INDIRETO, OU COM 5% OU MAIS DE AÇÕES OU TÍTULOS COM DIREITO A VOTO DE AMBAS

V — UMA DELAS POSSUIR CONTROLE, DIRETO OU INDIRETO, DA OUTRA, INCLUSIVE POR ACORDO DE ACIONISTAS

I — UMA DELAS POSSUIR CONTROLE, DIRETO OU INDIRETO, DA OUTRA, INCLUSIVE POR ACORDO DE ACIONISTAS

VI — TERCEIRA PESSOA POSSUIR CONTROLE DE AMBAS, DIRETA OU INDIRETAMENTE

II — TERCEIRA PESSOA POSSUIR CONTROLE DE AMBAS, DIRETA OU INDIRETAMENTE

VII — AMBAS POSSUÍREM CONTROLE, DIRETA OU INDIRETAMENTE, DE TERCEIRA PESSOA

III — AMBAS POSSUÍREM CONTROLE, DIRETA OU INDIRETAMENTE, DE TERCEIRA PESSOA

VIII — MEMBROS DA MESMA FAMÍLIA

IX — RELAÇÃO DE DEPENDÊNCIA ECONÔMICA, FINANCEIRA OU TECNOLÓGICA COM CLIENTES, FORNECEDORES OU FINANCIADORES

Fonte: Elaboração própria.

Conclusão do Capítulo 2

O objetivo deste segundo capítulo foi identificar os aspectos centrais dos efeitos do relacionamento para as investigações antidumping nos termos do Decreto nº 8.058/2013. Observou-se que o relacionamento entre partes pode ter implicações nos termos do art. 14, §10[117] (referentes a partes relacionadas investigadas pela prática de dumping) e do art. 35, §1º[118] (referentes a partes relacionadas que compõem a indústria doméstica).

---

[117] Decreto nº 8.058/2013: "Art. 14. [...] §10. Para os fins deste Capítulo, as partes serão consideradas relacionadas ou associadas se: I - uma delas ocupar cargo de responsabilidade ou de direção em empresa da outra; II - forem legalmente reconhecidas como associados em negócios; III - forem empregador e empregado; IV - qualquer pessoa, direta ou indiretamente, possuir, controlar ou deter cinco por cento ou mais das ações ou títulos emitidos com direito a voto de ambas; V - uma delas, direta ou indiretamente, controlar a outra, inclusive por intermédio de acordo de acionistas; VI - forem ambas, direta ou indiretamente, controladas por uma terceira pessoa; VII - juntas controlarem direta ou indiretamente uma terceira pessoa; VIII - forem membros da mesma família; IX - se houver relação de dependência econômica, financeira ou tecnológica com clientes, fornecedores ou financiadores".

[118] Decreto nº 8.058/2013: " Art. 35. [...]§1º Para os efeitos do inciso I do caput, os produtores domésticos serão considerados associados ou relacionados aos produtores estrangeiros, aos exportadores ou aos importadores somente no caso de: I - um deles controlar direta ou indiretamente o outro; II - ambos serem controlados direta ou indiretamente por um terceiro; ou III - juntos controlarem direta ou indiretamente um terceiro".

CAPÍTULO 3

3 Partes relacionadas e suas repercussões materiais e processuais na investigação antidumping

O terceiro capítulo busca apresentar as repercussões materiais e processuais na investigação antidumping diante da constatação da existência de partes relacionadas. Antes disso, porém, é necessário fazer uma breve apresentação sobre os trâmites processuais de uma investigação antidumping no Brasil.

Nos termos do Decreto nº 8.058/2013, o procedimento administrativo da investigação antidumping inicia-se, via de regra,[119] mediante a apresentação de petição motivada pela indústria doméstica ou em seu nome. Essa petição deve conter indícios sobre a alegada prática do dumping nas exportações para o Brasil do produto em questão, do dano experimentado pela indústria doméstica e do nexo de causalidade entre ambos (art. 38 do Decreto nº 8.058/2013).

Com o início do procedimento, outras partes são convidadas a participar da investigação para defender seus interesses, aportar informações e contribuir para o resultado da investigação (art. 45 do Decreto nº 8.058/2013). Ao final da instrução, a autoridade administrativa pode apresentar uma determinação negativa, por meio da qual recomenda o encerramento da investigação sem imposição de medidas antidumping (art. 74 do Decreto nº 8.058/2013), ou uma determinação positiva, por meio da qual recomenda a aplicação da medida antidumping (art. 75 do Decreto nº 8.058/2013). Uma determinação positiva deverá apresentar conclusões sobre a existência dos três elementos necessários para a aplicação de medida antidumping, quais sejam: dumping, dano

---

[119] Apesar de constar no art. 44 do Decreto nº 8.058/2013 a possibilidade de início de ofício de investigação antidumping, a experiência consolidada no Brasil é da abertura de casos mediante petição da indústria doméstica.

e nexo causal. Além da comprovação da existência da prática de dumping nas exportações para o Brasil, é necessário demonstrar que as importações a preço de dumping contribuíram de forma significativa para o dano experimentado pela indústria doméstica.

FIGURA – *Guia de investigações antidumping* da SDCOM: elementos necessários para a aplicação de uma medida antidumping

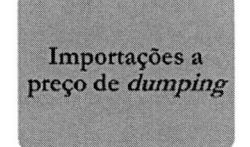

Importações a preço de *dumping*	Dano à indústria doméstica	Nexo causal entre a prática de *dumping* e o dano à indústria doméstica

Fonte: *Guia de investigações antidumping* da SDCOM/Ministério da Economia.[120]

O relacionamento entre as partes impacta os diversos momentos dos trâmites do procedimento administrativo: (i) a fase anterior à instauração da investigação, da análise de admissibilidade da petição e dos indícios nela indicados para avaliar o mérito do processo; (ii) a fase de instrução processual e de recomendação; e (iii) a fase posterior ao encerramento da investigação com aplicação da medida antidumping, uma vez reunidos os elementos necessários para a imposição da medida.

Apesar de os efeitos se organizarem em aparência cronológica, a apresentação das repercussões do relacionamento para o processo pode ser mais bem compreendida quando se adota uma divisão temática. Isso porque determinadas repercussões do relacionamento entre as partes do processo podem ser observadas em diversas fases processuais, uma vez que implicam efeitos materiais e não meramente processuais. Um exemplo fundamental é o impacto que o relacionamento entre as partes possui no cálculo da margem de dumping, que pode ser observado na fase anterior à instauração da investigação, mas também na fase de instrução processual, de

---

[120] SDCOM/SECEX/ME. *Guia de investigações antidumping*. Disponível em: https://www.gov.br/produtividade-e-comercio-exterior/pt-br/assuntos/comercio-exterior/defesa-comercial-e-interesse-publico/guias. Acesso em: 4 jan. 2021.

recomendação e na fase posterior ao encerramento da investigação, com aplicação da medida antidumping.

Diante disso, constata-se a necessidade de analisar como a existência de partes relacionadas pode impactar os diversos elementos processuais de uma investigação antidumping pela ótica temática, e não cronológica ou processual. Inicialmente, será analisado o impacto da existência de partes relacionadas no conceito de indústria doméstica e na admissibilidade de uma petição de investigação antidumping (3.1). Em seguida, passa-se à apresentação do impacto das partes relacionadas no cálculo da margem de dumping (3.2) e nos indicadores do dano e em seus efeitos sobre os preços do produto similar no mercado brasileiro (subcotação) (3.3), que representam dois dos elementos necessários de uma investigação antidumping. Ainda, serão identificadas as repercussões da existência de partes relacionadas quando da aplicação de uma medida antidumping por meio de sua determinação final – decisão tomada quando a autoridade identifica, além do dumping e do dano, nexo de causalidade entre aqueles dois elementos (3.4). Por fim, serão apresentadas situações de desdobramento processual após a aplicação de uma medida antidumping influenciadas pela existência de relacionamento entre agentes econômicos (3.5).

FIGURA 5 (Repetição) – Repercussões materiais e processuais específicas do relacionamento entre partes relacionadas

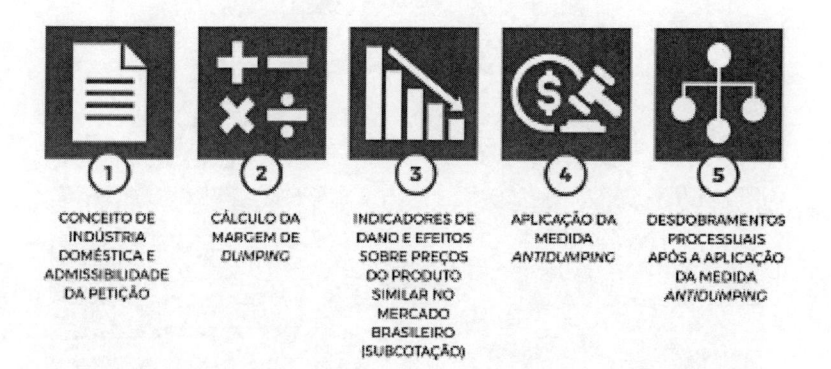

1	2	3	4	5
CONCEITO DE INDÚSTRIA DOMÉSTICA E ADMISSIBILIDADE DA PETIÇÃO	CÁLCULO DA MARGEM DE DUMPING	INDICADORES DE DANO E EFEITOS SOBRE PREÇOS DO PRODUTO SIMILAR NO MERCADO BRASILEIRO (SUBCOTAÇÃO)	APLICAÇÃO DA MEDIDA ANTIDUMPING	DESDOBRAMENTOS PROCESSUAIS APÓS A APLICAÇÃO DA MEDIDA ANTIDUMPING

Fonte: Elaboração própria.

3.1 Partes relacionadas no conceito de indústria doméstica e seus efeitos na análise de admissibilidade de uma petição de investigação antidumping

A presente seção dedica-se a apresentar as repercussões da existência de partes relacionadas na definição da indústria doméstica e na análise de admissibilidade de uma petição de investigação antidumping.

FIGURA 14 – Repercussões específicas do relacionamento no conceito de indústria doméstica e em seus efeitos na análise de admissibilidade de uma petição

①

CONCEITO DE INDÚSTRIA DOMÉSTICA E ADMISSIBILIDADE DA PETIÇÃO

- CONCEITO DE INDÚSTRIA DOMÉSTICA
- ANÁLISE DE ADMISSIBILIDADE DE UMA PETIÇÃO DE INVESTIGAÇÃO ANTIDUMPING

Fonte: Elaboração própria.

Como visto no Capítulo 1, o art. 4 do Acordo Antidumping trata da definição de indústria doméstica. O termo "indústria doméstica" é interpretado como a totalidade dos produtores nacionais do produto similar, ou como aqueles entre os quais a produção conjunta do mencionado produto constitua a maior parte da produção nacional total do produto. O parágrafo (i) do art. 4.1 do Acordo Antidumping apresenta uma exceção à regra geral, permitindo que sejam excluídos da definição de indústria doméstica os produtores que sejam relacionados aos exportadores ou aos importadores ou sejam eles próprios importadores do produto a preços de dumping. Nessa hipótese, as partes podem ser desconsideradas para fins da definição da "indústria doméstica", que poderá ser interpretada como referente ao restante dos produtores. Essa delimitação para a aplicação de uma definição mais restritiva do conceito de indústria doméstica consta da nota de rodapé 11 do Acordo Antidumping da OMC e foi reproduzida pela norma brasileira (v. Capítulo 2). Recordam-se os parâmetros para a caracterização de partes relacionadas que compõem a indústria doméstica nos termos da nota de rodapé 11 do art. 4.1(a) do Acordo Antidumping da OMC (*vide* subseção 1.1 deste livro).

FIGURA 6 (Repetição) – Parâmetros para a caracterização de partes relacionadas que compõem a indústria doméstica nos termos da nota de rodapé 11 do art. 4.1(a) do Acordo Antidumping da OMC

ACORDO ANTIDUMPING DA OMC E PARTES RELACIONADAS

PARTES RELACIONADAS INVESTIGADAS PELA PRÁTICA DE DUMPING

ART. 4.1(A)

PARTES RELACIONADAS ÀS EMPRESAS QUE COMPÕEM A INDÚSTRIA DOMÉSTICA

NOTA DE RODAPÉ 11

OPÇÕES DE RELACIONAMENTO

(A) UM DELES DIRETA OU INDIRETAMENTE, CONTROLAR O OUTRO

(B) AMBOS SEREM CONTROLADOS, DIRETA OU INDIRETAMENTE, POR UM TERCEIRO

(C) JUNTOS CONTROLAREM, DIRETA OU INDIRETAMENTE, UM TERCEIRO

Fonte: Elaboração própria.

O art. 35, §1º do Decreto nº 8.058/2013, por sua vez, dispõe que a exclusão do produtor associado ou relacionado do conceito de indústria doméstica somente poderá ocorrer se houver suspeita de que este vínculo levaria o referido produtor a agir diferentemente da forma como agiriam os produtores que não têm tal vínculo. A razão da norma é a de que o produtor nacional, caso seja relacionado ao exportador investigado ou ao importador, pode apresentar um comportamento que privilegie os interesses do grupo societário de que faz parte em detrimento dos seus interesses individuais como produtor afetado pelas importações a preço de dumping. Recordam-se os parâmetros para a caracterização de partes relacionadas que compõem a indústria doméstica nos termos da nota de rodapé 11 do art. 4.1(a) do Acordo Antidumping da OMC (*vide* subseção 2.2 deste livro).

FIGURA 10 (Repetição) – Incisos do art. 35, §1º do Decreto nº 8.058/2013 sobre partes relacionadas que compõem a indústria doméstica

PARTES RELACIONADAS ÀS EMPRESAS QUE COMPÕEM A INDÚSTRIA DOMÉSTICA

ART. 35.§1

DECRETO 8.058/2013 E PARTES RELACIONADAS

I - UMA DELAS POSSUIR CONTROLE, DIRETO OU INDIRETO, DA OUTRA, INCLUSIVE POR ACORDO DE ACIONISTAS

II - TERCEIRA PESSOA POSSUIR CONTROLE DE AMBAS, DIRETA OU INDIRETAMENTE

III - AMBAS POSSUÍREM CONTROLE, DIRETA OU INDIRETAMENTE, DE TERCEIRA PESSOA

Fonte: Elaboração própria.

Caso não esteja presente essa suspeita de um comportamento que privilegie os interesses do grupo societário de que faz parte em detrimento dos seus interesses individuais como produtor pertencente à indústria doméstica, não haverá fundamento legal para que determinado produtor nacional seja excluído do conceito de indústria doméstica. Trata-se de norma que tem por objetivo a proteção dos demais produtores nacionais,[121] cuja petição antidumping poderia sofrer oposição em razão do relacionamento. Nesse sentido, a atenção da norma não se volta às razões que levaram a empresa a apoiar a petição mesmo sendo relacionada a exportadores ou a importadores. O objetivo é defender os interesses da empresa doméstica que poderiam ser restringidos pela conveniência de grupos econômicos que compartilham interesses na produção doméstica e no comércio internacional do produto. Assim, o objetivo do dispositivo consiste em impedir que uma petição da investigação "tenha o seu requisito de participação e apoio da indústria doméstica frustrado em razão da participação (ou recusa de participação) de produtores domésticos que tenham como real intenção favorecer as suas partes associadas ou relacionadas".[122]

Com base na pesquisa empírica realizada para fins do presente livro, que analisou o tema das partes relacionadas com base nas decisões de aplicação de medidas antidumping decorrentes de investigações originais, cujos procedimentos foram conduzidos ao amparo do Decreto nº 8.058/2013 e cujas decisões foram publicadas até abril de 2020[123] (*vide Anexo I – Investigações antidumping originais regidas pelo Decreto nº 8.058/2013 (2013/2020)*), constatou-se que dos

---

[121] A este respeito, cumpre a distinção entre indústria doméstica e indústria nacional, constante na pergunta 42 do *Guia de investigações antidumping* da SDCOM. "Para fins de investigação antidumping, o conceito de indústria doméstica poderá ser distinto daquele de indústria nacional, uma vez que o termo 'indústria nacional' corresponde necessariamente à totalidade dos produtores nacionais do produto similar, enquanto a expressão 'indústria doméstica' pode corresponder a parcela inferior à totalidade dos produtores nacionais do produto similar, desde que esta constitua proporção significativa da produção nacional. Por essa razão, indicadores da indústria nacional (ex.: 'produção nacional') poderão diferir de indicadores da indústria doméstica (ex.: 'produção da indústria doméstica')" (SDCOM/SECEX/ME. *Guia de investigações antidumping*. Disponível em: https://www.gov.br/produtividade-e-comercio-exterior/pt-br/assuntos/comercio-exterior/defesa-comercial-e-interesse-publico/guias. Acesso em: 2 jun. 2021).

[122] SDCOM/SECEX/ME. *Guia de investigações antidumping*. Disponível em: https://www.gov.br/produtividade-e-comercio-exterior/pt-br/assuntos/comercio-exterior/defesa-comercial-e-interesse-publico/guias. Acesso em: 2 jun. 2021.

[123] O referido decreto entrou em vigor em 1º.10.2013, mas nos termos da norma transitória prevista em seu art. 197, as investigações e as revisões cujas petições tenham sido protocoladas até a entrada em vigor do Decreto nº 8.058/2013 continuariam a ser regidas pelo Decreto nº 1.602, de 1995.

30 (trinta) processos administrativos com investigações antidumping originais, previamente selecionados, 23 (vinte e três) possuem partes relacionadas. Entre esses, em apenas um caso (4,3% do total analisado) a existência de relacionamento entre as partes poderia ter implicado algum impacto na definição de indústria doméstica, discussão que foi afastada expressamente pela autoridade investigadora (*Anexo II – Impacto do relacionamento entre as partes na definição de indústria doméstica*).

GRÁFICO 1 – Impacto do relacionamento entre as partes na definição de indústria doméstica

Impacto do relacionamento na indústria doméstica

4,35%

1 de 23 processos analisados

Fonte: Elaboração própria.

O único precedente em que houve uma discussão sobre os efeitos do relacionamento sobre a definição da indústria doméstica foi o caso *Tubos de borracha elastomérica – Alemanha, Emirados Árabes Unidos, Israel, Itália e Malásia*,[124] em que a composição da indústria doméstica foi questionada devido ao relacionamento entre a produtora brasileira e uma empresa espanhola. O então Departamento de Defesa Comercial (Decom) entendeu que o §1º do inc. I do art. 35 do Decreto nº 8.058/2013 não impõe uma obrigação, mas faculta a análise da situação concreta.

---

[124] BRASIL. Resolução Camex nº 57, de 19 de junho de 2015. *Diário Oficial da União*, 22 jul. 2015.

Já no caso *Vidros Automotivos – China*,¹²⁵ por exemplo, uma das duas empresas que compunham a indústria doméstica (Saint Gobain do Brasil Produtos Industriais e para Construção Ltda.) era relacionada a um dos produtores/exportadores estrangeiros investigados (Saint Gobain Hanglas Sekurit (Shanghai) Co., Ltda.). A existência do relacionamento, no entanto, não impediu que a empresa apresentasse petição de início de investigação e que a empresa compusesse a indústria doméstica.

O impacto da exclusão de outros produtores nacionais do conceito de indústria doméstica opera-se no exame de admissibilidade da petição e na titularidade do procedimento. Os demais produtores nacionais relacionados não poderiam se opor à apresentação da petição e tampouco poderiam requerer o encerramento voluntário da investigação sem aplicação de medidas antidumping. Nesse sentido, a indústria doméstica, definida pelo conjunto dos produtores nacionais e excluídos aqueles cujo relacionamento poderia levar a adotar postura de defesa dos interesses do grupo econômico de que faz parte, tem seu direito de petição resguardado, na medida em que se excluem os demais produtores do conjunto de produtores que possuem legitimidade para requerer o início ou a continuação da investigação.

O dispositivo que regulamenta a possibilidade de exclusão de determinados produtores nacionais no conceito de indústria doméstica possui contornos que foram bem delineados pelo Acordo Antidumping da OMC. Ainda assim, há discussões sobre a necessidade de se estabelecer ou não um critério matemático para a exclusão de empresas do conceito de indústria doméstica.¹²⁶ Ocorre que essa previsão normativa tem baixo potencial de gerar

---

¹²⁵ BRASIL. Resolução Camex nº 5, de 16 de fevereiro de 2017. *Diário Oficial da União*, 17 fev. 2017.

¹²⁶ O Grupo Negociador de Regras, no âmbito da Organização Mundial do Comércio, resumiu as discussões relacionadas a este tema indicando que havia membros com posições diferentes sobre qual critério adotar para deixar a regra mais clara, mas, ainda, membros que entendiam que a discussão não era relevante e que o dispositivo não merecia detalhamento maior: "In particular, some delegations consider that the rules should be precise, reflecting numerical criteria, and directive in nature. Other delegations believe that any criteria should not be too prescriptive, as the assessment must be case by case. Yet other delegations do not exclude such producers and believe that no changes to these provisions are necessary" (OMC. Communication from the Chairman. *Negotiating Group on Rules, TN/RL/W/254*. 21 abr. 2011).

controvérsia na prática, em razão do (i) o perfil dos usuários tradicionais dos instrumentos de defesa comercial e (ii) das próprias regras de admissibilidade da petição.

Quanto ao (i) perfil dos usuários tradicionais dos instrumentos de defesa comercial no Brasil, reconhece-se que os setores que tradicionalmente utilizam os instrumentos de defesa comercial são altamente concentrados.[127] Do rol de casos analisados neste livro,[128] identifica-se que setores concentrados são os grandes usuários dos mecanismos de defesa comercial no Brasil, fato que se reflete no perfil de peticionamento dos casos perante a autoridade de defesa comercial.

Em verdade, (ii) as próprias regras de admissibilidade da petição acabam sinalizando o baixo potencial de a exclusão de empresas do conceito de indústria doméstica gerar controvérsia em concreto. Nos termos do art. 37, §2º, do decreto, a petição não será considerada como feita "pela indústria doméstica ou em seu nome" quando os produtores domésticos que manifestaram expressamente apoio à petição representem menos de 25% da produção nacional do produto similar durante o período de investigação de dumping. Mesmo que a petição seja apresentada por empresas que representem ao menos 25% da produção nacional, a petição não será admitida caso as empresas que se oponham à investigação representem mais de 50% da produção da totalidade das empresas que se manifestaram à consulta de apoio à petição.

Do rol de casos brasileiros analisados neste livro,[129] a indústria doméstica reuniu de uma a quatro empresas que aportaram dados

---

[127] NOGUEIRA, Anna Carolina; MAGRINI, Naiana. Concentração setorial na aplicação de medidas antidumping no Brasil: análise de fatores jurídicos e econômicos. *In*: ATHAYDE, Amanda; MELO, Lílian Cintra de (Org.). *Comércio internacional e concorrência*: desafios e perspectivas atuais. Brasília: Faculdade de Direito – UnB, 2021. v. III; OLIVEIRA, Glauco Avelino Sampaio. Industrial determinants of anti-dumping in Brazil – Protection competition and performance: an analysis with binary dependent variable and panel data. *Economia*, v. 15, p. 206-227, 2014, p. 213; CRUZ, Tatiana Lins. *O uso de medidas antidumping como mecanismo de barreira à entrada no mercado brasileiro*. Dissertação (Mestrado em Direito) – Universidade de São Paulo, São Paulo, 2014.

[128] O recorte metodológico do livro alcança todas as decisões de aplicação de medidas antidumping decorrentes de investigações originais, cujos procedimentos foram conduzidos ao amparo do Decreto nº 8.058/2013 e cujas decisões ocorreram até 31.12.2020.

[129] V. nota de rodapé 134.

para composição da indústria doméstica, representando quase sempre mais de 50% da produção nacional do produto em questão. Isso significa que as peticionárias desses casos possuíam legitimidade para solicitar o início de uma investigação, e a oposição de eventuais outros produtores domésticos não impediria a admissibilidade da petição. Apenas em dois casos, *Lona de PVC – China e Coreia do Sul*[130] e *Pneus Agrícolas – China*,[131] a indústria doméstica foi representada por empresas com participação menor do que 50% da produção nacional, com 46,3% e 45,8%, respectivamente. Esses percentuais ainda são elevados, o que confere legitimidade para que essas empresas apresentem petição de investigação de dumping em nome da indústria doméstica brasileira.[132] Apenas nesses casos, os demais produtores nacionais poderiam haver bloqueado a investigação ao se opor à petição, porque representariam mais de cinquenta por cento da produção do produto similar nacional.

Com base na pesquisa empírica realizada para fins do presente livro, que analisou o tema das partes relacionadas com base nas decisões de aplicação de medidas antidumping decorrentes de investigações originais, cujos procedimentos foram conduzidos ao amparo do Decreto nº 8.058/2013 e cujas decisões foram publicadas até abril de 2020[133] (*vide Anexo I – Investigações antidumping originais regidas pelo Decreto nº 8.058/2013 (2013/2020)*), constatou-se que dos 30 (trinta) processos administrativos com investigações antidumping originais, previamente selecionados, 23 (vinte e três) possuem partes relacionadas. Entre esses, 82% das petições foram admitidas com apenas um peticionário (19 entre os 23 processos analisados),

---

[130] BRASIL. Resolução Camex nº 51, de 23 de junho de 2016. *Diário Oficial da União*, 24 jun. 2016.

[131] BRASIL. Resolução Camex nº 3, de 17 de fevereiro de 2017. *Diário Oficial da União*, 17 fev. 2017.

[132] O recorte analítico proposto para esta pesquisa implicou a não inclusão de casos de indústria fragmentada, como são os casos de *Calçados – China* e *Alhos – China*, cujas investigações originais foram concluídas sob a égide do Decreto nº 1.602, de 1995. Pode-se identificar alguns casos em que o setor analisado não seja concentrado, como é o caso dessas duas investigações, porém os principais usuários do sistema de defesa comercial no Brasil e no mundo são indústrias concentradas em poucos produtores nacionais.

[133] O referido decreto entrou em vigor em 1º.10.2013, mas nos termos da norma transitória prevista em seu art. 197, as investigações e as revisões cujas petições tenham sido protocoladas até a entrada em vigor do Decreto nº 8.058/2013 continuariam a ser regidas pelo Decreto nº 1.602, de 1995.

seja porque o peticionário correspondia à totalidade da produção nacional, seja porque sua participação era de tal forma elevada que seus dados individuais seriam considerados suficientes para a admissibilidade da petição (*vide Anexo II – Impacto do relacionamento entre as partes na definição de indústria doméstica*). Em apenas 4 processos binômio-origem, portanto, a petição foi apresentada por mais de um peticionário.[134]

GRÁFICO 2 – Investigações antidumping
com apenas 1 (uma) peticionária

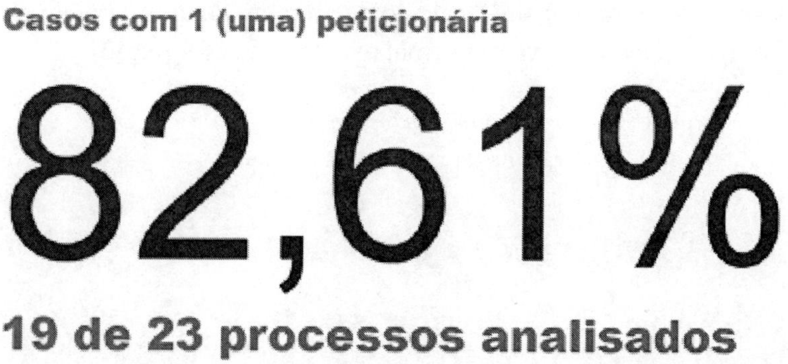

Casos com 1 (uma) peticionária

82,61%

19 de 23 processos analisados

Fonte: Elaboração própria.

Nesse sentido, detendo a peticionária participação da produção nacional em tal magnitude que sozinha teria legitimidade para apresentar petição de início de uma investigação antidumping, a eventual oposição das demais empresas deixa de ser relevante. Assim, a possibilidade de se excluir do conceito de indústria doméstica uma empresa que se oponha ao pleito exclusivamente em razão do seu relacionamento seria desnecessária. Se a peticionária reúne sozinha os critérios de admissibilidade da petição, eventuais suspeitas sobre o comportamento dos demais produtores se tornam irrelevantes para fins da investigação antidumping.

---

[134] São os casos R. 2/2018 (laminados a quente), R. 39/2018 (tubos de aço inoxidável austenítico) e R. 69/2918 (chapas de gesso *drywall*).

3.2 Partes relacionadas na análise de uma investigação antidumping: impactos no cálculo da margem de dumping

A presente seção tem por objetivo apresentar as repercussões da existência de partes relacionadas na definição de partes relacionadas na determinação de dumping. Nos termos do art. 7º do Decreto nº 8.058/2013, considera-se prática de dumping a introdução de um produto no mercado doméstico brasileiro, inclusive sob as modalidades de *drawback*, a um preço de exportação inferior ao seu valor normal. Observa-se, portanto, que o cálculo da margem de dumping envolve a comparação entre o valor normal e o preço de exportação.

FIGURA – *Guia de investigações antidumping* da SDCOM: cálculo da margem de dumping

Valor Normal − Preço de exportação = Margem de dumping

Fonte: *Guia de investigações antidumping* da SDCOM/Ministério da Economia.

O termo "valor normal" refere-se ao preço do produto similar, em operações comerciais normais, destinado ao consumo no mercado interno do país exportador. Caso não existam vendas do produto similar em operações comerciais normais no mercado interno do país exportador ou quando, em razão de condições especiais de mercado ou de baixo volume de vendas do produto similar no mercado interno do país exportador, não for possível comparação adequada com o preço de exportação, o valor normal será apurado com base no preço de exportação do produto similar para terceiro país apropriado, ou o valor será construído a partir do custo de produção no país de origem declarado (arts. 8º a 17 do Decreto nº 8.058/2013).

Já o preço de exportação em investigações antidumping corresponde ao preço de venda do produto exportado do país investigado ao país importador, em condições comparáveis ao valor normal apurado. Entretanto, caso o preço de exportação não exista ou não for confiável, por razão de associação ou relacionamento ou de acordo compensatório entre as partes, é necessário proceder à sua reconstrução (arts. 18 a 21 do Decreto nº 8.058/2013).

Para apresentar as repercussões do relacionamento na apuração da margem de dumping, a presente seção divide-se entre a análise das repercussões do relacionamento para fins de determinação do valor normal (3.2.1) e para fins de apuração do preço de exportação (3.2.2). Avalia-se, por fim, a necessidade de cooperação e de apresentação de dados e de informações pelas partes interessadas relacionadas ao exportador para fins da apuração da margem de dumping (3.2.3).

FIGURA 15 – Repercussões específicas do relacionamento na margem de dumping

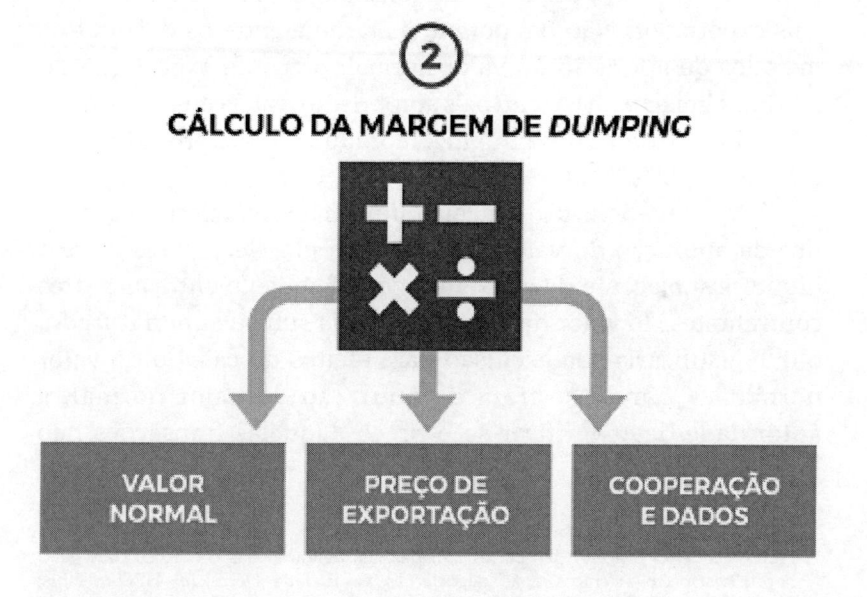

②

CÁLCULO DA MARGEM DE *DUMPING*

| VALOR NORMAL | PREÇO DE EXPORTAÇÃO | COOPERAÇÃO E DADOS |

Fonte: Elaboração própria.

3.2.1 Partes relacionadas e suas repercussões no cálculo do valor normal para fins de definição da margem de dumping em uma investigação antidumping

A margem de dumping pode ser obtida a partir da comparação entre o preço de exportação e o valor normal. O conceito de valor normal, portanto, é um dos elementos essenciais na determinação da prática de dumping. O valor normal pode ser apurado com base em três metodologias distintas: nas vendas no mercado interno do produto similar, em operações comerciais normais, no preço de exportação do produto similar para terceiro país apropriado, ou no valor que será construído a partir do custo de produção no país de origem declarado (arts. 8º a 17 do Decreto nº 8.058/2013).

O Acordo Antidumping define uma hierarquia entre os métodos para cálculo do valor normal, privilegiando sua apuração por meio do preço de venda do produto similar, em operações comerciais normais, destinado ao consumo no mercado interno do país exportador. Não há, porém, hierarquia entre os dois outros métodos de apuração do valor normal: preço de exportação do produto similar para terceiro país apropriado e valor construído (arts. 2.1 e 2.2 do Acordo Antidumping, reproduzidos nos arts. 8º e 14 do Decreto nº 8.058/2013).

A relevância do conceito de partes relacionadas para fins da apuração do valor normal, segundo Hees,[135] refere-se à hipótese subjacente de que, em razão do vínculo entre as partes contratantes, "o valor da transação esteja sub ou superfaturado, o que justificaria sua exclusão para efeitos do cálculo do valor normal". Quando se trata da apuração do valor normal, a autoridade deve verificar se o preço daquelas transações não

---

[135] HEES, Felipe. O conceito de "partes afiliadas" na definição das condições comerciais normais: aspectos técnicos e as negociações na Rodada Doha. *In*: HEES, Felipe; CASTAÑÓN PENHA VALLE, Marília (Org.). *Dumping subsídios e salvaguardas*: revistando aspectos técnicos dos instrumentos de defesa comercial. São Paulo: Singular, 2012. p. 218.

ocorreu sob condições normais, e, assim, poder excluí-las da apuração do valor normal.

Em se tratando de metodologia hierarquicamente superior, a apuração do valor normal a partir das vendas do produto similar exige que se defina quais são as operações ocorridas no curso normal das atividades comerciais. O Acordo Antidumping da OMC, no entanto, não define o conceito de "curso normal das atividades comerciais", apresentando apenas uma das hipóteses de exclusão das operações da apuração do valor normal, quando o preço de venda do produto similar for abaixo do custo. Assim, serão a seguir analisadas duas repercussões específicas do relacionamento do cálculo do valor normal. Primeiramente, serão analisadas as repercussões no cálculo do custo de produção para o teste de venda abaixo do custo, dado que o relacionamento entre o produtor e o fornecedor dos insumos ou de serviços pode implicar ajustes no custo (3.2.1.1). Ademais, ainda que não esteja presente no Acordo Antidumping da OMC, há consenso entre as autoridades de defesa comercial, chancelado pelo Órgão de Solução de Controvérsias,[136] de que relacionamento entre o produtor e seus clientes também pode impactar o curso normal das atividades comerciais (3.2.1.2).

---

[136] OMC. *US – Hot-Rolled Steel*. Appellate Body Report, WT/DS184/AB/R, 24 July 2001, para. 145-147.

FIGURA 16 – Repercussões específicas do relacionamento no valor normal para a apuração da margem de dumping

② CÁLCULO DA MARGEM DE *DUMPING*

- VALOR NORMAL
- PREÇO DE EXPORTAÇÃO
- COOPERAÇÃO E DADOS

AJUSTES NO CÁLCULO DO **CUSTO DE PRODUÇÃO**

EXCLUSÃO DAS **OPERAÇÕES DE VENDA** FORA DO CURSO NORMAL DAS ATIVIDADES COMERCIAIS

Fonte: Elaboração própria.

Com base na pesquisa empírica realizada para fins do presente livro, que analisou o tema das partes relacionadas com base nas decisões de aplicação de medidas antidumping decorrentes de investigações originais, cujos procedimentos foram conduzidos ao amparo do Decreto nº 8.058/2013 e cujas decisões foram publicadas até abril de 2020[137] (*vide Anexo I – Investigações antidumping originais regidas pelo Decreto nº 8.058/2013 (2013/2020)*), constatou-se que dos

---

[137] O referido decreto entrou em vigor em 1º.10.2013, mas nos termos da norma transitória prevista em seu art. 197, as investigações e as revisões cujas petições tenham sido protocoladas até a entrada em vigor do Decreto nº 8.058/2013 continuariam a ser regidas pelo Decreto nº 1.602, de 1995.

30 (trinta) processos administrativos com investigações antidumping originais, previamente selecionados, 23 (vinte e três) possuem partes relacionadas. Entre esses, em apenas 1 não houve impacto do relacionamento sobre o valor normal.[138] Como o cálculo de valor normal é referente a cada país exportador, fez-se uma análise mais minuciosa, considerando a origem dos produtos. Dessa forma, passa-se a 34 origens (num total de 30 investigações), pois a investigação de um único produto analisa a sua importação decorrente de diversas origens. Nesse cenário, em 85% das investigações, ou seja, em 29 origens analisadas,[139] a existência de relacionamento entre as partes resultou em impacto no cálculo do valor normal (*vide Anexo III – Impacto do relacionamento entre as partes no valor normal*).

GRÁFICO 3 – Impacto do relacionamento
entre as partes no valor normal

Impacto do relacionamento entre as partes no valor normal

85,29%

29 de 34 origens

Fonte: Elaboração própria.

---

[138] Trata-se do caso R. 68/2017 (ésteres acéticos).
[139] São os casos: SAPP originário da China, ácido adípico originário dos EUA, tubos de aço carbono originário da Ucrânia, chapas *off-set* originárias dos EUA, borracha de estireno-butadieno – e-SBR originária da União Europeia, tubos de borracha elastomérica originados dos Emirados Árabes Unidos e da Itália, lona de PVC originária da China, espelhos não emoldurados originários do México, resina PET originária do Taipé Chinês, batatas congeladas originárias da Alemanha, Bélgica e Holanda, pneus agrícolas originários da China, vidros automotivos temperados e laminados originários da China, n-butanol originários da África do Sul e Rússia, fios de aço originários da China, cardoalhas de aço originárias da China, laminados a quente originários da China e Rússia, tubos de aço inoxidável austenítico originários da Malásia e Vietnã, borracha nitrílica – NBR originária da Coreia do Sul e França, corpos moedores para moinho em ferro fundido e/ou aço ligado ao cromo originários da Índia, chapas de gesso *drywall* originárias do México, filme PET originário de Bareine e tubos de ferro fundido originários da Índia.

3.2.1.1 Partes relacionadas e suas repercussões no custo de produção e no cálculo do valor normal para fins de definição da margem de dumping em uma investigação antidumping

Conforme o art. 2.3(a) do Acordo Antidumping da OMC, a comparação entre o preço de venda e o custo de produção é o único aspecto expressamente previsto no Acordo para determinar as chamadas "operações comerciais normais", ou seja, aquelas realizadas no curso normal das atividades comerciais.[140] O dispositivo indica que as vendas do produto similar no mercado interno do país exportador ou as exportações para terceiros países não serão consideradas como operações normais de comércio se realizadas a preços inferiores aos custos unitários de produção.[141]

> Artigo 2.3
> (a) Vendas do produto similar no mercado Interno do país exportador ou vendas a terceiro país a preços inferiores aos custos unitários de produção (fixos e variáveis) mais os gastos de venda gerais e administrativos poderão ser consideradas como não incorporadas nas relações normais de comércio por motivo de preço e desprezadas na determinação do valor normal somente no caso de as autoridades[142] determinarem que tais vendas são realizadas dentro de um lapso de tempo dilatado[143] em quantidades substanciais[144] e a preços que não

---

[140] HEES, Felipe. O conceito de "partes afiliadas" na definição das condições comerciais normais: aspectos técnicos e as negociações na Rodada Doha. *In*: HEES, Felipe; CASTAÑÓN PENHA VALLE, Marília (Org.). *Dumping subsídios e salvaguardas*: revistando aspectos técnicos dos instrumentos de defesa comercial. São Paulo: Singular, 2012. p. 218.

[141] O art. 2.3 (a) disciplina as condições para que as transações realizadas a preço abaixo do custo sejam de fato descartadas na apuração do valor normal. Há regras a serem seguidas e cálculos a serem realizados para que a autoridade de defesa comercial possa chegar à conclusão de que determinadas operações devam ser descartadas na apuração do valor normal. Esses critérios podem levar à conclusão de que determinada operação, ainda que tenha sido realizada abaixo do custo unitário, deverá ser considerada para o cálculo do valor normal. Esse assunto, no entanto, excede o escopo deste trabalho, cujo propósito é avaliar os efeitos do relacionamento entre agentes econômicos para fins de aplicação desse dispositivo. Nuances dessa regra não são aqui apresentadas.

[142] Quando usado neste acordo, o termo "autoridades" deverá ser interpretado como autoridades em nível de chefia adequada.

[143] O lapso de tempo dilatado deverá ser normalmente de um ano, mas nunca deverá ser inferior a 6 meses.

[144] Venda abaixo do custo unitário ocorre em quantidade substancial quando as autoridades estabelecem que o preço médio ponderado de venda nas transações investigadas para a

permitem cobrir os custos dentro de lapso razoável de tempo. Preços abaixo do custo no momento da venda mas acima do custo médio ponderado obtido no período da investigação deverão ser considerados como destinados a permitir recuperação de custos durante lapso de tempo razoável.

Para apurar o valor normal, portanto, são excluídas as operações consideradas "não normais", isto é, que aconteceram abaixo do custo de produção. Essas vendas podem ser consideradas na apuração do valor normal, ainda que as vendas ocorram abaixo do custo de produção, desde que sejam realizadas acima do custo médio ponderado obtido no período da investigação de dumping. Isso ocorre porque se considera que há a possibilidade de uma recuperação de custos durante um maior lapso temporal (no Brasil, considerado o período de doze meses correspondente ao período de análise de dumping). Em breve síntese, são consideradas "operações normais" para fins de cálculo do valor normal:
- se realizadas acima do custo de produção;
- se, ainda que realizadas abaixo do custo de produção, sejam superiores ao custo médio ponderado obtido no período da investigação de dumping.

O custo de produção representa, portanto, um elemento essencial para a identificação das operações normais, que impacta no cálculo do valor normal. Por essa razão, quando o produtor adquire insumos e matérias-primas de partes relacionadas, a presunção de que o relacionamento pode impactar no preço de transação entre as partes desempenha papel fundamental no tratamento conferido pelas autoridades de defesa comercial ao redor do mundo.

Nesse sentido, o art. 14, §9º, do Decreto nº 8.058/2013, disciplina:

> as operações entre partes associadas ou relacionadas ou que tenham celebrado entre si acordo compensatório não serão consideradas no cálculo do custo relativo à produção, exceto se comprovado que os preços praticados em tais operações são comparáveis aos preços

---

determinação do valor normal está abaixo do custo médio ponderado ou que o volume de vendas abaixo do custo unitário responde por 20% ou mais de volume vendido nas transações examinadas para a determinação do valor normal.

praticados em operações efetuadas entre partes não associadas ou relacionadas.

A autoridade de defesa comercial do Brasil solicita, portanto, em seu questionário ao exportador,[145] que seja informado se há aquisição de insumos e de matérias-primas de partes relacionadas. Em caso positivo, os produtores/exportadores estrangeiros devem apresentar informações detalhadas sobre as aquisições de insumos, de matérias-primas e de utilidades ou serviços de fornecedores relacionados. O produtor deverá comprovar que a aquisição dos insumos, das matérias-primas, das utilidades e dos serviços ocorreu a valores de mercado. Caso contrário, a autoridade usará da prerrogativa de ajustar os custos da empresa.

Para comprovar que os custos não estão distorcidos em razão do relacionamento, o produtor pode se valer de todos os elementos de prova. Geralmente, os produtores aportarão dados relacionados a outros fornecedores do mesmo insumo, para comprovar que os preços praticados entre as partes relacionadas seriam condizentes com aqueles fornecedores não relacionados. O fornecedor relacionado poderá também apresentar seus dados de venda, para demonstrar que o preço que realiza ao produtor relacionado seria compatível com preços a clientes independentes. Na hipótese de preços administrados ou cotizados por órgãos independentes, o produtor pode apresentar os elementos para comprovar que os preços de aquisição seriam preços de mercado.

A maior dificuldade tende a ocorrer quando as partes relacionadas transacionarem apenas entre si, ou seja, quando o produtor for o único cliente do fornecedor relacionado e este, única fonte de fornecimento para o produtor. Ainda assim, o produtor poder-se-á valer de outros elementos de prova para comprovar que o relacionamento com o fornecedor não prejudica a utilização de seus custos conforme são contabilizados.

---

[145] Para acessar os questionários que devem ser preenchidos pelos exportadores em investigações antidumping, sugere-se: BRASIL. Ministério da Economia. *Legislação, roteiros e questionários*. Disponível em: https://www.gov.br/produtividade-e-comercio-exterior/pt-br/assuntos/comercio-exterior/defesa-comercial-e-interesse-publico/legislacao-roteiros-e-questionarios. Acesso em: 6 jan. 2021.

Observa-se, portanto, que há uma presunção de que o relacionamento entre o produtor e seus fornecedores impacta o preço de transferência dos insumos, das matérias-primas, das utilidades ou dos serviços adquiridos pelo produtor, o que de modo reflexo impactaria a confiabilidade em seus custos de produção. Essa presunção, porém, pode ser desafiada pelo produtor com todos os meios de prova disponíveis.

De um lado, caso o produtor consiga demonstrar que os preços de aquisição dos insumos, das matérias-primas, das utilidades ou dos serviços de suas partes relacionadas ocorreu a preços de mercado, a autoridade deverá aceitar os custos do produtor como foram contabilizados e, a partir deles, realizar os testes de venda abaixo do custo para identificar as operações normais que comporão o seu valor normal.

No caso *Filme PET – Peru e Barein*,[146] por exemplo, o produtor/exportador bareinita teve o seu custo considerado como apurado pela empresa, apesar de adquirir os insumos de parte relacionada, porque comprovou que as aquisições foram realizadas a preços comparáveis àqueles realizados entre partes não relacionadas:

> Cumpre ressaltar que os principais insumos utilizados no processo produtivo de filmes PET pela JBF Bahrain foram adquiridos de partes relacionadas. Nesse sentido, conforme previsto no §9º do art. 14 do Decreto nº 8.058/2013, buscou-se analisar se as operações entre partes relacionadas deveriam ser consideradas no cálculo do custo relativo à produção. Como restou comprovado durante verificação in loco que os preços praticados nas aquisições de insumos de partes relacionadas eram comparáveis aos preços praticados entre partes não relacionadas, não foi necessária à realização de ajustes.[147]

De outro lado, caso o produtor não consiga demonstrar que os preços de aquisição dos insumos e das matérias-primas de suas partes relacionadas ocorreu a preços de mercado, a autoridade poderá ajustar os custos da empresa, substituindo o preço de transferência entre as partes relacionadas por preços de mercado. Esse ajuste poder-se-á basear em quaisquer meios de prova, como

---

[146] BRASIL. Portaria Secint nº 473, de 28 de junho de 2019. *Diário Oficial da União*, 1º jul. 2019.
[147] BRASIL. Portaria Secint nº 473, de 28 de junho de 2019. *Diário Oficial da União*, 1º jul. 2019.

nos demais preços de aquisição dos mesmos produtos, quando o produtor possuir outro fornecedor; em custos de outros produtores do país investigado que tenham apresentado dados à autoridade; ou em outra metodologia razoável. Em que pese a autoridade investigadora, nos termos do art. 14, §9º, do Decreto nº 8.058/2013, possa descartar elementos de custo quando determinar que os preços praticados em tais operações não são comparáveis aos preços praticados em operações efetuadas entre partes não associadas ou relacionadas, mantém-se a obrigação de apurar o valor normal segundo os demais dispositivos do regulamento.

O custo de produção é um parâmetro necessário para determinar as três hipóteses de apuração do valor normal: (i) a vendas no mercado interno (art. 13), (ii) exportações a terceiros países (art. 14, I); e (iii) valor construído (art. 14, II).

Quando apurar o valor normal, a autoridade deverá realizar o teste de venda abaixo do custo[148] (previsto no art. 14, §§1º e 2º, do Decreto nº 8.058/2013) nas hipóteses de a autoridade calcular o valor normal (i) com base nas vendas do produto similar no mercado interno do país exportador ou (ii) com base no preço de exportação do produto similar para terceiro país apropriado. Para realizar o teste de venda abaixo do custo, a autoridade deverá apurar o custo de produção da empresa investigada. Quando a autoridade decidir apurar o valor normal (iii) com base no valor construído, o cálculo é iniciado pela determinação do custo de produção no país da origem investigada.

A necessidade de se ajustar o custo certamente é um ponto de atenção para o produtor, porque demandará um esforço probatório significativo. Uma vez descartado o custo de determinado insumo, matéria-prima, utilidade ou serviço, as partes interessadas poderão entrar em disputa pela metodologia a ser utilizada para ao ajuste. Ainda que o resultado não seja desfavorável ao produtor, uma vez que as fontes disponíveis podem levar a ajustes não significativos ou à conclusão de que não há necessidade de se ajustar o custo, a

---

[148] SDCOM/SECEX/ME. *Guia de investigações antidumping*. Disponível em: https://www.gov.br/produtividade-e-comercio-exterior/pt-br/assuntos/comercio-exterior/defesa-comercial-e-interesse-publico/guias. Acesso em: 2 jun. 2021.

própria existência do debate traz complexidade ao esforço de defesa do produtor/exportador.

O ajuste não necessariamente implicará aumento do valor normal e, por conseguinte, da margem de dumping. Mas o ônus probatório recai sobre o produtor/exportador, de forma que ele deverá convencer a autoridade a respeito da necessidade do ajuste e da metodologia a ser utilizada. Caso não o faça, aplicar-se-á a melhor informação disponível, que pode significar um resultado menos favorável do que aquele em que o produtor/exportador fosse considerado uma parte completamente cooperativa.

Nesse sentido, quando o produtor estrangeiro adquirir insumos para sua produção de partes relacionadas, ele deverá demonstrar que as transações entre as partes relacionadas ocorreram a preços de mercado, comparáveis às transações entre as partes que não tenham tais vínculos entre si, ou substituir tal dado por um que não esteja impactado por tal relacionamento. Esse passo é necessário para que se determine um custo de produção adequado para a apuração do valor normal, seja por meio da identificação das transações abaixo do custo, seja para utilizá-lo como base da construção do valor normal.

3.2.1.2 Partes relacionadas e suas repercussões nas vendas do produto similar no cálculo do valor normal para fins de definição da margem de dumping em uma investigação antidumping

Como apontado acima, o Acordo Antidumping da OMC, por meio dos arts. 2.1 e 2.2, define uma hierarquia entre os métodos para cálculo do valor normal, privilegiando sua apuração por meio do preço de venda do produto similar, em operações comerciais normais, destinado ao consumo no mercado interno do país exportador. As vendas não normais deverão ser excluídas do cálculo do valor normal, como são as vendas que ocorrem abaixo do custo, como evidenciado no item anterior (3.2.1.1).

Em que pese haja uma clareza no Acordo Antidumping com relação ao comando de não se utilizar, na apuração do valor normal, as vendas que não sejam realizadas em operações comerciais normais, não há uma definição acerca do conceito de "curso normal das atividades comerciais".[149] Há o consenso, no entanto, de que transações entre partes relacionadas podem se afastar do "curso normal das atividades comerciais".

As discussões levadas ao Órgão de Solução de Controvérsias da OMC não questionavam essa presunção de ausência de normalidade no curso das atividades comerciais para as transações entre partes relacionadas, mas questionavam a metodologia e o tratamento conferido pelas autoridades a essas transações fora do curso normal. A controvérsia está, então, em como definir quais operações entre partes relacionadas podem ser consideradas desviantes do curso normal de comércio.[150]

O primeiro desafio, portanto, é identificar as hipóteses de relacionamento. O segundo desafio é determinar se o relacionamento influencia a formação de preço. E o terceiro desafio é determinar o limite de atuação da autoridade de defesa comercial relativo às operações realizadas entre partes relacionadas.[151]

Apesar de não haver previsão explícita no Acordo Antidumping acerca da possibilidade de desconsideração para apuração do valor normal de vendas do produto similar a partes relacionadas, essa é uma prática comum entre as autoridades de defesa comercial, dada a permissão concedida pelo entendimento dado pelo Órgão de Apelação da OMC no caso *US – Hot-Rolled Steel* mencionado acima. Como apontado, há uma presunção de que as transações entre as partes relacionadas podem estar afetadas pelo relacionamento, de forma que o preço da transação não reflita preços de mercado.

O Decreto nº 8.058/2013 incluiu previsão expressa para as hipóteses de exclusão das operações de venda a partes relacionadas. De acordo com o art. 14, §5º, do Decreto nº 8.058/2013, não serão

---

[149] Trecho original em inglês: "The Anti-dumping Agreement does not define the term 'in the ordinary course of trade'" (OMC. *US – Hot-Rolled Steel (Japan)*. Appelate Body Report, WT/DS184/AB/R, circulado em 24/07/2001. p. 51).

[150] OMC. *US – Hot-Rolled Steel (Japan)*. Appelate Body Report, WT/DS184/AB/R, circulado em 24/07/2001.

[151] HEES, Felipe. O conceito de "partes afiliadas" na definição das condições comerciais normais: aspectos técnicos e as negociações na Rodada Doha. In: HEES, Felipe; CASTAÑÓN PENHA VALLE, Marília (Org.). *Dumping subsídios e salvaguardas*: revistando aspectos técnicos dos instrumentos de defesa comercial. São Paulo: Singular, 2012. p. 219.

consideradas operações comerciais normais e serão desprezadas, na apuração do valor normal, as transações entre partes associadas ou relacionadas ou que tenham celebrado entre si acordo compensatório, salvo se comprovado que os preços e custos relativos a transações entre partes associadas ou relacionadas sejam comparáveis aos das transações efetuadas entre partes não associadas ou relacionadas.

Diferentemente do tratamento conferido aos custos, em que a autoridade pode ajustar os custos referentes a aquisições de partes relacionadas, para as operações de venda entre partes relacionadas, a consequência prevista na normativa brasileira é de desconsideração completa das operações de venda fora do curso normal das atividades comerciais para fins de apuração do valor normal.

Ocorre que, assim como o tratamento dispensado ao efeito da aquisição de insumos e de matérias-primas de partes relacionadas, a conclusão sobre a distorção do preço em razão do relacionamento é baseada em parâmetros objetivos.

O Decreto nº 8.058/2013 incorporou dispositivo que define que serão desconsideradas da apuração do valor normal as vendas a partes relacionadas cujos preços sejam superiores ou inferiores a 3% (três por cento) do preço médio de venda para partes independentes. Eis o que disciplina o art. 14, §6º, do Decreto nº 8.058/2013:

> Art. 14. [...]
> §6º As transações entre partes associadas ou relacionadas serão consideradas operações comerciais normais se o preço médio ponderado de venda da parte interessada para sua parte associada ou relacionada não for superior ou inferior a no máximo três por cento do preço médio ponderado de venda da parte interessada para todas as partes que não tenham tais vínculos entre si.

Essa posição está em linha com o que foi decidido no caso *US – Hot-Rolled Steel*,[152] em que se afirmou que as autoridades devem excluir da apuração do valor normal todas as operações não normais, incluindo-se todas as vendas que distorçam o valor normal, sejam elas a preços mais baixos ou mais altos.

---

[152] OMC. *US – Hot-Rolled Steel (Japan)*. Appelate Body Report, WT/DS184/AB/R, circulado em 24/07/2001.

Essa discussão suscitou uma correção de posição da autoridade americana, que excluía da apuração do valor normal apenas as transações entre partes relacionadas a preços mais baixos que os preços praticados a partes não relacionadas. Isso porque a exclusão de operações a preços mais baixos implica o aumento do valor normal e superdimensiona a margem de dumping. O Órgão de Apelação entendeu no caso *US – Hot-Rolled Steel* que a desconsideração das operações deve incluir não apenas as operações com preços mais baixos, mas também as operações a preços de venda mais elevados. Isso porque, se a diferença de preço gera distorção para a apuração do valor normal, essa diferença deve ser considerada de forma linear tanto para o aumento quanto para a diminuição do preço. O Órgão de Apelação, no entanto, não determinou os critérios objetivos de diferença de preço que poderia suscitar a desconsideração das operações para fins de apuração do valor normal.

No caso *Tubos de ferro fundido – China, Emirados Árabes Unidos e Índia*,[153] por exemplo, foi realizado o teste de venda para partes relacionadas para o produtor/exportador indiano Jindal Saw Limited, e foi identificado que o preço de venda para partes relacionadas foi inferior àquele praticado para partes não relacionadas em grau superior a 3%. Dessa forma, as operações de vendas para partes relacionadas não foram consideradas operações comerciais normais e, portanto, descartadas para fins de cálculo do valor normal. De forma similar, no caso *Borracha NBR – Coreia do Sul e França*,[154] já mencionado, verificou-se que o preço médio ponderado de venda a partes relacionadas pelo produtor/exportador sul-coreano LG Chem não seria comparável ao das transações efetuadas entre partes independentes, uma vez que aquele era mais que 3% divergente em relação ao preço médio ponderado das vendas a partes independentes. Dessa forma, as vendas a partes relacionadas foram desprezadas da apuração do valor normal, porque não puderam ser consideradas operações comerciais normais.

---

[153] BRASIL. Resolução Camex nº 8, de 7 de novembro de 2019. *Diário Oficial da União*, 8 nov. 2019.

[154] BRASIL. Resolução Camex nº 6, de 16 de fevereiro de 2017. *Diário Oficial da União*, 17 fev. 2017.

Variações inferiores a 3% no preço de venda para partes relacionadas com relação ao preço praticado a partes não relacionadas não podem ensejar o descarte de operações de venda para fins de apuração do valor normal. Nessas situações, a apuração do valor normal levará em consideração todas as vendas consideradas na comparação dos preços entre partes relacionadas e não relacionadas. Nota-se, portanto, que o Decreto nº 8.058/2013 definiu um critério objetivo para identificar operações fora do curso normal de comércio.

Registre-se, por fim, que o fato de a regra ser aplicada de maneira uniforme, independentemente do fato de o preço entre partes relacionadas ser superior ou inferior ao preço praticado para partes independentes, não permite concluir se o resultado da comparação favorecerá o exportador ou não. Caso as vendas a partes relacionadas ocorram a um nível de preço superior a 3%, essas vendas serão descartadas, reduzindo-se o valor normal, o que implicará a redução correspondente na margem de dumping. Em outra perspectiva, caso as vendas a partes relacionadas possuam preços inferiores a 3%, as vendas serão descartadas, aumentando-se o valor normal, o que implicará o aumento correspondente na margem de dumping.

3.2.2 Partes relacionadas e suas repercussões no cálculo do preço de exportação para fins de definição da margem de dumping em uma investigação antidumping

Conforme mencionado, o cálculo da margem de dumping envolve a comparação entre o valor normal e o preço de exportação. Para o preço de exportação, não se aplica o conceito de "operação normal", tal como existe no cálculo do valor normal, até porque a existência do dumping deriva justamente da diferença entre o preço de exportação e o valor normal. Caso as mesmas regras de identificação das operações normais se aplicassem na apuração do preço de exportação, estar-se-ia diante de uma busca por identidade de preços. Ademais, enquanto se permite que operações sejam desprezadas na apuração do valor normal, para a apuração do preço de exportação, não é permitido descartar nenhuma operação. A falta de confiabilidade no preço de exportação decorrente do relacionamento entre as partes contratantes deverá ser endereçada, portanto, de forma diferente pelas autoridades investigadoras.

O art. 2.3 do Acordo Antidumping da OMC determina que o preço de exportação seja reconstruído, quando não pareça confiável. Para o preço de exportação, deverá ser apurado um preço reconstruído a partir do preço de revenda ao primeiro comprador independente e calculado o preço hipotético que o produtor realizaria caso exportasse o produto diretamente a um cliente independente no país importador, sem o intermédio da parte relacionada.

O que se busca por meio da apuração de um preço de exportação reconstruído é identificar qual seria o preço de exportação comparável ao valor normal na hipótese de não haver o relacionamento na exportação. O Acordo Antidumping da OMC não apresenta, no entanto, metodologia para a reconstrução do preço de exportação. O Decreto nº 8.058/2013 prevê duas hipóteses de reconstrução do preço de exportação: (i) a partir do preço de venda de um exportador relacionado ao primeiro comprador independente, previsão constante do art. 20 do Decreto nº 8.058/2013 (3.2.2.1) e (ii) a partir do preço de revenda no Brasil do importador relacionado, previsão constante do art. 20 do Decreto nº 8.058/2013 (3.2.2.2).

FIGURA 17 – Repercussões específicas do relacionamento no preço de exportação para a apuração da margem de dumping

CÁLCULO DA MARGEM DE *DUMPING*

- VALOR NORMAL
- PREÇO DE EXPORTAÇÃO
  - RECONSTRUÇÃO A PARTIR DO PREÇO DE VENDA DO EXPORTADOR RELACIONADO AO **PRIMEIRO COMPRADOR INDEPENDENTE**
  - RECONSTRUÇÃO A PARTIR DO PREÇO PELO QUAL OS PRODUTOS IMPORTADOS FORAM **REVENDIDOS PELA PRIMEIRA VEZ A UM COMPRADOR INDEPENDENTE**
- COOPERAÇÃO E DADOS

Fonte: Elaboração própria.

Com base na pesquisa empírica realizada para fins do presente livro, que analisou o tema das partes relacionadas com base nas decisões de aplicação de medidas antidumping decorrentes de investigações originais, cujos procedimentos foram conduzidos ao amparo do Decreto nº 8.058/2013 e cujas decisões foram publicadas até abril de 2020[155] (*vide Anexo I – Investigações antidumping originais regidas pelo*

---

[155] O referido decreto entrou em vigor em 1º.10.2013, mas nos termos da norma transitória prevista em seu art. 197, as investigações e as revisões cujas petições tenham sido protocoladas até a entrada em vigor do Decreto nº 8.058/2013 continuariam a ser regidas pelo Decreto nº 1.602, de 1995.

Decreto nº 8.058/2013 (2013/2020)), constatou-se que dos 30 (trinta) processos administrativos com investigações antidumping originais, previamente selecionados, 23 (vinte e três) possuem partes relacionadas. Entre esses, em 10 deles não houve impacto do relacionamento sobre o preço de exportação em nenhuma origem.[156] Como o cálculo do preço de exportação é referente a cada país exportador, fez-se uma análise mais minuciosa, considerando a origem dos produtos. Dessa forma, passa-se a 34 origens (num total de 30 investigações), pois a investigação de um único produto analisa a sua importação decorrente de diversos países. Nesse cenário, em 50% das investigações, ou seja, em 17 origens analisadas, houve a repercussão do relacionamento no cálculo do preço de exportação[157] (*vide Anexo IV – Impacto do relacionamento entre as partes no preço de exportação*).

GRÁFICO 4 – Impacto do relacionamento entre as partes no preço de exportação

Impacto do relacionamento no preço de exportação

50,00%

17 de 34 origens

Fonte: Elaboração própria.

---

[156] Ácido adípico, tubos de aço carbono, borracha de estireno-butadieno – E-SBR, espelhos não emoldurados, resina PET, batatas congeladas, pneus agrícolas, n-butanol, filmes PET e tubos de ferro fundido.

[157] SAPP originário da China e Canadá, chapas *off-set* originárias dos EUA, tubos de borracha elastomérica originários dos Emirados Árabes Unidos e da Itália, lona de PVC originária da China, vidros automotivos temperados e laminados originários da China, fios de aços originários da China, cordoalhas de aço originárias da China, laminados a quente originários da China e Rússia, ésteres acéticos originários do México, tubos de aço inoxidável austenítico originários do Vietnã, borracha nitrílica – NBR originária da Coreia do Sul e da França, corpos moedores para moinho em ferro fundido e/ou aço ligado ao cromo originário da Índia e chapas de gesso *drywall* originárias do México.

3.2.2.1 Da reconstrução do preço de exportação decorrente do relacionamento entre produtor e exportador a partir do preço de venda de um exportador relacionado ao primeiro comprador independente

Na hipótese de o produtor e o exportador serem partes relacionadas, o preço de exportação pode ser reconstruído a partir do preço efetivamente praticado pelo exportador por produto exportado ao Brasil ao primeiro comprador independente, segundo determina o art. 20 do Decreto nº 8.058/2013, secundando a norma prevista no art. 2.3 do Acordo Antidumping.

Para realizar a reconstrução do preço de exportação a partir do preço do exportador relacionado, devem ser deduzidas despesas gerais e administrativas, despesas de vendas e o lucro do exportador relacionado. Busca-se, assim, retirar a influência do intermediário sobre o preço de exportação, de modo a garantir a justa comparação com o valor normal.[158]

As despesas a serem deduzidas serão aquelas efetivamente incorridas pelo exportador relacionado. Já com relação ao lucro, a presunção de que o preço de transferência não é confiável implica a mesma presunção sobre o lucro auferido pela empresa. Por meio do relacionamento, as empresas podem decidir como alocar seus lucros mediante o estabelecimento do preço de transferência. Para endereçar essa questão, é atribuída uma margem de lucro de outro exportador para fins da reconstrução do preço de exportação. Apesar de não haver critérios para a definição dessa margem de lucro alternativa, "é preferível que aquela a ser utilizada seja de empresa localizada no próprio país investigado e que atue no mesmo setor econômico referente ao produto investigado".[159]

---

[158] SILVEIRA, Bárbara Medrado Dias et al. A determinação de dumping no processo de defesa comercial. Brasília: MDIC/Secex/Decom, 2015. Caderno Decom n. 3. p. 76.

[159] SILVEIRA, Bárbara Medrado Dias et al. A determinação de dumping no processo de defesa comercial. Brasília: MDIC/Secex/Decom, 2015. Caderno Decom n. 3. p. 76.

Por fim, deve-se ter em mente que existem operações em que há a participação de mais de um exportador relacionado. Assim, tendo em mente que reconstrução do preço de exportação objetiva neutralizar o efeito dos intermediários relacionados sobre o preço de exportação, as deduções serão realizadas para quantos exportadores relacionados participarem do processo de venda do produto ao Brasil.

No caso *Batatas congeladas – Alemanha, Bélgica, França e Holanda*,[160] atuavam no processo de exportação para o Brasil de parte do produto francês e holandês da fabricante McCain dois exportadores relacionados, um localizado na Holanda e outro na Argentina. Para a reconstrução do preço de exportação do produtor investigado, a autoridade de defesa comercial brasileira buscou neutralizar o efeito da intermediação das empresas relacionadas, deduzindo montante referente a despesas e lucro de cada uma das duas empresas que participavam do processo de exportação do produto ao Brasil.

É interessante também o caso *Pirofosfato ácido de sódio (SAPP) – Canadá, China e EUA*,[161] que trata da relação entre produtor/exportador e *trading company*. Essa associação ocorreu dentro do grupo Innophos, o qual possui empresas no Canadá (Innophos Canadá) e nos Estados Unidos da América (Innophos Inc.), que são relacionadas entre si. Na investigação, para determinação do preço de exportação canadense, utilizou-se o preço de venda da Innophos Inc. ao primeiro comprador não relacionado, retiradas as despesas e margem de lucro, dado que toda a venda de SAPP produzido no Canadá foi vendida por meio da empresa relacionada estadunidense. A autoridade brasileira entendeu que a Innophos Inc, localizada nos EUA, funcionou como *trading company* para a produtora, localizada no Canadá.

Ao questionar a forma de construção do preço de exportação, a Innophos Canadá argumentou que os preços praticados entre as empresas deveriam ser considerados para a determinação do preço de exportação, pois a Innophos Inc. seria um consumidor não

---

[160] BRASIL. Resolução Camex nº 6, de 16 de fevereiro de 2017. *Diário Oficial da União*, 17 fev. 2017.
[161] BRASIL. Resolução nº 67, de 14 de agosto de 2014. *Diário Oficial da União*, 15 ago. 2014.

afiliado no Brasil e não um importador. A autoridade brasileira, no entanto, manteve a reconstrução do preço de exportação, porque o preço de exportação praticado pela fabricante para a *trading company* não seria confiável, na medida em que este se tratava de preço de transferência, e não preço de mercado.[162]

Nota-se, portanto, que a reconstrução do preço de exportação, por envolver a dedução de despesas e de margem de lucro, tende a diminuir o preço de exportação, aumentando, por conseguinte, a margem de dumping da empresa investigada.

3.2.2.2 Da reconstrução do preço de exportação decorrente do relacionamento entre produtor e importador a partir do preço de revenda no Brasil do importador relacionado

Na hipótese de relacionamento entre o produtor ou exportador e o importador, o preço de exportação também pode ser reconstruído a partir do preço pelo qual os produtos importados foram revendidos pela primeira vez a um comprador independente no Brasil, segundo determina o art. 21, I, do Decreto nº 8.058/2013, secundando a norma prevista no art. 2.3 do Acordo Antidumping.

Para realizar a reconstrução do preço de exportação a partir do preço de revenda do importador relacionado, devem ser deduzidas despesas gerais e administrativas, despesas de vendas e o lucro da intermediária no Brasil. A metodologia de reconstrução do preço de exportação é similar àquela utilizada para a reconstrução do preço de exportação a partir do exportador relacionado.[163]

As despesas a serem deduzidas serão aquelas efetivamente incorridas pelo importador relacionado. Já com relação ao lucro, a presunção de que o preço de transferência não é confiável implica a mesma presunção sobre o lucro auferido pela empresa importadora. Por meio do relacionamento, as empresas podem decidir como alocar

---

[162] BRASIL. Resolução nº 67, de 14 de agosto de 2014. *Diário Oficial da União*, 15 ago. 2014.
[163] SILVEIRA, Bárbara Medrado Dias *et al*. *A determinação de dumping no processo de defesa comercial*. Brasília: MDIC/Secex/Decom, 2015. Caderno Decom n. 3. p 84.

seus lucros mediante o estabelecimento do preço de transferência. Para endereçar essa questão, regra geral, é atribuída uma margem de lucro de outro distribuidor no Brasil para fins da reconstrução do preço de exportação.

Para além dessas deduções, com o objetivo de assegurar a justa comparação entre o valor normal e o preço de exportação, o art. 22 do Decreto nº 8.058/2013 determina que sejam efetuados ajustes em função de despesas e de custos incorridos entre a importação e a revenda, incluídos o imposto de importação, demais tributos, e dos lucros auferidos (§4º) ou outros ajustes que sejam necessários para garantir a justa comparação (§5º). Nesse sentido, busca-se levar o preço de exportação ao mesmo nível de comércio apurado para o valor normal, geralmente *ex fabrica*,[164] praticado pelo produtor. Serão, portanto, deduzidas todas as despesas incorridas na exportação, para que a comparação entre o preço de exportação e o valor normal seja realizada em bases comparáveis.

Por fim, frise-se que existem operações em que, além do importador, há a participação de um ou mais exportadores relacionados. A reconstrução do preço de exportação objetiva neutralizar o efeito dos intermediários relacionados sobre o preço de exportação, de forma que as deduções serão realizadas para quantos importadores e exportadores relacionados participarem do processo de venda do produto ao Brasil.

Novamente no caso *Batatas congeladas – Alemanha, Bélgica, França e Holanda*,[165] parte do produto francês e holandês da fabricante McCain era importado por uma empresa relacionada localizada no Brasil. Nesse caso, o preço de exportação foi reconstruído a partir da revenda do produto no Brasil ao primeiro comprador independente, conforme dispõe o art. 21, do Decreto nº 8.058/2013.

---

[164] O termo *ex fabrica* é um termo internacional de comércio, nomenclatura padronizada que serve para definir, dentro da estrutura de um contrato de compra e venda internacional, os direitos e obrigações recíprocos do exportador e do importador. Numa venda na condição *ex fabrica*, as obrigações e as responsabilidades do exportador se encerram na porta de sua fábrica. O preço de venda refere-se apenas ao valor do produto exportado, não incluindo, por exemplo, valor de frete, seguro ou outras despesas necessárias para levar o produto da fábrica do exportador ao importador.

[165] BRASIL. Resolução Camex nº 6, de 16 de fevereiro de 2017. *Diário Oficial da União*, 17 fev. 2017.

A mesma metodologia foi utilizada no caso *Borracha NBR – Coreia do Sul e França*,[166] no qual foi comprovada relação entre o exportador francês e um importador brasileiro, a empresa Arlanxeo Brasil S.A. Ressalte-se que o objetivo dessa metodologia é "retirar o efeito de empresa revendedora relacionada sobre as exportações da Arlanxeo para o Brasil".[167]

Assim como apontado no item anterior, a reconstrução do preço de exportação a partir do preço de revenda no Brasil, por envolver a dedução de despesas e de margem de lucro, tende a diminuir o preço de exportação, aumentando, por conseguinte, a margem de dumping da empresa investigada.

3.2.3 Partes relacionadas e suas repercussões na apresentação de dados e de informações pelas partes interessadas relacionadas ao exportador

Para além das repercussões materiais da existência de um relacionamento para fins de cálculo do valor normal e do preço de exportação, uma repercussão processual do relacionamento entre partes no processo antidumping é a necessidade de se apresentar as informações atinentes não somente à empresa responsável pela produção do produto investigado e do produto similar à autoridade de defesa comercial, mas de todos aqueles que participam no processo de comercialização ou de fornecimento de insumos à produção. Para que a autoridade investigadora possa calcular o valor normal, realizando os testes de venda a partes relacionadas ou para ajustar o custo de produção do produto similar, e para que possa reconstruir o preço de exportação, o produtor estrangeiro deve apresentar resposta completa com informações de todas as partes relacionadas que atuem na fabricação e venda do produto investigado e do seu similar doméstico.

---

[166] BRASIL. Resolução Camex nº 53, de 10 de agosto de 2018. *Diário Oficial da União*, 13 ago. 2018.
[167] BRASIL. Resolução Camex nº 53, de 10 de agosto de 2018. *Diário Oficial da União*, 13 ago. 2018.

Nesse sentido, os produtores/exportadores estrangeiros devem indicar todas as partes relacionadas que atuem na produção e na comercialização do produto, assim como aquelas que atuam como fornecedoras do produtor ou sejam dela clientes. Para essas empresas, o produtor se obriga a apresentar os dados à autoridade de defesa comercial. Caso o produtor estrangeiro não aporte os dados e as informações de suas empresas relacionadas, a autoridade investigadora pode considerar que o produtor não é uma parte cooperativa e aplicar o disposto no art. 6.10 do Acordo Antidumping, conhecido como "melhor informação disponível" (*best information available* – BIA):

> Artigo 6.10
> Nos casos em que qualquer das partes interessadas negue acesso à informação necessária ou não a forneça dentro de período razoável, ou ainda interponha obstáculos de monta à investigação, poderão ser formulados juízos preliminares e finais afirmativos ou negativos com base nos fatos disponíveis.

Hees aponta como paradigmático para a discussão sobre a definição de partes relacionadas o caso *United States – Hot-Rolled*, já mencionado anteriormente. O foco da discussão levado para apreciação perante o Órgão de Solução de Controvérsias, no entanto, não dizia respeito à definição de partes relacionadas, mas ao nível de exigência sobre o exportador para que aportasse dados de terceiros que fossem relacionados e aos efeitos ao exportador decorrente da ausência de dados pertencentes a empresas relacionadas.[168]

Os EUA aplicaram a melhor informação disponível, porque entendiam que a empresa investigada japonesa tinha a obrigação de aportar dados de suas empresas relacionadas que participavam do processo de importação do produto nos EUA. Já o Japão alegava que havia envidado seus melhores esforços para obter a

---

[168] HEES, Felipe. O conceito de "partes afiliadas" na definição das condições comerciais normais: aspectos técnicos e as negociações na Rodada Doha. *In*: HEES, Felipe; CASTAÑÓN PENHA VALLE, Marília (Org.). *Dumping subsídios e salvaguardas*: revistando aspectos técnicos dos instrumentos de defesa comercial. São Paulo: Singular, 2012. p. 214-215.

informação, mas que não poderia obrigar terceiros a aportar os dados. Uma particularidade do caso que o dificultava era o fato de que a parte relacionada à empresa japonesa, que se negou a fornecer as informações e que acabou por prejudicar o exportador, era uma das empresas peticionárias nos EUA para início da investigação. A empresa estadunidense era relacionada ao exportador japonês e, além de produzir bens similares no país, era importadora do produto investigado.

O Japão argumentava que a peticionária havia impedido o acesso a informações de que dispunha com o intuito de que a aplicação da penalidade de fatos adversos[169] ao exportador beneficiasse seu pleito para que fosse aplicada uma medida antidumping mais elevada. Essa discussão esteve presente no Grupo Negociador de Regras, e consta do Anteprojeto de Alteração do Acordo Antidumping da OMC, o Documento TN/RL/W/254, ainda que sem consenso (*vide* subseção 1.1 deste livro). Enquanto parte dos membros entendia que deveria ser incluída disposição que assegurasse que o produtor/exportador estrangeiro não fosse penalizado pela falta de cooperação de partes relacionadas sobre as quais não exercesse o controle, outros membros tinham a preocupação de que o dispositivo viesse a encorajar a não cooperação do grupo econômico de que o produtor/exportador estrangeiro fizesse parte.

Na disputa entre EUA e Japão, não se questionava a premissa de que as transações entre partes relacionadas podem estar impactadas pelo relacionamento, mas o critério para descartar operações e a extensão do ônus probatório das partes investigadas. O Órgão de Apelação entendeu que os EUA teriam violado o Acordo Antidumping, porque utilizaram o relacionamento para descartar operações cujos preços de venda entre partes relacionadas implicavam a diminuição da margem de dumping. Segundo a

---

[169] Como a autoridade de defesa comercial americana entendeu que o produtor/exportador japonês era uma parte não cooperativa, aplicou as penalidades impostas às partes que se negam a apresentar informações e calculou a margem de dumping com base em fatos adversos. "Fatos adversos" é um conceito próprio do sistema americano que espelha as consequências do termo "melhor informação disponível" do Acordo Antidumping, mas com um viés declaradamente punitivo.

decisão, os efeitos do relacionamento devem ser tratados de forma objetiva, e um eventual parâmetro para descartar operações entre partes relacionadas não pode ter um viés de majoração da margem de dumping.[170]

Para avaliar o nível de preços entre partes relacionadas e não relacionadas, porém, a autoridade necessita da cooperação da parte investigada. Para evitar os efeitos da aplicação da melhor informação disponível, as empresas produtoras/exportadoras investigadas devem apresentar informações de todas as partes a ela relacionadas e que tenham envolvimento com a produção ou a comercialização do produto, incluindo aqui o fornecimento de insumos, de matérias-primas, de utilidades ou de serviços.

Para o cálculo do preço de exportação, por exemplo, a parte investigada deve aportar todos os dados das empresas relacionadas que participam do processo de comercialização do produto. Isso pode implicar que a empresa exportadora deva apresentar dados de exportação por meio de *trading companies* relacionadas, mesmo que estejam localizadas em terceiros mercados, e dados de revenda do produto importado, quando o importador é relacionado ao produtor estrangeiro investigado. Para o cálculo do valor normal, por sua vez, a empresa deve aportar dados referentes às vendas do produto similar e às aquisições de insumos, quando envolver partes relacionadas.

A apresentação dos dados envolve seguramente um comprometimento maior de dados, elevando-se o ônus probatório dos exportadores. Para que o exportador seja considerado uma parte colaborativa, e faça jus a um cálculo de margem de dumping com base em seus dados primários, todo o grupo econômico pode ser chamado a colaborar com a investigação, sendo, inclusive, objeto de verificação *in loco* ou de outras formas de validação da informação.

---

[170] HEES, Felipe. O conceito de "partes afiliadas" na definição das condições comerciais normais: aspectos técnicos e as negociações na Rodada Doha. *In*: HEES, Felipe; CASTAÑÓN PENHA VALLE, Marília (Org.). *Dumping subsídios e salvaguardas*: revistando aspectos técnicos dos instrumentos de defesa comercial. São Paulo: Singular, 2012. p. 214-215.

Para a validação das informações referentes aos produtores do Grupo McCain, por exemplo, no caso *Batatas congeladas – Alemanha, Bélgica, França e Holanda*,[171] a autoridade investigadora brasileira realizou procedimentos de verificação *in loco* não apenas nas instalações dos produtores na Holanda e na França, mas também no exportador relacionado localizado na Argentina (país não investigado) e no importador relacionado no Brasil.

A aplicação dos fatos disponíveis às partes não cooperativas geralmente implica um resultado menos favorável à parte do que aquele que ocorreria caso ela tivesse cooperado,[172] o que significa que, caso a empresa investigada decida não apresentar dados das suas partes relacionadas, possivelmente terá um resultado menos favorável a todo o grupo econômico.

Em síntese, temos o seguinte cenário em termos de impactos no cálculo da margem de dumping, com suas repercussões específicas supramencionadas em cada um dos itens.

---

[171] BRASIL. Resolução Camex nº 6, de 16 de fevereiro de 2017. *Diário Oficial da União*, 17 fev. 2017.

[172] Disposto no art. 7 do Anexo II ao Acordo Antidumping, que dispõe sobre a aplicação da "melhor informação disponível".

FIGURA 18 – Repercussões específicas do relacionamento
na margem de dumping em cada um dos itens

② CÁLCULO DA MARGEM DE *DUMPING*

- **VALOR NORMAL**
  - AJUSTES NO CÁLCULO DO **CUSTO DE PRODUÇÃO**
  - EXCLUSÃO DAS **OPERAÇÕES DE VENDA** FORA DO CURSO NORMAL DAS ATIVIDADES COMERCIAIS

- **PREÇO DE EXPORTAÇÃO**
  - RECONSTRUÇÃO A PARTIR DO PREÇO DE VENDA DO EXPORTADOR RELACIONADO AO **PRIMEIRO COMPRADOR INDEPENDENTE**
  - RECONSTRUÇÃO A PARTIR DO PREÇO PELO QUAL OS PRODUTOS IMPORTADOS FORAM **REVENDIDOS PELA PRIMEIRA VEZ A UM COMPRADOR INDEPENDENTE**

- **COOPERAÇÃO E DADOS**

Fonte: Elaboração própria.

3.3 Partes relacionadas na análise de uma investigação antidumping: impactos nos indicadores de dano e os efeitos sobre os preços do produto similar no mercado brasileiro (subcotação)

A presente subseção visa a apresentar as repercussões da existência de partes relacionadas na determinação do dano experimentado pela indústria doméstica. Para tanto, divide-se a análise entre os indicadores de dano (3.3.1) e os efeitos sobre os preços do produto similar no mercado brasileiro – subcotação (3.3.2).

FIGURA 19 – Repercussões específicas do relacionamento nos indicadores de dano e os efeitos sobre os preços do produto similar no mercado brasileiro (subcotação)

③

INDICADORES DE DANO E EFEITOS SOBRE PREÇOS DO PRODUTO SIMILAR NO MERCADO BRASILEIRO (SUBCOTAÇÃO)

- INDICADORES DE DANO
- SUBCOTAÇÃO

Fonte: Elaboração própria.

3.3.1 Partes relacionadas na análise de uma investigação antidumping: impactos nos indicadores de dano

De acordo com o art. 30 do Decreto nº 8.058/2013, a determinação de dano material à indústria doméstica será baseada em elementos de prova e incluirá o exame objetivo do volume das importações objeto de dumping, do efeito das importações objeto de dumping sobre os preços do produto similar no mercado brasileiro e o consequente impacto de tais importações sobre a indústria doméstica.

Nos termos do §3º do art. 30 do Decreto nº 8.058/2013, o exame do impacto das importações objeto de dumping sobre a indústria doméstica incluirá avaliação de todos os fatores e índices econômicos pertinentes relacionados com a situação da referida indústria, inclusive queda real ou potencial das vendas, dos lucros, da produção, da participação no mercado, da produtividade, do retorno sobre os investimentos e do grau de utilização da capacidade instalada. Ademais, consideram-se os fatores que afetam os preços domésticos, incluindo a amplitude da margem de dumping, além dos efeitos negativos reais ou potenciais sobre o fluxo de caixa, estoques, emprego, salários, crescimento da indústria doméstica e capacidade de captar recursos ou investimentos.

As disposições constantes do Decreto nº 8.058/2013, espelham o art. 3.4 do Acordo Antidumping da OMC, que enumera os elementos que devem compor a determinação de dano, ainda que a lista apresentada no artigo não seja exaustiva:

> Artigo 3.4
> O exame do impacto das importações a preços de dumping sobre a indústria nacional correspondente deverá incluir avaliação de todos os fatores e índices econômicos relevantes que tenham relação com a situação da referida indústria, inclusive queda real ou potencial das vendas, dos lucros, da produção, da participação no mercado, da produtividade, do retorno dos investimentos ou da ocupação, da capacidade instalada, fatores que afetem os preços internos, a amplitude da margem de dumping, efeitos negativos reais ou potenciais sobre o fluxo de caixa, estoques, emprego, salários, crescimento, capacidade para aumentar capital ou obter investimentos. A enumeração acima não

é exaustiva, nem poderão tais fatores isoladamente ou em conjunto ser tomados necessariamente como indicação decisiva.

A parte final do art. 3.4, também reproduzida no §4º do art. 30 do Decreto nº 8.058/2013, dispõe que nenhum dos fatores ou índices econômicos referidos na norma, isoladamente ou em conjunto, será necessariamente capaz de conduzir a conclusão decisiva a respeito do dano experimentado pela indústria doméstica. A lista de fatores que devem compor a determinação de dano é extensa, e não há preponderância de um fator sobre outro. Ademais, o Acordo Antidumping da OMC indica que a conclusão sobre a ocorrência de dano é avaliada por meio de uma análise geral dos indicadores, na medida em que os fatores isoladamente ou em conjunto não podem ser necessariamente tomados como indicação decisiva.

Isso não obstante, analisando a experiência consolidada da autoridade de defesa comercial brasileira, é possível dizer que os indicadores mais relevantes para a determinação de dano possuem relação com volume (volume de vendas, de produção, de estoque, participação de mercado) ou com lucratividade (preços, relação custo-preço, montante de lucros e margens de lucro). Diante disso, cumpre avaliar: quais seriam as repercussões do relacionamento entre agentes econômicos no tratamento dos dados da indústria doméstica que virão a compor a análise de dano na investigação antidumping?

Não há previsão normativa, seja no Acordo Antidumping, seja no Decreto nº 8.058/2013, sobre o relacionamento entre agentes econômicos e sua consequência para o tratamento dos dados da indústria doméstica. Tais consequências, no entanto, podem ser identificadas na prática da autoridade de defesa comercial brasileira. Isso porque o relacionamento entre a indústria doméstica e seus parceiros comerciais pode levantar dúvida sobre as transações entre as partes relacionadas, principalmente com relação aos preços praticados e o consequente impacto na rentabilidade dessas operações.

Quando são analisados os preços praticados pela indústria doméstica das vendas do produto similar, o relacionamento entre a produtora e seus clientes podem distorcer o cenário analisado. As operações entre partes relacionadas passam, assim, a ser analisadas com certa desconfiança, similarmente ao que acontece quando se trata de operações entre partes relacionadas estrangeiras (*vide* subseção 3.2.2 deste livro). E isso porque o preço praticado em transações entre partes associadas muitas vezes não reflete o preço de mercado, conforme já descrito.

A fim de endereçar essa questão, e ciente de que a normativa brasileira exige que sejam apresentados, entre outros, os dados de venda do produto similar de fabricação própria, a partir desses dados a autoridade investigadora avalia os indicadores de volume, de preço, de faturamento e de margem de lucro. Quando as transações da indústria doméstica ocorrem por meio de uma parte relacionada, o preço da transação pode não ser confiável, por se tratar, em certos casos, de preço de transferência, incompatível com o preço praticado pela produtora no mercado. Um preço mais baixo praticado entre partes relacionadas pode não ser um indicativo de pressão geral sobre os preços da indústria doméstica, mas sim de uma decisão do grupo empresarial de distribuição de custos e de lucros entre suas empresas.

Importante ressaltar que o relacionamento não necessariamente implicará um rebaixamento geral dos preços de venda da indústria doméstica para a parte relacionada, de forma a apresentarem-se transações menos lucrativas, e, portanto, que agravariam o cenário de dano à indústria doméstica. A indústria doméstica pode, por exemplo, realizar vendas a preços mais elevados para suas partes relacionadas, justamente por conta de uma decisão do grupo empresarial de distribuição de custos e de lucros entre suas empresas. Assim, não há um direcionamento único dos possíveis impactos do relacionamento entre a indústria doméstica e seus clientes. Por essa razão, a autoridade deve solicitar informações sobre as transações entre partes relacionadas para avaliar o real cenário de dano observado pela indústria doméstica. Caso as transações entre a indústria doméstica e suas partes relacionadas ocorram em níveis de preço inferiores às demais transações, a lucratividade da indústria doméstica poderá estar subdimensionada. Num cenário inverso, pode haver uma decisão do grupo econômico de remuneração à unidade produtora em preços acima do preço de mercado, de forma que o tratamento dos dados poderia indicar um cenário de dano ainda mais grave, quando se ajustasse a análise, desconsiderando as transações entre partes relacionadas.

Ainda que não haja previsão no Acordo Antidumping ou no Decreto nº 8.058/2013, é possível identificar, pela prática da autoridade investigadora brasileira, o questionamento às empresas que compõem a indústria doméstica se o relacionamento impacta a precificação do produto similar comercializado entre as partes relacionadas, para avaliar se os indicadores de dano podem ser analisados por meio dos dados por elas apresentados. O questionamento visa, fundamentalmente, a compreender o cenário de dano apresentado pela indústria doméstica.

No caso *Borracha NBR – Coreia do Sul e França*,[173] por exemplo, a peticionária realizava vendas tanto para partes independentes quanto para quatro partes relacionadas. Segundo a peticionária, as vendas para duas dessas partes relacionadas seriam equiparadas às vendas para clientes não relacionados, inclusive no que se refere ao preço. As vendas entre partes relacionadas foram comparadas com as vendas da peticionária a partes não relacionadas, a fim de confirmar a informação apresentada pela peticionária. Para duas dessas empresas, os preços foram compatíveis com os preços realizados nas transações entre partes independentes. Essas vendas foram, então, equiparadas a vendas a partes independentes e foram incorporadas na análise de dano.

Ademais, a partir da base de dados fornecida pela peticionária e validada pela equipe técnica no curso da verificação *in loco*, foram realizados exercícios nos quais não foram constatadas diferenças significativas[174] entre os preços praticados para a R&D Internacional e Nitriflex Distribuidora em comparação às demais empresas independentes.

Logo, considerou-se apropriada a sugestão da forma de apresentação dos dados feita pela peticionária, equiparando as vendas para as partes relacionadas, R&D Internacional e Nitriflex Distribuidora, como vendas para clientes não relacionados.[175]

---

[173] BRASIL. Resolução nº 53, de 10 de agosto de 2018. *Diário Oficial da União*, 13 ago. 2018.

[174] A diferença entre os preços não foi revelada pela autoridade nos documentos públicos, não havendo publicidade com relação ao parâmetro considerado para determinar quando as vendas entre partes relacionadas poderiam ser consideradas para fins de determinação de dano.

[175] BRASIL. Resolução nº 53, de 10 de agosto de 2018. *Diário Oficial da União*, 13 ago. 2018.

Já as vendas para as outras duas partes relacionadas, conforme afirmado pela própria peticionária, ocorreriam apenas no plano jurídico, com preço menor do que aquele praticado para clientes não relacionados. A autoridade, então, realizou comparação entre os preços de venda para essas duas partes e para clientes independentes e constatou que a diferença era significativa,[176] e que, portanto, esses dados não poderiam ser utilizados para determinação de dano. Importante mencionar que a variação do preço e a determinação do que pode ser considerado "significativo"[177] para motivar a substituição da informação tampouco estão previstas na norma. Para as vendas da indústria doméstica para essas duas partes relacionadas, a autoridade investigadora brasileira decidiu analisar as vendas dessas empresas para o primeiro cliente não relacionado, desconsiderando as operações entre partes relacionadas: "Assim, a fim de não contabilizar, duplamente, as vendas da peticionária para essas duas partes relacionadas e aquelas faturadas por essas empresas para os consumidores, foram consideradas apenas as operações destinadas aos clientes finais".[178]

A autoridade de defesa comercial brasileira justificou, no caso *Borracha NBR – Coreia do Sul e França*, a utilização das operações da parte relacionada para o cliente final (e não o dado da peticionária para sua relacionada), porque entendeu que esses dados permitiriam uma avaliação dos indicadores da indústria doméstica de forma mais adequada:

> Entendeu-se que levar em conta os preços mais reduzidos praticados pela peticionária para suas partes relacionadas poderia "agravar" ou

---

[176] A diferença entre os preços não foi revelada pela autoridade nos documentos públicos, não havendo publicidade com relação ao parâmetro considerado para determinar quando as vendas entre partes relacionadas poderiam ser consideradas para fins de determinação de dano.

[177] Como explicitado na subseção 1.2, o art. 14, §6º, do Decreto nº 8.058/2013, ao tratar da identificação de operações comerciais normais para fins de cálculo do valor normal, contém uma regra similar, segundo a qual, para que possam ser consideradas operações normais, as variações de preços nas transações entre partes relacionadas devem estar em um intervalo de três por cento com relação ao preço médio ponderado de venda da parte para todas as partes que não tenham tais vínculos entre si. É difícil tecer paralelos entre operações normais, conceito aplicável somente às operações do exportador investigado, e outras situações referentes às vendas da indústria doméstica, mas o parâmetro de comparação de preço poderia ser utilizado de empréstimo.

[178] BRASIL. Resolução nº 53, de 10 de agosto de 2018. *Diário Oficial da União*, 13 ago. 2018.

até mesmo "criar" uma situação de dano que não seria constatada na realidade. Nesse sentido, a autoridade investigadora julgou apropriada a consideração das operações destinadas aos clientes finais, para fins de análise de dano, já que estas refletem os montantes efetivamente recebidos pela Nitriflex em suas vendas de NBR no mercado interno, demonstrando a situação de fato enfrentada pela empresa.[179]

Nesse caso, a autoridade de defesa comercial brasileira entendeu que não poderia chegar a uma conclusão confiável sobre o cenário de dano da indústria doméstica sem analisar os dados de venda da produtora para duas de suas relacionadas. Essas empresas relacionadas correspondiam a distribuidoras, que revendiam o produto de fabricação da empresa do mesmo grupo econômico. Para garantir a confiabilidade da informação e avaliar o desempenho da indústria doméstica, partiu-se então do preço de revenda dessas duas empresas afiliadas ao primeiro comprador independente. Adotou-se, como ficção jurídica, que não haveria transação de venda entre as partes relacionadas, e trataram-se as empresas relacionadas como extensão da produtora doméstica. Segundo os termos da autoridade de defesa comercial, utilizar os dados de venda a preços distorcidos pelo relacionamento entre as partes poderia "agravar" ou até mesmo "criar" uma situação de dano que não seria constatada na realidade.

O que motivou, portanto, a desconsideração das vendas da indústria doméstica e sua substituição pelas vendas pela parte relacionada ao cliente final não relacionado foi a constatação de que o relacionamento modificou as condições de aperfeiçoamento dos negócios e de que os preços praticados não seriam equivalentes a transações entre partes independentes.

O exemplo mencionado explicita que o relacionamento entre os agentes econômicos não traz uma presunção absoluta a respeito do tratamento a ser dispensado às operações. Tanto o é que a autoridade tomou decisões diferentes para as vendas da indústria doméstica e suas quatro relacionadas nessa investigação. Para duas das quatro empresas, a autoridade entendeu que o relacionamento não impactava o preço e as condições de venda,

---

[179] BRASIL. Resolução nº 53, de 10 de agosto de 2018. *Diário Oficial da União*, 13 ago. 2018.

e, portanto, as considerou nos dados utilizados para determinação do dano. Enquanto para as outras duas partes relacionadas, concluiu-se que o relacionamento impactava a formação de preços, e, portanto, buscou substituir as transações pelas vendas do grupo ao cliente final.

A construção dessa posição decorre da necessidade de se chegar a uma conclusão sobre os indicadores da indústria doméstica com fidedignidade e confiabilidade, o que evidencia que o relacionamento pode trazer impactos para a análise do dano em investigações antidumping.

Com base na pesquisa empírica realizada para fins do presente livro, que analisou o tema das partes relacionadas com base nas decisões de aplicação de medidas antidumping decorrentes de investigações originais, cujos procedimentos foram conduzidos ao amparo do Decreto nº 8.058/2013 e cujas decisões foram publicadas até abril de 2020[180] (*vide Anexo I – Investigações antidumping originais regidas pelo Decreto nº 8.058/2013 (2013/2020)*), constatou-se que dos 30 (trinta) processos administrativos com investigações antidumping originais, previamente selecionados, 23 (vinte e três) possuem partes relacionadas. Entre esses, não foram identificados casos em que houve a repercussão do relacionamento nos indicadores de dano.

3.3.2 Partes relacionadas na análise de uma investigação antidumping: efeitos sobre os preços do produto similar no mercado brasileiro (subcotação)

De acordo com o art. 30, II, do Decreto nº 8.058/2013, a determinação de dano material à indústria doméstica será baseada em elementos de prova e incluirá, entre outros, o exame

---

[180] O referido decreto entrou em vigor em 1º.10.2013, mas nos termos da norma transitória prevista em seu art. 197, as investigações e as revisões cujas petições tenham sido protocoladas até a entrada em vigor do Decreto nº 8.058/2013 continuariam a ser regidas pelo Decreto nº 1.602, de 1995.

objetivo do efeito das importações objeto de dumping sobre os preços do produto similar no mercado brasileiro. Para avaliar o efeito das importações sobre os preços do produto similar, deve-se examinar se houve subcotação significativa do preço das importações objeto de dumping em relação ao preço do produto similar no Brasil.

A análise de subcotação consiste na comparação entre o preço do produto importado, internalizado no Brasil, e o preço do produto similar fabricado pela indústria doméstica. O preço do produto similar fabricado pela indústria doméstica estará subcotado quando o preço do produto investigado for inferior ao seu preço de venda. Esse é um indicativo de uma possível pressão sobre os preços da indústria doméstica, que pode decidir diminuir seus preços para competir com o produto estrangeiro exportado a preço de dumping.

Quando o produtor/exportador mantiver presença comercial no país importador, deve-se avaliar com atenção especial os níveis de comércio e os canais de distribuição, para que a comparação entre o produto importado e o produto similar nacional seja realizada adequadamente. O exame de subcotação deverá ser realizado entre transações comparáveis, avaliando-se o modelo de produto, a categoria de cliente, os níveis de comércio, os canais de distribuição, entre outras variáveis. Para avaliar o efeito sobre o preço da indústria doméstica, deve-se identificar as características que permitam uma comparação adequada entre o produto nacional e o produto importado.

Nesse sentido, para avaliar a subcotação de maneira adequada é necessário analisar as condições de concorrência entre os produtos, determinando vários aspectos, inclusive os níveis de comércio e os canais de distribuição, que serão modificados pela presença em território nacional de uma parte relacionada do produtor/exportador investigado. O importador relacionado pode, por exemplo, atuar como um representante comercial, como um distribuidor ou como empresa varejista ou atacadista. Compreender a atuação da empresa relacionada no processo de venda é essencial para se determinar como realizar a subcotação e avaliar os efeitos das importações objeto de dumping sobre os preços do produto similar no mercado brasileiro.

Com base na pesquisa empírica realizada para fins do presente livro, que analisou o tema das partes relacionadas com base nas decisões de aplicação de medidas antidumping decorrentes de investigações originais, cujos procedimentos foram conduzidos ao amparo do Decreto nº 8.058/2013 e cujas decisões foram publicadas até abril de 2020[181] (*vide Anexo I – Investigações antidumping originais regidas pelo Decreto nº 8.058/2013 (2013/2020)*), constatou-se que dos 30 (trinta) processos administrativos com investigações antidumping originais, previamente selecionados, 23 (vinte e três) possuem partes relacionadas. Entre esses, não foram identificados casos em que houve a repercussão do relacionamento nos indicadores de dano.

3.4 Partes relacionadas e as repercussões na determinação final de aplicação da medida antidumping

A presente subseção visa a apresentar as repercussões da existência de partes relacionadas na determinação da medida antidumping. Para tanto, divide-se a análise entre as repercussões do relacionamento para fins da aplicação de uma única medida antidumping para todo o grupo empresarial exportador (3.4.1) e a avaliação da eficácia dos compromissos de preços em casos de partes relacionadas (3.4.2).

---

[181] O referido decreto entrou em vigor em 1º.10.2013, mas nos termos da norma transitória prevista em seu art. 197, as investigações e as revisões cujas petições tenham sido protocoladas até a entrada em vigor do Decreto nº 8.058/2013 continuariam a ser regidas pelo Decreto nº 1.602, de 1995.

FIGURA 20 – Repercussões específicas do relacionamento
na aplicação da medida antidumping

APLICAÇÃO DA MEDIDA *ANTIDUMPING*

- TODO O GRUPO EXPORTADOR
- COMPROMISSOS DE PREÇOS

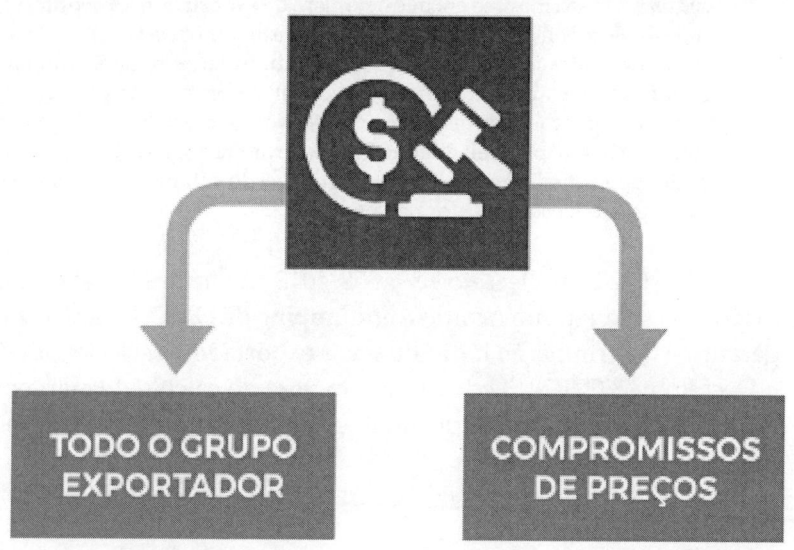

Fonte: Elaboração própria.

3.4.1 A aplicação da medida antidumping para todo o grupo empresarial exportador em casos de partes relacionadas

A prática de discriminação de preços possui natureza privada e individual, razão pela qual o art. 6.10 do Acordo Antidumping da OMC determina que seja, preferencialmente, apurada a prática de dumping para cada produtor/exportador conhecido. Quando, porém, o número de exportadores sob investigação for tão grande que torne impraticável a determinação individual, as autoridades de defesa comercial podem limitar o número de exportadores e selecionar as empresas para as quais serão calculadas margens individuais.

Apesar de não definir como será feita a seleção, o Acordo Antidumping da OMC indica que deve ser garantida uma amostragem estatisticamente válida ou que se investigue o maior percentual de exportações do país investigado.

> Artigo 6.10
> *Por princípio geral, as autoridades deverão determinar a margem individual de* dumping *para cada exportador ou produtor singular conhecido do produto sob investigação*. No caso em que o número de exportadores, produtores, importadores ou tipos de produtos sob investigação seja tão grande que torne impraticável tal determinação, as autoridades poderão limitar-se a examinar quer um número razoável de partes interessadas ou produtos, por meio de *amostragem estatisticamente válida* com base nas informações disponíveis às autoridades no momento da seleção, quer o maior percentual razoavelmente investigável do volume de exportações do país em questão. (Grifos nossos)

O art. 28 do Decreto nº 8.058/2013 incorpora e detalha o dispositivo presente no Acordo Antidumping da OMC. Para além de garantir a determinação individual aos exportadores selecionados, o Decreto nº 8.058/2013 criou uma hipótese de cálculo de margem de dumping e de aplicação de direitos antidumping a exportadores relacionados:

> Art. 28. [...]
> §9º Para fins de determinação de margem individual de dumping e de aplicação de direitos antidumping, pessoas jurídicas distintas *poderão ser tratadas como um único produtor ou exportador quando demonstrado que a relação estrutural e comercial das entidades entre si, ou com uma terceira entidade, é próxima o suficiente*. (Grifos nossos)

Essa norma do Decreto nº 8.058/2013, conhecida como "colapsar" a margem de dumping, inexistente no Acordo Antidumping da OMC, possui múltiplos propósitos: (i) permitir a participação do maior número possível de exportadores na investigação; (ii) permitir que um exportador possa gozar de um direito antidumping individualizado; e (iii) garantir a efetividade da medida.

Quanto ao propósito (i) de permitir a participação do maior número possível de exportadores na investigação, quando diversos exportadores são tratados como um único exportador, a autoridade pode reunir em uma única resposta e empreender uma única análise dados de empresas diferentes. Ao assim proceder, a autoridade pode melhor gerenciar as informações e garantir maior participação de exportadores ou selecionar o grupo econômico exportador mais representativo, ainda que suas exportações estejam divididas por diversas empresas relacionadas.

Como consequência, alcança-se o propósito (ii) de permitir que um exportador possa gozar de um direito antidumping individualizado, já que a margem de dumping calculada e o direito antidumping aplicado, ainda que estejam baseados em informações de parte do grupo, podem ser aproveitados para outros exportadores do mesmo grupo, fazendo com que um exportador inicialmente não selecionado possa gozar de um direito antidumping individualizado.

Assim, considerando que o direito antidumping aplicado aos produtores não conhecidos está vinculado às determinações com base nos fatos disponíveis, segundo Fonseca,[182] e que isso tende a representar uma desvantagem à empresa, na medida em que o direito antidumping aplicado com base nos fatos disponíveis será, via de regra, superior ao direito antidumping aplicável com base nos dados das empresas exportadoras, o cálculo do direito para todo o grupo pode ser uma alternativa importante para permitir que o exportador goze de um direito antidumping individualizado.

Em *Corpos Moedores – Índia*,[183] por exemplo, a empresa exportadora pertencia a um grupo econômico, do qual participavam outras empresas produtoras do mesmo produto. Essas outras empresas não haviam exportado para o Brasil no período de investigação de dumping, de forma que uma exportação futura dessa empresa seria gravada por um direito antidumping não individualizado, atribuído às demais empresas, possivelmente de valor superior. Para evitar tal situação, o grupo exportador solicitou que o direito aplicado e calculado com base nos dados de uma única empresa fosse estendido às demais empresas do grupo. Nesse caso, portanto, apesar de os cálculos de margem de dumping terem sido

---

[182] FONSECA, Marco César Saraiva da. Aplicação do direito antidumping – O conceito de "all others rate". *In*: HEES, Felipe; CASTAÑÓN PENHA VALLE, Marília (Org.). *Dumping subsídios e salvaguardas*: revistando aspectos técnicos dos instrumentos de defesa comercial. São Paulo: Singular, 2012. p. 293.

[183] BRASIL. Resolução nº 40, de 18 de junho de 2018. *Diário Oficial da União*, 19 jun. 2018.

efetuados com base em dados de uma única empresa, o direito antidumping calculado para esta empresa foi aproveitado por outra empresa do grupo. Assim, a margem de dumping e o direito antidumping foram calculados com base em dados de uma única empresa exportadora, tendo sido estendidos, a pedido do próprio exportador, a outra empresa do grupo que não havia exportado para o Brasil.

Importante destacar que essa possibilidade de extensão do direito antidumping às demais empresas do grupo sem a participação na investigação só é possível quando tais empresas não foram exportadoras ao longo do período de investigação. Caso contrário, ou seja, caso fossem empresas exportadoras e que, caso demandado pela autoridade de defesa comercial, tivessem se recusado a colaborar, seriam aplicados os fatos disponíveis para todo o grupo econômico, diante da recusa de apresentação das informações, conforme descrito na subseção 3.2.3, sobre as repercussões processuais da cooperação e da apresentação de dados.

Em *Vidros Automotivos – China*,[184] por sua vez, o cálculo da margem de dumping e do direito recomendado considerou dados de empresas distintas, mas pertencentes ao mesmo grupo. Neste caso, não houve a mera atribuição de um direito calculado com base em dados de uma empresa a outra do grupo, mas se consideraram os dados de ambas as empresas exportadoras como se um único exportador fosse.

Por fim, registre-se que a previsão para "colapsar" a margem de dumping prevista no Decreto nº 8.058/2013 possui uma preocupação com (iii) a efetividade da medida. Isso porque um grupo econômico que exporte para o país por meio de várias exportadoras poderia manipular o resultado, garantindo a resposta de certos agentes ou concentrando suas operações de exportação após a aplicação da medida para aquelas empresas que obtiveram tratamento mais vantajoso. Assim, o art. 28 do Decreto nº 8.058/2013 permite o cálculo unificado da margem de dumping e do direito

---

[184] BRASIL. Resolução Camex nº 5, de 16 de fevereiro de 2017. *Diário Oficial da União*, 17 fev. 2017.

antidumping para grupos empresariais quando a relação estrutural e comercial das entidades entre si, ou com uma terceira entidade, é "próxima o suficiente". Ademais, o dispositivo também permite que o direito calculado a determinada empresa seja estendido a outras empresas relacionadas que não tenham exportado ao longo do período de investigação, como identificado no caso mencionado da empresa indiana que solicitou a extensão da medida aplicada a outra empresa do grupo que não havia exportado para o Brasil o produto investigado durante o período considerado.

Com base na pesquisa empírica realizada para fins do presente livro, que analisou o tema das partes relacionadas com base nas decisões de aplicação de medidas antidumping decorrentes de investigações originais, cujos procedimentos foram conduzidos ao amparo do Decreto nº 8.058/2013 e cujas decisões foram publicadas até abril de 2020[185] (vide *Anexo I – Investigações antidumping originais regidas pelo Decreto nº 8.058/2013 (2013/2020)*), constatou-se que dos 30 (trinta) processos administrativos com investigações antidumping originais, previamente selecionados, 23 (vinte e três) possuem partes relacionadas. Fez-se uma análise mais minuciosa, considerando a origem dos produtos, uma vez que as medidas antidumping são referentes a cada origem. Dessa forma, passa-se a 34 (trinta e quatro) origens, pois a investigação de um único produto analisa a sua importação decorrente de diversos países. Entre esses, constatou-se que em 55% (cinquenta e cinco por cento) das investigações, ou seja, em 19 (dezenove) origens analisadas foram identificados grupos de empresa (*vide Anexo VI – Impacto do relacionamento sobre a determinação final das medidas antidumping*).

---

[185] O referido decreto entrou em vigor em 1º.10.2013, mas nos termos da norma transitória prevista em seu art. 197, as investigações e as revisões cujas petições tenham sido protocoladas até a entrada em vigor do Decreto nº 8.058/2013 continuariam a ser regidas pelo Decreto nº 1.602, de 1995.

GRÁFICO 5 – Impacto do relacionamento diante
da existência de grupo empresarial

Existência de grupo

55,88%

19 de 34 origens

3.4.2 Eficácia dos compromissos de preços em casos de partes relacionadas

Quando se fala em medidas antidumping, está-se falando de um gênero que abrange duas espécies: (i) os direitos antidumping e (ii) os compromissos de preço. Enquanto o direito antidumping consiste numa espécie de sobretaxa cobrada nas importações, o compromisso de preço constitui um acordo de condições de exportação cujo elemento principal é a definição de um preço mínimo que seja suficiente para neutralizar o dumping ou eliminar o dano à indústria doméstica causado pelas importações a preço de dumping.

Nos termos dos arts. 67 a 71 do Decreto nº 8.058/2013, compromissos de preços consistem em acordos voluntários assumidos pelo produtor ou exportador estrangeiro, no qual este se compromete a revisar seus preços de exportação com o intuito de evitar a cobrança de direito antidumping. O compromisso de preços, no entanto, tende a ser um instrumento complexo, e as condições para que seja considerado satisfatório para a neutralização do dumping ou eliminação do dano à indústria doméstica não se restringe apenas ao preço compromissado. Outras questões devem ser levadas em consideração para garantir o cumprimento do acordo e sua efetividade.

A celebração do compromisso constitui um exercício de vontade dos exportadores e da Administração Pública, na medida em que o compromisso não pode ser imposto pela autoridade, nem consiste num direito do exportador. A autoridade pode recusar ofertas de compromissos de preços consideradas ineficazes ou impraticáveis, nos termos do §10 do art. 67 do Decreto nº 8.058, de 2013, ou ainda por outras razões de política geral, de acordo com o art. 8.3 do Acordo Antidumping, que foi internalizado na legislação brasileira, mediante aprovação via Decreto Legislativo nº 30, de 15.12.1994, e promulgação pelo Decreto nº 1.355, de 30.12.1994, possuindo, portanto, *status* de lei no Brasil.

O Acordo Antidumping da OMC não detalha as hipóteses em que os compromissos de preço possam ser considerados ineficazes ou impraticáveis, apresentando, em seu art. 8.3, como exemplo da recusa dos compromissos, a existência de número excessivo de exportadores efetivos ou potenciais, além de outras razões, inclusive de princípios de política geral.

> Artigo 8.3
> As autoridades não precisam aceitar ofertas de compromissos sobre preços se consideram que sua aceitação seria ineficaz como, por exemplo, no caso de o número de exportadores efetivos ou potenciais ser excessivamente elevado ou, por outras razões, entre as quais a existência de princípios de política geral.

A norma brasileira detalha, ainda que não de forma exaustiva,[186] os elementos que se considera quando da recusa do compromisso de

---

[186] Marília Castañón Penha Valle discorda desta posição. Para a autora, a normativa brasileira (Decreto nº 8.058/2013) teria tratado a matéria de forma mais restrita, admitindo a recusa de uma oferta de compromisso de preços apenas se a autoridade de defesa comercial considerar o compromisso ineficaz. Para ela, a normativa brasileira não admite a recusa de oferta de compromisso de preço por razões de política geral (CASTAÑÓN PENHA VALLE, Marília. Compromissos de preços: uma breve análise das dificuldades para sua implementação. *In*: HEES, Felipe; CASTAÑÓN PENHA VALLE, Marília (Org.). *Dumping subsídios e salvaguardas*: revistando aspectos técnicos dos instrumentos de defesa comercial. São Paulo: Singular, 2012. p. 378-379). Discordamos da opinião da autora, por entender que as considerações de política geral podem ser usadas, inclusive, para motivar a impraticabilidade da celebração do compromisso de preços. Outra evidência é o fato de o §13 do mesmo artigo indicar predisposição mais favorável à celebração de compromissos de preços com produtores ou exportadores estabelecidos nos parceiros comerciais dos Estados-Partes do Mercosul. Se a possibilidade de recusa se limitasse à ineficácia ou à impraticabilidade (não estendendo o conceito de impraticabilidade às considerações de

preços. As propostas podem ser consideradas impraticáveis, entre outras razões, caso seja julgado excessivo o ônus financeiro (devido à renúncia da cobrança do direito) ou ainda seja julgado excessivo o ônus operacional de elaborar determinações preliminares, negociar propostas de compromisso de preços e posteriormente acompanhar o cumprimento de eventual compromisso de preços pelos exportadores signatários, o que envolve, além da obrigação de praticar o preço mínimo, quaisquer outras obrigações acessórias que a autoridade considere necessárias para neutralizar o dano à indústria doméstica. Ademais, o art. 67, §11, do Decreto nº 8.058/2013 dispõe que a existência de associação ou relacionamento entre partes interessadas pode embasar a decisão de se recusar uma oferta de compromisso de preços. Isso se dá porque o relacionamento entre partes interessadas pode tornar o compromisso de preço ineficaz ou impraticável.

> Art. 67. [...]
> §11. Na decisão de recusa a que faz referência o §10, deverão ser levados em consideração, entre outros, o grau de homogeneidade do produto, o número de ofertas de compromissos de preços *e a existência de associação ou relacionamento entre partes interessadas, tal qual definido no §10 do art. 14*. (Grifos nossos)

Quando as exportações do produtor estrangeiro, por exemplo, são realizadas por meio de um exportador relacionado, o preço realizado entre as partes relacionadas não deve servir de parâmetro para a determinação do preço mínimo do compromisso. Isso porque o compromisso, para ser eficaz, deve envolver o exportador estrangeiro, e o preço a ser monitorado deve ser o preço que o grupo realiza em suas exportações para o Brasil para partes autônomas. Por exemplo, caso o produtor realizasse vendas a uma empresa relacionada a preço acima do preço mínimo acordado, mas essa segunda empresa direcionasse o produto para o Brasil a um preço inferior àquele acordado, o compromisso seria ineficaz. Uma oferta de compromisso que não envolva a parte relacionada exportadora, portanto, tende a ser recusada pela autoridade em razão da ineficácia do compromisso proposto.

---

política geral), não haveria espaço para tratamento privilegiado para os produtores ou os exportadores dos Estados-Partes do Mercosul.

Outro exemplo, quando as exportações do produtor estrangeiro são realizadas com a participação de um importador localizado no Brasil e que seja relacionado ao produtor estrangeiro, observa-se uma situação semelhante de impossibilidade de tal preço servir de parâmetro. Isso porque o grupo econômico pode dar cumprimento apenas formal ao compromisso, declarando um preço de exportação que esteja de acordo com o compromisso, mas o importador relacionado pode realizar as revendas no país a um preço incompatível com as operações de importação. Nesse caso, o compromisso só poderia ser eficaz se também envolvesse o importador relacionado, de modo que o compromisso conteria tanto o preço de exportação para o Brasil como o preço de revenda do importador relacionado no mercado brasileiro.

No caso *Batatas congeladas – Alemanha, Bélgica, França e Holanda*,[187] as empresas do grupo McCain firmaram um compromisso de preços que envolvia tanto os produtores estrangeiros como suas partes relacionadas exportadoras e importadoras. As produtoras estavam localizadas na França e na Holanda, e suas exportações eram realizadas por meio de *trading company* localizada na Argentina ou por meio de importador relacionado localizado no Brasil. O texto do compromisso incluiu cláusulas específicas para os diferentes canais de distribuição, levando-se em consideração as características do relacionamento entre as produtoras localizadas na França e na Holanda, bem como a exportadora na Argentina e a importadora brasileira.

Em *Chapas off-set – China, EUA, Hong Kong, Taipé Chinês e União Europeia*,[188] por sua vez, o Grupo Synthos, por meio da Synthos Dwory e Synthos Kralupy, apresentou proposta de compromisso de preços. No entanto, devido à ineficácia da oferta para eliminar o dumping e o dano à indústria doméstica, a proposta de compromisso de preços foi negada. Assim, em que pese não seja um impeditivo para se celebrar o compromisso de preços, o relacionamento entre partes interessadas pode ser um elemento complicador, porque podem surgir oportunidades de exportação para o Brasil que

---

[187] BRASIL. Resolução Camex nº 6, de 16 de fevereiro de 2017. *Diário Oficial da União*, 17 fev. 2017.

[188] BRASIL. Resolução Camex nº 9, de 4 de março de 2015. *Diário Oficial da União*, 5 mar. 2015.

impactem a efetividade da medida e que não constituam uma violação dos termos acordados.

Assim, constata-se que, quando celebrado o compromisso de preços com um produtor estrangeiro que realize operações de exportação com a participação de empresas associadas ou relacionadas, a inclusão dessas empresas no instrumento do acordo é relevante. Como a celebração do acordo constitui um exercício de vontade entre o exportador e o Estado brasileiro, e como a validade do acordo pressupõe o compromisso de cooperação durante a sua vigência por meio de relatórios de monitoramento e com a possibilidade de se realizar a comprovação das informações apresentadas, deve-se avaliar se todas as partes relacionadas que atuam na operação estão incluídas na proposta para que o compromisso possa ser considerado pela autoridade de defesa comercial e as negociações possam ser iniciadas. Caso contrário, a ausência das partes relacionadas pode prejudicar a eficácia do compromisso de preços.

Com base na pesquisa empírica realizada para fins do presente livro, que analisou o tema das partes relacionadas com base nas decisões de aplicação de medidas antidumping decorrentes de investigações originais, cujos procedimentos foram conduzidos ao amparo do Decreto nº 8.058/2013 e cujas decisões foram publicadas até abril de 2020[189] (*vide Anexo I – Investigações antidumping originais regidas pelo Decreto nº 8.058/2013 (2013/2020)*), constatou-se que dos 30 (trinta) processos administrativos com investigações antidumping originais, previamente selecionados, 23 (vinte e três) possuem partes relacionadas. Fez-se uma análise mais minuciosa, considerando a origem dos produtos, uma vez que as medidas antidumping são referentes a cada origem. Dessa forma, passa-se a 34 (trinta e quatro) origens, pois a investigação de um único produto analisa a sua importação decorrente de diversos países. Entre esses, constatou-se que em 11% (onze por cento), ou seja, em 4 (quatro) origens das 34 analisadas houve a repercussão do relacionamento nos

---

[189] O referido decreto entrou em vigor em 1º.10.2013, mas nos termos da norma transitória prevista em seu art. 197, as investigações e as revisões cujas petições tenham sido protocoladas até a entrada em vigor do Decreto nº 8.058/2013 continuariam a ser regidas pelo Decreto nº 1.602, de 1995.

compromissos de preços (*vide Anexo VI – Impacto do relacionamento sobre a determinação final das medidas antidumping*).

GRÁFICO 6 – Impacto do relacionamento no compromisso de preços

Impacto do relacionamento no compromisso de preços

11,76%

4 de 34 origens

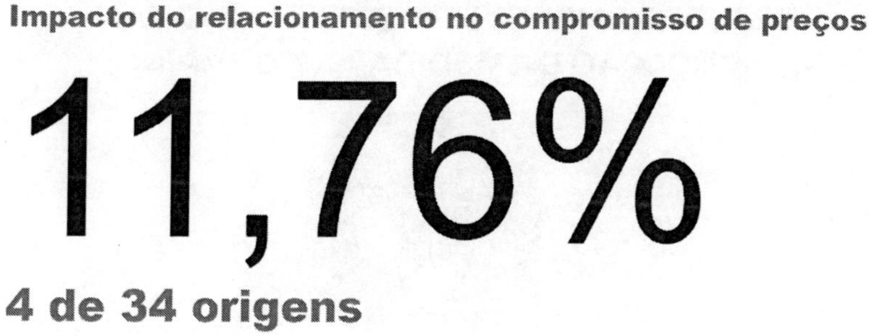

Fonte: Elaboração própria.

3.5 Partes relacionadas na análise dos desdobramentos processuais após a aplicação de uma medida antidumping

A presente seção visa a apresentar as repercussões processuais da existência de partes relacionadas após a aplicação de uma medida antidumping. Para tanto, divide-se a análise das repercussões do relacionamento para fins da revisão anticircunvenção (3.5.1), da revisão de novo exportador (3.5.2) e da revisão de restituição (3.5.3).

FIGURA 21 – Repercussões específicas do relacionamento nos desdobramentos após a aplicação da medida antidumping

⑤

DESDOBRAMENTOS PROCESSUAIS APÓS A APLICAÇÃO DA MEDIDA *ANTIDUMPING*

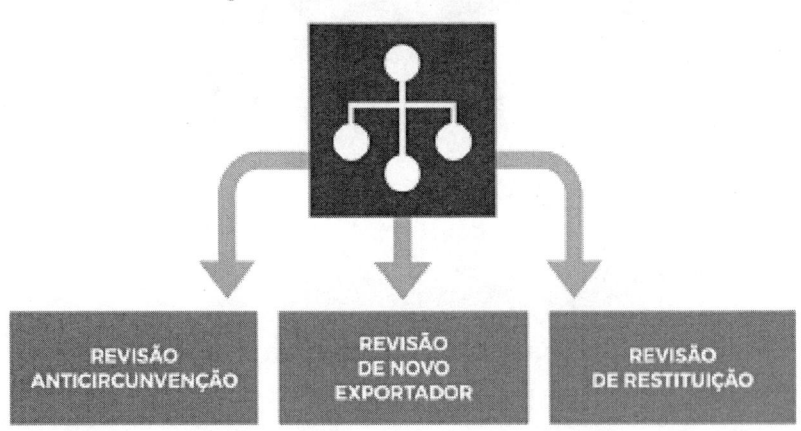

- REVISÃO ANTICIRCUNVENÇÃO
- REVISÃO DE NOVO EXPORTADOR
- REVISÃO DE RESTITUIÇÃO

Fonte: Elaboração própria.

Voltando aos resultados da pesquisa empírica realizada para este livro, que analisou o tema das partes relacionadas com base nas decisões de aplicação de medidas antidumping decorrentes de investigações originais, cujos procedimentos foram conduzidos ao amparo do Decreto nº 8.058/2013 e cujas decisões foram publicadas até abril de 2020[190] (*vide Anexo II – Impacto do relacionamento entre as partes na definição de indústria doméstica*), constatou-se que dos 30 (trinta) processos administrativos com investigações antidumping originais, previamente selecionados, 23 (vinte e três) possuem partes relacionadas. Fez-se uma análise mais minuciosa, considerando a origem dos produtos, uma vez que as medidas antidumping

---

[190] O referido decreto entrou em vigor em 1º.10.2013, mas nos termos da norma transitória prevista em seu art. 197, as investigações e as revisões cujas petições tenham sido protocoladas até a entrada em vigor do Decreto nº 8.058/2013 continuariam a ser regidas pelo Decreto nº 1.602, de 1995.

são referentes a cada origem. Dessa forma, passa-se a 34 (trinta e quatro) origens, pois a investigação de um único produto analisa a sua importação decorrente de diversos países. Entre esses, não foram identificados casos em que houve a repercussão processual do relacionamento após a aplicação de uma medida antidumping.

Fora da base de dados da pesquisa empírica, porém, é possível mencionar um exemplo de desdobramentos processuais após aplicação de medidas ocorrida antes da entrada em vigor do Decreto nº 8.058/2013, que ocasionou a extinção do direito antidumping definitivo aplicado às importações de Resina PET originárias da Argentina. Foi o caso *Resina PET – China, Taipé Chinês, Índia e Indonésia*,[191] que teve como antecedente o pedido de revisão do direito antidumping aplicado sobre as importações provenientes da Argentina por alteração das circunstâncias analisadas. Segundo a empresa solicitante, após sucessão, inexistiria vinculação entre a sucessora e o grupo empresarial, o que ocasionaria a inexistência de preços influenciados pelas práticas comerciais do referido grupo.

3.5.1 A revisão anticircunvenção em casos de partes relacionadas

A revisão anticircunvenção é um procedimento administrativo cujo objetivo é opor-se à tentativa de frustrar a eficácia de medida antidumping vigente (art. 79 do Decreto nº 8.058/2013). O Acordo Antidumping da OMC não possui um regramento sobre a prática de circunvenção, de forma que as práticas elisivas, suas hipóteses e seu tratamento são definidos pelas legislações nacionais de cada membro. Existem, no entanto, iniciativas dentro da OMC para se aproximarem as práticas de cada autoridade nacional[192] e para disciplinar o instituto em âmbito multilateral.

---

[191] BRASIL. Resolução Camex nº 121, de 23 de novembro de 2016. *Diário Oficial da União*, 28 nov. 2016.
[192] Durante a semana de reuniões dos comitês de defesa comercial, no âmbito do Comitê Antidumping na Organização Mundial do Comércio, são realizadas reuniões de um grupo técnico que visa a discutir boas práticas e aspectos técnicos relacionados às investigações de práticas elisivas, ou seja, de circunvenção.

Nesse sentido, as características do instituto da circunvenção devem ser analisadas a partir do conjunto normativo de cada autoridade nacional. O Decreto nº 8.058/2013 prevê, em seu art. 121, três hipóteses de práticas comerciais que podem ser enquadradas como tentativas de se frustrar a eficácia da medida (práticas de circunvenção), sendo por meio da importação: (i) de partes, peças ou componentes originárias ou procedentes do país sujeito à medida antidumping, destinados à industrialização, no Brasil, do produto sujeito à medida antidumping; (ii) do produto de terceiros países cuja industrialização com partes, peças ou componentes originários ou procedentes do país sujeito à medida antidumping resulte no produto sujeito à medida antidumping; ou (iii) de produto que, originário ou procedente do país sujeito à medida antidumping, apresente modificações marginais com relação ao produto sujeito à medida antidumping, mas que não alteram o seu uso ou a sua destinação final.

Cada hipótese acima identificada tem um autor definido como responsável pela prática de circunvenção, ainda que, muito provavelmente, a tentativa de frustrar a medida possa contar com a conivência ou com o estímulo de outras partes. Para que se configure a prática de circunvenção, portanto, deve ficar demonstrado que a importação das partes e peças ou as mudanças marginais no produto não possuam motivação ou justificativa econômica outra que frustrar a eficácia de medida antidumping vigente.

Para fins da análise das repercussões do relacionamento entre partes interessadas e a prática de circunvenção, interessa a primeira hipótese elencada no art. 121 do Decreto nº 8.058/2013. Isso porque importadores do produto gravado com a medida antidumping podem passar a importar suas partes e peças para montagem no Brasil, de forma evitar o efeito da medida aplicada. Nesta hipótese, o importador é o autor precípuo da prática da circunvenção, ainda que possa contar com a ajuda do produtor estrangeiro para a transferência de tecnologia ou de *know-how* para a montagem do produto no país.

O autor da prática de circunvenção na presente hipótese é, assim, o importador, que busca frustrar a aplicação da medida, valendo-se da oportunidade de aumento dos custos de importação do produto gravado pela medida para importar seus componentes e montar o produto no Brasil. Como o autor da prática elisiva é o importador, a medida deve ser direcionada a este, não podendo alcançar outros importadores que porventura importem as partes e peças com propósitos legítimos, como o de tornar disponíveis peças para reposições ou para fabricação de produtos distintos daquele sobre o qual incide uma medida antidumping.

Importadores que não tenham importado partes, peças ou componentes durante o período de revisão anticircunvenção poderão solicitar sua exclusão da medida antidumping estendida, demonstrando que a operação não possui o propósito de frustrar a medida vigente. Essa possibilidade, no entanto, não é permitida para importadores relacionados aos exportadores. Essa é uma preocupação com a eficácia da medida, porque se entende que importadores relacionados que não importavam partes, peças ou componentes antes da aplicação da medida devem ser desencorajados a passar a importar esses componentes, cuja destinação pode ser a industrialização no país do produto sujeito à medida.

Ressalte-se que, para se chegar a uma conclusão sobre a prática de circunvenção, deve ser analisado o custo das partes, peças e componentes importadas, comparando-o com o custo total dispendido com as partes, peças ou componentes do produto industrializado no Brasil:

> Art. 123. [...]
> I - na hipótese do inciso I do *caput* do art. 121: [...]
> d) as partes, as peças ou os componentes originários ou procedentes do país sujeito a medida antidumping representam sessenta por cento ou mais do valor total de partes, peças ou componentes do produto industrializado no Brasil.

Mais uma vez, ciente da possibilidade de que as transações entre partes relacionadas não se realizem a preços firmados segundo regras de mercado e que podem ser influenciados pelo relacionamento existente entre as partes envolvidas na transação, o cálculo definido no art. 123, I, "d", do Decreto nº 8.058/2013 não pode ser realizado com a confiabilidade necessária para se definir se as novas importações fazem parte de uma estratégia do grupo para frustrar a aplicação da medida.

Recorde-se que essa discussão tem como pano de fundo a constatação de uma mudança de fluxo comercial com o objetivo de se frustrar a eficácia da medida, ou seja, de uma prática de circunvenção. Caso o importador relacionado já realizasse essas operações com propósitos legítimos e não com o objetivo de frustrar a eficácia da medida, não estariam sujeitos à medida estendida. Para que o pedido de exclusão da extensão da medida seja negado em razão do relacionamento, o importador relacionado estaria adotando comportamentos impulsionados pela aplicação da medida.

Nota-se, portanto, que essa hipótese busca coibir a instalação de um importador relacionado após a aplicação da medida antidumping com o propósito de importar o produto desmontado para finalizar sua industrialização no país, o que acabaria por frustrar a eficácia da medida de defesa comercial aplicada pelo Brasil.

3.5.2 A revisão de novo exportador em casos de partes relacionadas

Outra repercussão processual da existência de partes após a aplicação de uma medida antidumping diz respeito ao pedido de revisão de novos exportadores relacionados. Espelhando o disposto no art. 9.5 do Acordo Antidumping da OMC, o art. 113, I, do Decreto nº 8.058/2013 determina que, para ter o pleito conhecido, o novo exportador deve comprovar não possuir relação ou associação com os produtores/exportadores estrangeiros que, localizados no país exportador, estejam sujeitos ao direito antidumping vigente.

> Art. 113. Quando um produto estiver sujeito a direitos antidumping, o produtor ou exportador que não tenha exportado para o Brasil durante o período da investigação que culminou com a aplicação, alteração, prorrogação ou extensão do direito antidumping vigente poderá solicitar, por meio de petição escrita e fundamentada, revisão do direito antidumping em vigor, com vistas a determinar, de forma célere, sua margem individual de dumping.
> Parágrafo único. O produtor ou exportador referido no caput deve apresentar elementos de fato e de direito suficientes para comprovar que:
> I - *não possui relação ou associação, nos termos do §10 do art. 14, com os produtores ou exportadores que, localizados no país exportador e sujeitos ao direito antidumping vigente, exportaram durante o período de investigação*

que culminou com a aplicação, alteração, prorrogação ou extensão do direito antidumping vigente; e
II - não exportou durante o período de investigação que culminou com a aplicação, alteração, prorrogação ou extensão do direito antidumping vigente. (Grifos nossos)

Nesse sentido, um outro produtor exportador do grupo econômico de um exportador conhecido a quem já está atribuída uma medida antidumping não poderá solicitar a instauração de uma revisão de novo exportador, e somente terá direito a um direito antidumping individualizado se solicitar a extensão do direito aplicado a todos os exportadores relacionados, nos termos descritos na subseção 3.4.1 deste livro.

3.5.3 A revisão de restituição em casos de partes relacionadas

Outra repercussão processual da existência de partes após a aplicação de uma medida antidumping diz respeito às revisões de restituição. A revisão de restituição de direitos antidumping é um procedimento administrativo previsto no art. 140 do Decreto nº 8.058/2013, que permite a devolução dos direitos antidumping definitivos recolhidos caso fique demonstrado que a margem de dumping apurada para o período considerado pelo procedimento seja inferior ao direito vigente. Essa previsão decorre de previsão constante do art. 9.3(b) do Acordo Antidumping da OMC, que trata do reembolso[193] de direitos antidumping cobrados em excesso, para além da margem de dumping.

O Decreto nº 8.058/2013 detalha os procedimentos relacionados à restituição dos direitos cobrados em excesso. Para que se possa calcular margem de dumping para o período da revisão de restituição, o pedido deve ser instruído com os elementos de prova relativos ao valor normal e ao preço de exportação do produtor ou

---

[193] O Acordo Antidumping, conforme a tradução realizada na internalização do instrumento no Brasil, utilizou o termo "reembolso", enquanto o Decreto nº 8.058/2013 utilizou o termo "restituição" para tratar da devolução dos montantes cobrados em excesso, para além da margem de dumping.

exportador para o qual uma margem de dumping tenha que ser calculada.

Quando as exportações são realizadas por meio de um importador relacionado, o preço de exportação deve ser reconstruído a partir do preço de revenda para o primeiro comprador não relacionado (*vide* subseção 3.2.2 deste livro). Por essa razão, o art. 142, §3º, do Decreto nº 8.058/2013 exige que sejam apresentados os preços de revenda do produto importado no mercado brasileiro, quando o importador for relacionado ao associado ao produtor ou exportador para o qual se pretende apurar nova margem de dumping.

Apesar da previsão normativa, o Brasil não conta com histórico de condução de revisão de restituição. Em raciocínio similar, porém, é possível mencionar a investigação de *Tubos de borracha elastomérica – Alemanha, Emirados Árabes Unidos, Israel, Itália e Malásia*,[194] na qual os produtores/exportadores árabes e italianos possuíam acordo de preços com os importadores brasileiros, e a autoridade brasileira entendeu que esses valores não poderiam ser considerados confiáveis. Como consequência, foi necessária a reconstrução do preço de exportação a partir do preço de revenda do primeiro comprador independente. Apesar de essa conclusão ter sido exarada em uma investigação original, essa também seria a motivação pela qual seria necessária a participação do importador relacionado numa revisão de restituição.

Isso porque apenas com as informações sobre o preço de revenda do produto no mercado brasileiro, a autoridade de defesa comercial poderá reconstruir o preço de exportação e calcular a margem de dumping. Não sendo acostada a informação acerca do preço de revenda, a autoridade não poderia calcular a margem de dumping, elemento essencial para averiguar se há a possibilidade de se restituírem direitos antidumping. Por essa razão, a ausência da informação implica concluir que a petição não estaria plenamente instruída e deverá ser rejeitada de plano.

---

[194] BRASIL. Resolução Camex nº 57, de 19 de junho de 2015. *Diário Oficial da União*, 22 jul. 2015.

Conclusão do Capítulo 3

O objetivo deste terceiro capítulo foi apresentar as repercussões materiais e processuais na investigação antidumping diante da constatação da existência de partes relacionadas. Observou-se que o relacionamento pode impactar diferentes aspectos de uma investigação antidumping, desde a fase pré-processual, por meio da análise do conceito de indústria doméstica para fins da admissibilidade da petição, passando por aspectos de mérito da investigação na análise do dumping, do dano e da causalidade, por aspectos da aplicação da medida e, por fim, nos desdobramentos da investigação.

A definição do relacionamento para o conceito da indústria doméstica é o único aspecto que está definido de forma explícita no Acordo Antidumping. Apesar de ser a situação normativa de mais fácil identificação, diversos aspectos contribuem para que sua ocorrência não seja frequente, não só o fato de os setores que tradicionalmente utilizam o mecanismo de defesa comercial serem concentrados, como as próprias regras de admissibilidade de uma petição, que permitem que uma fração representativa da indústria possa pleitear o início de investigação, mesmo que não conte com o apoio de toda a indústria.

Os efeitos sobre os aspectos materiais podem estar relacionados aos três pilares da aplicação de uma medida antidumping: a existência da prática de dumping, a ocorrência de dano material e o nexo de causalidade entre esses elementos. A apuração do dumping é seguramente o ponto de maior destaque na discussão acerca do relacionamento entre partes no processo. O relacionamento pode trazer impactos no valor normal, no preço de exportação e na apresentação de dados e de informações pelas partes interessadas. Ainda, pode trazer impactos na análise de dano, tanto nos indicadores quanto na subcotação.

O relacionamento pode também gerar efeitos para a definição da medida aplicada seja para definir a aplicação de uma única medida antidumping para todo o grupo empresarial exportador ou para a avaliação da eficácia dos compromissos de preços em casos de partes relacionadas. Por fim, o relacionamento pode ser variável importante na análise de desdobramentos processuais relacionados à aplicação de uma medida antidumping, como são as revisões anticircunvenção, de novo exportador e de restituição.

CAPÍTULO 4

4 Mecanismos internos e externos de estruturação e exercício do poder empresarial no direito societário, fragmentação do controle e os grupos empresariais

Nos capítulos anteriores, foram apresentadas as hipóteses de caracterização de relacionamento entre as partes em investigações antidumping, no sistema multilateral de comércio e em jurisdições estrangeiras (Capítulo 1), bem como na legislação brasileira (Capítulo 2). Discutiram-se também em minúcia, e com apoio dos resultados empíricos obtidos a partir de pesquisa desenvolvida para esta obra, os impactos materiais e processuais da existência de partes relacionadas na investigação antidumping (Capítulo 3).

O presente capítulo é fundamental para os esforços de responder à pesquisa central que motivou este estudo: qual a correlação entre o conceito de partes relacionadas em investigações antidumping e os conceitos de controle e influência do direito societário? A hipótese de pesquisa é de que o direito societário, com suas noções de controle, influência significativa e/ou relevante, pode fornecer pistas para essa definição presente em processos de defesa comercial.

Este Capítulo 4 retoma os principais resultados obtidos nos capítulos anteriores para investigar o que diz o direito societário sobre as noções que parecem comumente caracterizar partes relacionadas: controle, direção, influência, laços familiares, societários e laborais, bem como a estrutura de grupos empresariais, bastante relevantes para os efeitos do relacionamento entre as partes no processo de investigação antidumping.

Para tanto, uma revisão de literatura foi necessária, e este capítulo reúne a base doutrinária essencial para compreender e delimitar o relacionamento entre as partes, que servirá assim de referencial para a correlação a ser estabelecida no Capítulo 5. Assim, serão apresentados os mecanismos internos (4.1) e externos (4.2) de estruturação e exercício do poder empresarial no direito societário – especialmente nos termos da Lei de Sociedades Anônimas no Brasil (Lei nº 6.404/76), bem como sua repercussão na noção de grupos empresariais (4.3). Ao final, será apresentado, de forma didática e tentativa, quadro-resumo com os mecanismos internos e externos de estruturação do exercício do poder empresarial (4.4). Ressalte-se, desde já, que se trata de conceitos altamente complexos e de difícil sistematização, de modo que contrapontos e críticas serão bem-vindos.

4.1 Breves noções sobre os mecanismos internos de estruturação do poder empresarial no direito societário: controle interno, coligação e influência significativa

Os mecanismos internos de estruturação do poder das empresas no direito societário podem fornecer elementos importantes para melhor compreender e enquadrar o que são as partes relacionadas no direito antidumping, visto que fornecem arcabouço conceitual sólido para compreender os termos frequentemente utilizados pelas legislações: controle, direção, influência etc. Para tanto, serão apresentados brevemente os conceitos de controle interno, coligação e influência significativa, tanto na doutrina quanto nos termos da Lei de Sociedades Anônimas no Brasil – Lei das S.A. (Lei nº 6.404/76).

Se a teoria econômica neoclássica não colocava a empresa no centro da análise, assimilando seu funcionamento ao de um agente econômico individual com um comportamento perfeitamente racional, busca de maximização dos lucros, a partir de 1930, com os trabalhos de Ronald Coase e Berle e Means, por exemplo, um outro prisma de análise do funcionamento das empresas é proposto.

Um primeiro ponto de inflexão que revolucionou a leitura sobre a estruturação do poder empresarial é marcado pela obra de Berle e Means, *The modern corporation and private property*, baseada num estudo interdisciplinar de direito e economia. O objetivo dos autores é, a partir da realidade empresarial norte-americana, mostrar que o desenvolvimento das sociedades anônimas e a dispersão da propriedade entre muitos acionistas conduzem à separação entre a propriedade e o controle da empresa. Essa mudança radical tem como consequência uma constatação importante para a investigação conduzida pela presente obra: o poder de controle não é mais exercido pelo proprietário. O acionista torna-se beneficiário passivo,[195] e a administração (*uncontrolled administrator*) está livre para gerenciar a empresa.[196]

A fim de analisar mais detalhadamente esse fenômeno, Berle e Means estabelecem uma taxonomia para o grau de separação entre propriedade e controle, propondo cinco conceitos de controle: (a) controle por intermédio de propriedade quase de completa, (b) controle majoritário, (c) controle por intermédio de um mecanismo jurídico sem propriedade majoritária, (d) controle minoritário e (e) controle administrativo/gerencial.[197]

O controle por intermédio de propriedade quase completa (a) é aquele relacionado a empresas fechadas, em que um pequeno grupo de acionistas exerce o controle, elegendo e fiscalizando a administração. A separação entre propriedade e controle aqui não apresenta muitas dificuldades, visto que os acionistas que investiram o capital são aqueles que exercem o controle e participam ativamente no monitoramento da gestão social.

Já o controle majoritário (b) se manifesta quando a propriedade da maioria das ações confere a um único indivíduo ou virtualmente a um grupo pequeno todo o poder de controle, a capacidade de tomar a maioria das decisões. Os poderes de controle aqui conferidos se assemelham àqueles detidos pelo proprietário único, em especial quanto à faculdade de selecionar o conselho de administração.[198]

---

[195] GORGA, Erica. Berle e Means e a evolução da propriedade e do controle acionários no mercado de capitais brasileiros. *In*: GORGA, Erica; PELA, Juliana (Coord.). *Direito empresarial* – Contratos, direito societário e bancário – Estudos avançados. Rio de Janeiro: Elsevier, 2013.
[196] BERLE, Adolf. A.; MEANS, Gardiner C. *The modern corporation & private property*. New Brunswick, London: Transaction Publishers, 1999. p. xxvii.
[197] BERLE, Adolf. A.; MEANS, Gardiner C. *The modern corporation & private property*. New Brunswick, London: Transaction Publishers, 1999. p. 67.
[198] BERLE, Adolf. A.; MEANS, Gardiner C. *The modern corporation & private property*. New Brunswick, London: Transaction Publishers, 1999. p. 66.

Nesse caso, a minoria remanescente perdeu a maior parte dos poderes relacionados ao controle da sociedade. Assim, para os acionistas minoritários, nesta hipótese de controle, a separação entre propriedade e controle é quase completa.[199]

O terceiro tipo de controle, segundo Berle e Means, seria aquele alcançado por intermédio de instrumento jurídico (c), ou seja, não decorrente de propriedade majoritária. Os autores utilizam como exemplo os casos de pirâmide, em que uma empresa detém a maior parte das ações de outra companhia, e assim sucessivamente, possibilitando o controle da última sociedade a partir de uma pequena proporção de ações.[200] A emissão de ações preferenciais (as quais não possuem direito de voto, mas têm preferências patrimoniais, por exemplo) constituem outro exemplo de instrumento jurídico que confere poder de controle.[201] A emissão de ações sem direito a voto coroa a separação entre a propriedade e o controle da sociedade.

Já o controle minoritário (d), segundo Berle e Means, seria caracterizado pela sobreposição da vontade da minoria dos acionistas diante de uma maioria votante. Os autores o caracterizam como *working control*, ou controle de fato da empresa. Os acionistas minoritários atraem procurações suficientes dos proprietários difusos para atingir propriedade minoritária substancial.[202] Para tanto, seria necessário que houvesse uma grande dispersão das ações no mercado, de modo que, nesses casos, boa parte dos acionistas não se interessaria pela gestão da companhia. Esse controle poderia se configurar de três formas. A primeira delas ocorreria quando uma sociedade detém uma porcentagem mínima – definida na legislação de cada país – das ações de outra companhia. A segunda situação seria quando fosse instaurada assembleia-geral sem a maioria dos acionistas estar presente. A terceira, por sua vez, ocorreria quando,

---

[199] BERLE, Adolf. A.; MEANS, Gardiner C. *The modern corporation & private property*. New Brunswick, London: Transaction Publishers, 1999. p. 67-68.

[200] BERLE, Adolf. A.; MEANS, Gardiner C. *The modern corporation & private property*. New Brunswick, London: Transaction Publishers, 1999. p. 68.

[201] BERLE, Adolf. A.; MEANS, Gardiner C. *The modern corporation & private property*. New Brunswick, London: Transaction Publishers, 1999. 71.

[202] BERLE, Adolf. A.; MEANS, Gardiner C. *The modern corporation & private property*. New Brunswick, London: Transaction Publishers, 1999. p. 129.

diante de alta dispersão acionária, os acionistas minoritários se unem para que uma única opinião prevaleça.[203]

Por fim, o último tipo demarca o mais alto grau de separação entre propriedade e controle: o controle administrativo/gerencial (e). Essa hipótese de controle se dá quando a propriedade é tão amplamente distribuída que nenhum indivíduo consegue dominar as decisões da companhia,[204] não conseguindo exercer pressão considerável sobre os administradores. Os administradores então se perpetuam no controle, ainda que detenham apenas uma pequena fração das ações.[205] O controle é, portanto, aqui exercido pelos diretores da companhia, fundado nas suas prerrogativas funcionais. No controle gerencial, a separação entre propriedade e controle é virtualmente completa, visto que os acionistas conferem seu voto para indivíduos sobre quem não exercem qualquer controle ou fiscalização.[206]

Se a tese de Berle e Means foi elaborada a partir do contexto empresarial norte-americano, ela teve repercussões mundiais, com reflexos também na doutrina do direito societário brasileiro.

Fábio Konder Comparato,[207] por exemplo, faz importantes contribuições para o estudo e a análise da noção de controle, definido pelo autor como "o direito de dispor dos bens alheios como proprietário. Controlar a empresa significa poder dispôs dispor dos bens que lhe são destinados, de tal arte que o controlador se torna senhor da sua atividade econômica".[208] A noção de controle para Comparato remete, portanto, à ideia de hierarquia, nos termos de

---

[203] TOMAZETE, Marlon. *Curso de direito empresarial* – Teoria geral e direito societário. São Paulo: Saraiva, 2019. v. 1. p. 524.
[204] BERLE, Adolf. A.; MEANS, Gardiner C. *The modern corporation & private property*. New Brunswick, London: Transaction Publishers, 1999. p. 78.
[205] BERLE, Adolf. A.; MEANS, Gardiner C. *The modern corporation & private property*. New Brunswick, London: Transaction Publishers, 1999. p. 82.
[206] GORGA, Erica. Berle e Means e a evolução da propriedade e do controle acionários no mercado de capitais brasileiros. *In*: GORGA, Erica; PELA, Juliana (Coord.). *Direito empresarial* – Contratos, direito societário e bancário – Estudos avançados. Rio de Janeiro: Elsevier, 2013. p. 122.
[207] COMPARATO, Fábio Konder; SALOMÃO FILHO, Calixto. *O poder de controle na sociedade anônima*. 5. ed. Rio de Janeiro: Forense, 2008. p. 57.
[208] COMPARATO, Fábio Konder; SALOMÃO FILHO, Calixto. *O poder de controle na sociedade anônima*. 5. ed. Rio de Janeiro: Forense, 2008. p. 57.

Coase,[209] para quem as empresas são organizações com hierarquia, divisão do trabalho e estrutura de gerência executiva que planeja e decide sobre as questões que afetam o seu desenvolvimento.[210]

Comparato adapta a taxonomia proposta por Berle e Means para a realidade empresarial brasileira, propondo quatro modalidades de controle: (a) controle totalitário, (b) controle majoritário, (c) controle minoritário e (d) controle gerencial.

O controle totalitário (a) caracterizar-se-ia, segundo Comparato, pela unanimidade na tomada de decisões, não estando a sua existência condicionada à detenção do poder de dominação por um único agente.[211] A legislação brasileira mantém alguns casos em que a unanimidade é necessária, ou seja, todos os acionistas – inclusive os destituídos de poder de voto – devem concordar com algumas decisões. São exemplos a mudança de nacionalidade da companhia (art. 300, Lei das S.A.), e a alteração do tipo societário (art. 221, Lei das S.A.).

Pode-se dizer ainda que as sociedades unipessoais possuem um controle totalitário, visto que a propriedade é detida por apenas um agente, salvo quando se trata de sócio oculto. No entanto, Comparato e Salomão demonstram que até mesmo o controle do sócio unipessoal é limitado por uma questão organizacional, por exemplo, a existência dos órgãos administrativos e o Conselho Fiscal, além da obrigatoriedade de realizar audiência pública (arts. 121 e 161, Lei das S.A.). No mais, os autores trazem uma limitação intrínseca ao controle totalitário unipessoal das sociedades: os procedimentos de desconsideração da personalidade jurídica, que corroboram a ideia da existência dos interesses sociais de forma apartada dos interesses do sócio.

O controle majoritário (b), por sua vez, seria aquele exercido pelo controlador que tem a maioria das ações com direito de voto. Essa ideia se relaciona com a multiplicidade de interesses dos

---

[209] COASE, Ronald. The nature of the firm. *In*: ESTRIN, Saul; MARIN, Alan (Ed.). *Essential readings in economics*. Palgrave, London, 1995. p. 37-54.
[210] KERSTENETZKY, Jaques. *Firmas e mercados*: uma análise histórico-institucional do problema da coordenação. 178 f. Tese (Doutorado) – Departamento de Economia, UFRJ, Rio de Janeiro, 1995.
[211] COMPARATO, Fábio Konder; SALOMÃO FILHO, Calixto. *O poder de controle na sociedade anônima*. 5. ed. Rio de Janeiro: Forense, 2008. p. 43.

acionistas, que só possuem a prerrogativa de decidir por si mesmos. Não se pode pensar que esse princípio ignora a minoria, vez que só é possível a sua aplicação se, em algum momento, houve uma aceitação unânime de que o princípio seria seguido.

No entanto, os autores apontam que esse controle vem sofrendo críticas, pois passou-se a reconhecer grupos de interesses diversos dos acionistas, como os trabalhadores e a comunidade em que se inserem. Para os autores, esses interesses ainda não foram devidamente abarcados pela legislação brasileira, que apenas previu a possibilidade de o Estatuto prever a existência de um conselho de empregados.

O controle minoritário (c) seria aquele exercido por acionistas que não detivessem a maior parte das ações com direito a voto.[212] Essa ideia está expressa devido à necessidade de as decisões da sociedade buscarem beneficiar o interesse de todos e não de alguns.

Na legislação brasileira, esse controle é presumido, na medida em que, após a primeira chamada da assembleia – que deve ter um quarto dos acionistas votantes – ela pode se constituir com qualquer número de acionistas. Ou seja, pode haver um único acionista que tome as decisões na assembleia. Os autores defendem que a Lei das S.A. consagra como princípio essa espécie de controle, por meio da regra que permite que até 50% do capital social seja composto por acionistas sem poder de voto.

A última categoria, o controle gerencial (d), pode se materializar de fato ou de direito. O controle gerencial de fato (d) seria o controle interno desligado da titularidade das ações em que se divide o capital social, e ocorre, nos mesmos termos da classificação proposta por Berle e Means, quando, diante de grande dispersão acionária, os administradores assumem o controle de fato.[213] Essa espécie de controle existe por meio de uma autoperpetuação dos administradores no poder, por meio de mecanismos de representação dos acionistas nas assembleias. No Brasil, esta não é uma

---

[212] COMPARATO, Fábio Konder; SALOMÃO FILHO, Calixto. *O poder de controle na sociedade anônima*. 5. ed. Rio de Janeiro: Forense, 2008. p. 43.

[213] COMPARATO, Fábio Konder; SALOMÃO FILHO, Calixto. *O poder de controle na sociedade anônima*. 5. ed. Rio de Janeiro: Forense, 2008. p. 51-53.

realidade, devido à considerável concentração acionária existente, que impossibilita essa perpetuação dos acionistas e o controle da sociedade dissociado da propriedade acionária. O que eles trazem como situação comum ao direito brasileiro é a existência de administradores controladores que também são acionistas.

Por fim, o controle gerencial de direito ocorre quando são atribuídos aos órgãos de administração – diretoria e conselho de administração – o poder de decidir sobre matérias relevantes para os negócios das sociedades, em âmbito estatutário. Essa espécie de controle é atingida por meio da emissão de ações preferenciais, as chamadas *golden shares*, previstas no art. 18 da Lei das S.A.,[214] e é comumente utilizada na recuperação extrajudicial das companhias.[215]

Nota-se, portanto, que todas as categorias apresentadas tanto por Berle e Means quanto por Comparato dizem respeito ao controle interno, advindo de uma relação direta com a empresa que confere a capacidade de influenciar as decisões societárias,[216] exercido tanto pelos acionistas quanto pelos diretores de uma sociedade.[217] Assim, à primeira vista, o controle interno é aquele cujo titular atua no interior da própria empresa.[218] É possível que haja mecanismos externos de poder sobre a sociedade, como será detalhado na subseção 4.2, *infra*.

A partir da discussão doutrinária aportada por Berle e Means e por Comparato acerca da noção de controle, cumpre avançar para as definições encontradas na legislação societária. Para tanto, serão analisados os arts. 116 e 243, §2º,[219] da Lei das S.A., que trazem os conceitos de acionista controlador e de sociedade controlada.

---

[214] "Art. 18. O estatuto pode assegurar a uma ou mais classes de ações preferenciais o direito de eleger, em votação em separado, um ou mais membros dos órgãos de administração. Parágrafo único. O estatuto pode subordinar as alterações estatutárias que especificar à aprovação, em assembléia especial, dos titulares de uma ou mais classes de ações preferenciais".

[215] COMPARATO, Fábio Konder; SALOMÃO FILHO, Calixto. *O poder de controle na sociedade anônima*. 5. ed. Rio de Janeiro: Forense, 2008. p. 65

[216] TOMAZETE, Marlon. *Curso de direito empresarial* – Teoria geral e direito societário. São Paulo: Saraiva, 2019. v. 1. p. 523.

[217] COMPARATO, Fábio Konder; SALOMÃO FILHO, Calixto. *O poder de controle na sociedade anônima*. 5. ed. Rio de Janeiro: Forense, 2008. p. 43.

[218] COMPARATO, Fábio Konder; SALOMÃO FILHO, Calixto. *O poder de controle na sociedade anônima*. 5. ed. Rio de Janeiro: Forense, 2008. p. 36.

[219] "Art. 243. [...] §2º Considera-se controlada".

Segundo o art. 116 da Lei das S.A., entende-se por acionista controlador a pessoa, natural ou jurídica, ou o grupo de pessoas vinculadas por acordo de voto, ou sob controle comum, que: (a) é titular de direitos de sócio que lhe assegurem, de modo permanente, a maioria dos votos nas deliberações da assembleia-geral e o poder de eleger a maioria dos administradores da companhia; e (b) usa efetivamente seu poder para dirigir as atividades sociais e orientar o funcionamento dos órgãos da companhia.

Assim, o acionista controlador é a pessoa natural ou jurídica com poder determinante na orientação geral dos negócios da empresa. Ainda, à luz do art. 116 da Lei das S.A., é necessário que esses critérios existam permanentemente, ou seja, o exercício do poder na empresa não pode ser determinado por uma simples conjuntura do mercado ou por uma prevalência esporádica nas decisões, pois o objetivo do legislador é garantir a estabilidade desse controle, ainda que não se torne o controle imutável.

Por sua vez, segundo o art. 243, §2º da Lei das S.A., entende-se por sociedade controlada a sociedade na qual a controladora, diretamente ou através de outras controladas, é titular de direitos de sócio que lhe assegurem, de modo permanente, preponderância nas deliberações sociais e o poder de eleger a maioria dos administradores. Nos termos desse artigo, está pressuposto que, uma vez enquadrada nos requisitos necessários, a companhia que detém o controle deve, de fato, desempenhá-lo.

Como se vê, a definição legal apresenta um requisito tautológico, na medida em que define que o controle pela outra sociedade é exercido por aquele que tem o poder de decidir, e um requisito instrumentalista na medida em que define o controle pela faculdade de eleger o corpo diretor da empresa. A norma parece estar preocupada em atribuir responsabilidade pela tomada de decisão, mas não em identificar a fonte e a forma de exercício do controle. A análise pura da legislação é, portanto, insuficiente para compreender o significado do "controle" a que se referem as posições de acionista controlador e sociedade controlada, porque não discute como o controle se materializa. Nota-se, de todo modo, que o controle exercido pela sociedade controladora não necessariamente advirá de um controle majoritário das ações, podendo ser exercido, também, via controle minoritário.

Vimos, assim, até aqui, que o controle é para o direito societário elemento central para a caracterização da gestão e estrutura internas de poder das empresas. Com o fenômeno da desagregação das empresas, no entanto, a ser desenvolvido ao longo deste capítulo, o poder empresarial torna-se também cada vez mais fragmentado e pulverizado. Em outras palavras, vemos o "declínio do controle" e a dominação do poder empresarial exercido por formas mais sutis.[220]

Nesse sentido, dois conceitos são importantes e interligados: sociedades coligadas e influência significativa. A sua conexão está expressa no §1º do art. 243 da Lei das S.A., vez que a coligação é definida pela existência de influência significativa. Segundo seus termos, são consideradas coligadas as sociedades nas quais a investidora tenha influência significativa. Ademais, o art. 243, §4º, da Lei das S.A. determina que se considera haver influência significativa quando a investidora detém ou exerce o poder de participar nas decisões da política financeira ou operacional da investida, sem controlá-la. E, em seguida, o §5º do art. 243 da Lei das S.A. determina que é presumida influência significativa quando a investidora for titular de 20% (vinte por cento) ou mais do capital votante da investida, sem controlá-la.

A partir dos requisitos da legislação, Valadão e França[221] identificam que são três os elementos constitutivos de uma coligação, quais sejam: (a) existência de influência significativa – *elemento dinâmico*, (b) participação acionária de uma companhia na outra ou titularidade de direitos de sócio – *elemento estático* e (c) ausência de controle grupal.

Quanto à noção de influência significativa, em especial, os autores alinham-se à doutrina italiana,[222] entendendo que há influência significativa quando a participação acionária não é

---

[220] FRAZÃO, Ana. Outras instâncias de poder na sociedade por ações: declínio do protagonismo do controle? *In*: COELHO, Fabio Ulhoa (Org.). *Lei das Sociedades Anônimas Comentada*. Rio de Janeiro: Forense, 2021. p. 580.

[221] FRANÇA, Erasmo Valadão; ADAMEK, Marcelo Vieira. O novo conceito de sociedade coligada na Lei Acionaria Brasileira. *Revista de Direito Mercantil*, ano L, n. 159/160, jul./dez. 2001. p. 42-49.

[222] Cf. GUIZZI, Giuseppe. *Diritto delle società*. Manuale breve. 2. ed. Milão: Giuffrè, 2005. p. 337.

suficiente para determinar as estratégias da sociedade participada, mas suficiente para assegurar que as posições da investidora sejam levadas em consideração. A caracterização da influência significativa, não exige, portanto, a intervenção da investidora em todas as decisões, sendo suficiente a sua participação em decisões fundamentais de natureza financeira ou operacional, requisitos estes não cumulativos.[223]

Alguns atos indicativos de influência significativa estão enumerados na Instrução CVM nº 247/1996, que em seu art. 5º, parágrafo único, dispõe serem evidências da "influência na administração da coligada" a participação nas suas deliberações sociais, o poder de eleger ou destituir um ou mais dos administradores, o volume relevante de transações com o fornecimento de assistência ou informações técnicas essenciais para as atividades da investidora, entre outros. Não obstante, é preciso avaliar estes exemplos com cautela, visto que o ato normativo precede as alterações da Lei das S.A. introduzidas pela Lei nº 11.941 de 2009[224] e, portanto, pode elencar situações não mais condizentes com a atual definição de influência significativa positiva pela legislação.[225]

Assim, a coligação é uma forma de exercício de poder em que, apesar da necessidade de participação acionária e algum grau de influência significativa, o controle não se apresenta. Pontua-se a sutileza do legislador que, para que seja configurada uma coligação, não exige que a investidora possa impor uma decisão, mas apenas participar dela.

De modo didático, apresenta-se a seguir o esquema que consolida as classificações de Berle e Means, de Comparato e da Lei das S.A. sobre os mecanismos internos de estruturação do poder empresarial, por meio de controle interno, coligação ou influência

---

[223] FRANÇA, Erasmo Valadão; ADAMEK, Marcelo Vieira. O novo conceito de sociedade coligada na Lei Acionaria Brasileira. *Revista de Direito Mercantil*, ano L, n. 159/160, jul./dez. 2001. p. 45.

[224] Entre as várias alterações trazidas pela lei, encontram-se as modificações aos arts. 247 e 248 da Lei das S.A., que tratam especificadamente das notas explicativas das demonstrações financeiras dos investimentos em sociedades coligadas e controladas, trazendo novas especificações mais técnicas e precisas.

[225] GUERREIRO, Cláudio José Gonçalves; ROSARIO, Luiza Damásio Ribeiro. A alteração da Lei das SA e o conceito de sociedade coligada. *In*: ROCHA, Sergio André. *Direito tributário, societário e a reforma da Lei das S/As*. [s.l.]: [s.n.], [s.d.]. v. 2. p. 118.

significativa. Reconhece-se, porém, a dificuldade de se comparar ambas as propostas dos autores e a legislação brasileira, dado que estão em sistemas jurídicos diferentes (EUA e Brasil), em momentos históricos diferentes e com pressupostos diferentes. De todo modo, ainda que com limitações, a fim de se alcançar o objetivo do presente livro, apresenta-se a proposta a seguir de comparação entre cada uma das classificações. Ressalte-se, novamente, que se trata de conceitos altamente complexos e de difícil sistematização, de modo que contrapontos e críticas serão bem-vindos, diante de uma primeira tentativa de apresentação visual do tema.

FIGURA 22 – Classificações sobre os mecanismos internos de exercício do poder empresarial – Controle interno, coligação e influência significativa

MECANISMOS INTERNOS DE ESTRUTURAÇÃO DO PODER EMPRESARIAL

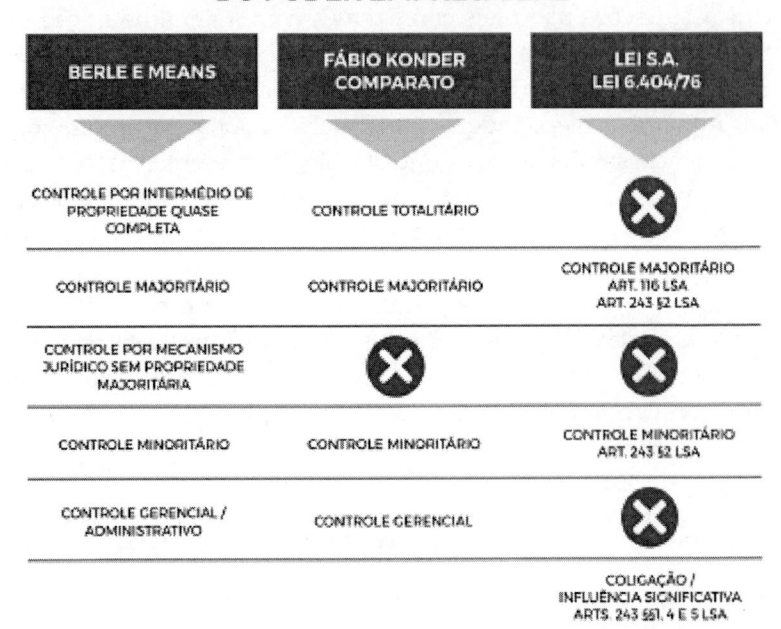

BERLE E MEANS	FÁBIO KONDER COMPARATO	LEI S.A. LEI 6.404/76
CONTROLE POR INTERMÉDIO DE PROPRIEDADE QUASE COMPLETA	CONTROLE TOTALITÁRIO	✗
CONTROLE MAJORITÁRIO	CONTROLE MAJORITÁRIO	CONTROLE MAJORITÁRIO ART. 116 LSA ART. 243 §2 LSA
CONTROLE POR MECANISMO JURÍDICO SEM PROPRIEDADE MAJORITÁRIA	✗	✗
CONTROLE MINORITÁRIO	CONTROLE MINORITÁRIO	CONTROLE MINORITÁRIO ART. 243 §2 LSA
CONTROLE GERENCIAL / ADMINISTRATIVO	CONTROLE GERENCIAL	✗
		COLIGAÇÃO / INFLUÊNCIA SIGNIFICATIVA ARTS. 243 §§1, 4 E 5 LSA

Fonte: Elaboração própria.

4.2 Breves noções sobre os mecanismos externos de exercício do poder empresarial no direito societário

Estudadas as classificações propostas por Berle e Means e por Comparato, bem como os artigos da Lei das S.A. que retratam os mecanismos internos de estruturação do poder empresarial, passa-se à discussão dos mecanismos externos de poder empresarial.

São mecanismos de poder exercidos por entes estranhos à empresa. Em outras palavras, pessoas físicas ou jurídicas que não integram os órgãos societários[226] (não são nem acionistas nem administradores), exercendo seu poder por um meio distinto do tradicional direito ao voto.[227] Essa forma de controle consiste em exercício do poder pela via de direitos oriundos de valores mobiliários específicos, de contratos celebrados com a empresa controlada ou de outras situações de fato relevantes.

O controle externo é mais um fenômeno que ganha relevância a partir do contexto de desintegração das empresas, que passam a se estruturar cada vez menos por estruturas verticalizadas e societárias, e mais através da celebração de contratos de colaboração.[228] Na lição de Comparato, o controle externo é caracterizado pela dependência econômica entre as organizações e pela intervenção na política financeira da empresa controlada por parte da controladora.[229] A noção de dependência relaciona-se à ideia de domínio e influência, elementos que aqui não derivam do direito societário, mas de vínculos externos, de natureza tipicamente contratual.

O emprego do termo "influência" ao invés de "poder" representa modificação relevante na análise do controle empresarial, que passa a se interessar pela existência de "elementos de fato",

---

[226] COMPARATO, Fábio Konder; SALOMÃO FILHO, Calixto. *O poder de controle na sociedade anônima*. 5. ed. Rio de Janeiro: Forense, 2008. p. 103-104.
[227] CARVALHOSA, Modesto. *Comentários à Lei de Sociedades Anônimas*. São Paulo: Saraiva, 1997. v. 2. p. 435.
[228] FORGIONI, Paula. *A evolução do direito comercial brasileiro*: da mercancia ao mercado. São Paulo: Revista dos Tribunais, 2009. p. 130-133.
[229] COMPARATO, Fábio Konder; SALOMÃO FILHO, Calixto. *O poder de controle na sociedade anônima*. 5. ed. Rio de Janeiro: Forense, 2008. p. 83 e ss.

abandonando presunções legais de exercício de poder de controle a partir da estrutura societária.[230] Assim, visto que trata de uma verificação em concreto, são difíceis os esforços de sistematizar os critérios que possam caracterizar o controle externo.

Ricardo Ferreira de Macedo[231] busca classificar o controle externo por dependência estrutural e por dependência circunstancial. Para o autor, o controle externo verifica-se quando uma empresa se vê condicionada à manutenção ou ao fornecimento de determinado elemento como fator necessário para sua viabilidade. Em caso de dependência do fornecimento ou manutenção de elementos estruturais à atividade mesma da empresa, como insumos e pessoal, estamos diante de uma dependência estrutural. Quando a dependência está relacionada a recursos apenas momentaneamente necessários, como aporte de capital em casos de endividamento, caracteriza-se a dependência circunstancial.[232]

Outra classificação de controle externo é proposta por Orcesi Costa,[233] que diferencia o controle tecnológico, comercial e financeiro. O tecnológico seria aquele que se impõe a partir da posse de uma técnica considerada importante para determinada sociedade. É o caso do *know-how*, controle de qualidade, fornecimento de mão de obra, entre outros. Por sua vez, o controle comercial trata da relação de comercialização dos produtos da companhia. E o controle financeiro diria respeito aos empréstimos adquiridos, como a emissão de debêntures.

Ainda, tanto Salomão[234] quanto Guidugli[235] apresentam o controle externo a partir de elementos societários e contratuais. O controle externo societário é configurado a partir de instrumentos

---

[230] CARVALHO, Angelo Gamba Prata de. *Controle empresarial externo*: a definição da política financeira como critério para a identificação do controle. Dissertação (Mestrado) – Universidade de Brasília, Brasília, 2019. p. 87.

[231] MACEDO, Ricardo Ferreira. *Controle não societário*. Rio de Janeiro: Renovar, 2004. p. 125.

[232] MACEDO, Ricardo Ferreira. *Controle não societário*. Rio de Janeiro: Renovar, 2004. p. 145-146.

[233] COSTA, Carlos Celso Orcesi. Controle externo nas companhias. *Revista de Direito Mercantil, Industrial, Econômico e Financeiro*, n. 44, p. 70-75, out./dez. 1981. p. 71.

[234] SALOMÃO FILHO, Calixto. *O novo direito societário*. 4. ed. São Paulo: Malheiros, 2011. p. 221.

[235] GUIDUGLI, João Henrique. *Controle externo contratual*: o desenvolvimento da empresa e os grupos de contratos sob o direito societário. São Paulo: Quartier Latin, 2006. p. 83-84.

societários sem direito a voto que criam ou mantêm a influência sobre as sociedades. São exemplos os valores mobiliários (como as debêntures) e as ações sem direito a voto. Por sua vez, o controle externo contratual ocorreria quando há uma relação econômica subjacente de domínio entre os agentes através de um instrumento contratual. Exemplo frequente é o do endividamento da sociedade em que, o credor, detentor dos recursos financeiros necessários ao funcionamento viável da sociedade, passara a exercer influência em suas decisões.

O controle externo societário não deve ser aqui confundido com o controle interno. O controle externo exercido por meio de valores mobiliários, por exemplo, permite a seus portadores o exercício de profunda influência sobre o funcionamento das sociedades.[236] A emissão de debêntures pode conduzir a empresa à subordinação importante da massa de debentures, acentuada com a precariedade da situação financeira da devedora.[237] Comparato pontua que a influência oriunda do endividamento por debêntures é mais fática do que jurídica, uma vez que não existem mecanismos de interferência direta. O autor adiciona um outro exemplo para configuração do controle externo: aquele derivado da figura do sócio oculto.[238] Neste caso, não existe nenhum contrato ou vínculo formal celebrado entre o sócio oculto e o sócio ostensivo. O sócio oculto, geralmente principal investidor do empreendimento do ostensivo, passa a exercer importante influência na tomada de decisões, em relação que traduz, portanto, a existência de controle externo.

Expostas as principais tentativas de estabelecer uma taxonomia para a controle externo, lembra-se da lição de Carvalho,[239] que alerta para a natureza tentativa das tipologias propostas pela doutrina, que dificilmente conseguem resumir ou abarcar a totalidade das complexas relações de poder que permeiam os agentes econômicos. O autor sinaliza ainda que as tipologias são construídas, em verdade,

---

[236] GUIDUGLI, João Henrique. *Controle externo contratual*: o desenvolvimento da empresa e os grupos de contratos sob o direito societário. São Paulo: Quartier Latin, 2006. p. 85.

[237] COMPARATO, Fábio Konder; SALOMÃO FILHO, Calixto. *O poder de controle na sociedade anônima*. 5. ed. Rio de Janeiro: Forense, 2008. p. 92.

[238] COMPARATO, Fábio Konder; SALOMÃO FILHO, Calixto. *O poder de controle na sociedade anônima*. 5. ed. Rio de Janeiro: Forense, 2008. p. 72-73.

[239] CARVALHO, Angelo Gamba Prata de. *Controle empresarial externo*: a definição da política financeira como critério para a identificação do controle. Dissertação (Mestrado) – Universidade de Brasília, Brasília, 2019. p. 98.

por indução, a partir de casuística, e defende que essa pode não ser a forma mais adequada de tratar o fenômeno.[240] Assim, as categorias acima são apresentadas a título exemplificativo, para facilitar a compreensão do que configura o controle externo e viabilizar as comparações propostas neste trabalho.

No intuito de estabelecer um contudo mínimo fundamental para afirmar a existência do controle externo, em vez de adotar taxonomias,[241] Carvalho observa que as tentativas de classificação do controle externo têm um elemento em comum: ora se preocupam com a causa do vínculo que está na origem do controle externo, ora se preocupam com a espécie desse vínculo,[242] mas a dependência econômica parece ser um elemento central. Esse tipo de dependência surge a partir de uma relação econômica entre sociedades. Uma organização é dependente economicamente de outra quando a definição de seus negócios e de sua atuação no mercado é condicionada pelas escolhas ou resultados da outra organização.[243]

Como alerta Paula Forgioni, essa relação de dependência econômica pode implicar a exploração oportunista da posição de sujeição do parceiro.[244] Nesse sentido, quando estabelecida essa relação de dependência econômica entre as empresas, a estrutura organizacional adotada em muito se aproxima de um modelo hierárquico, uma vez que o modelo e as condições do negócio serão definidos pela empresa em posição de dominância.

Carvalho entende que a dependência econômica se apresenta como critério econômico de identificação do controle externo.[245] Em

---

[240] CARVALHO, Angelo Gamba Prata de. *Controle empresarial externo*: a definição da política financeira como critério para a identificação do controle. Dissertação (Mestrado) – Universidade de Brasília, Brasília, 2019. p. 123.

[241] CARVALHO, Angelo Gamba Prata de. *Controle empresarial externo*: a definição da política financeira como critério para a identificação do controle. Dissertação (Mestrado) – Universidade de Brasília, Brasília, 2019. p. 123.

[242] CARVALHO, Angelo Gamba Prata de. *Controle empresarial externo*: a definição da política financeira como critério para a identificação do controle. Dissertação (Mestrado) – Universidade de Brasília, Brasília, 2019. p. 98.

[243] ANTUNES, José Engrácia. *Os grupos de sociedades*: estrutura e organização jurídica da empresa plurissocietária. Coimbra: Almedina, 2002. p. 524.

[244] FORGIONI, Paula. *Contrato de distribuição*. São Paulo: Revista dos Tribunais, 2008. p. 347-348.

[245] CARVALHO, Angelo Gamba Prata de. *Controle empresarial externo*: a definição da política financeira como critério para a identificação do controle. Dissertação (Mestrado) – Universidade de Brasília, Brasília, 2019. p. 115.

outras palavras, o autor propõe que o critério para identificação do controle externo é a definição da política financeira da sociedade subordinada, que resta submetida ao jugo do controlador.[246] A partir desse elemento, Carvalho define o controle externo como "a relação de dominação em que determinado ente externo condiciona e define a política administrativa ou comercial de outro ente empresarial".[247]

Para os fins deste trabalho, de melhor compreender o conceito de partes relacionadas em antidumping a partir de lições do direito societário, interessa-nos a definição proposta por Carvalho por meio de um elemento principal caracterizador do controle externo, mas também as situações fáticas que ilustram a sua existência. Ainda que se reconheça o caráter tentativo das taxonomias apresentadas neste capítulo, é possível extrair delas exemplos concretos de controle externo que corroboram a análise da definição de partes relacionadas em antidumping.

A partir das classificações doutrinárias para o controle externo, podemos identificar os seguintes mecanismos de exercício de poder de fato (sem participação no capital social), ou seja, controle externo: (i) os contratos, (ii) as dívidas das empresas e (iii) a presença de um sócio oculto no capital social.

Os exemplos mais clássicos de controle externo são instrumentos contratuais[248] (i), inseridos num contexto de desagregação, terceirização e especialização da produção. Na década de 1990, Comparato observou, de modo pioneiro, um fenômeno de reorganização das empresas, cujo vínculo não mais se faria por participação societária, mas por vínculo contratual.[249] Nos termos

---

[246] CARVALHO, Angelo Gamba Prata de. *Controle empresarial externo*: a definição da política financeira como critério para a identificação do controle. Dissertação (Mestrado) – Universidade de Brasília, Brasília, 2019. p. 122.

[247] CARVALHO, Angelo Gamba Prata de. *Controle empresarial externo*: a definição da política financeira como critério para a identificação do controle. Dissertação (Mestrado) – Universidade de Brasília, Brasília, 2019. p. 122.

[248] CARVALHO, Angelo Gamba Prata de. *Controle empresarial externo*: a definição da política financeira como critério para a identificação do controle. Dissertação (Mestrado) – Universidade de Brasília, Brasília, 2019. p. 99.

[249] COMPARATO, Fábio Konder. Estado, empresa e função social. *Revista dos Tribunais*, ano 85, v. 732, out. 1996. p. 40.

de Paché e Paraponaris,[250] essa estrutura tomaria a forma de uma rede de contratos estáveis, uma rede empresarial ou rede grupal. Isso porque as empresas passam a desenvolver novos desenhos contratuais que substituem as tradicionais técnicas societárias, mantendo, no entanto, uma relação de subordinação entre as empresas que adquirem tal vínculo contratual.

Contratos que resultam em controle externo são, a título de exemplo, os contratos de fornecimento, franquia, distribuição,[251] transferência ou licenciamento de tecnologia,[252] entre outros. Nesses tipos de contrato, seria usual que as condições sejam estabelecidas pela empresa central com a qual o outro polo do negócio jurídico manterá uma relação de dependência econômica em maior ou menor grau.[253] Esses contratos têm em comum o fato de disponibilizarem insumos que podem ser indispensáveis à atividade mesma da empresa. Assim, enquanto detentores de tecnologia ou material necessário a que o funcionamento da empresa controlada está condicionado, o controlador passa a ter a possibilidade de ditar as regras contratuais e influenciar, ainda que indiretamente, as decisões da empresa. A natureza da relação estabelecida por esses contratos pode gerar preocupações concorrenciais importantes.[254]

---

[250] Cf. PACHE, Gilles; PARAPONARIS, Claude. *L'Entreprise en Réseau*. Paris: PUF, 1993. Coleção Que sais-je? n. 2.704.

[251] CARVALHO, Angelo Gamba Prata de. *Controle empresarial externo*: a definição da política financeira como critério para a identificação do controle. Dissertação (Mestrado) – Universidade de Brasília, Brasília, 2019. p. 110.

[252] COSTA, Carlos Celso Orcesi. Controle externo nas companhias. *Revista de Direito Mercantil, Industrial, Econômico e Financeiro*, n. 44, p. 70-75, out./dez. 1981. p. 412.

[253] COLLINS, Hugh. Legal regulation of dependent entrepreneurs: comment. *Journal of institutional and theoretical economics*, v. 152, n. 1, p. 263-270, mar. 1996. p. 266.

[254] O Conselho Administrativo de Defesa Econômica (Cade) caracterizou, em diversas oportunidades, a dinâmica do licenciamento como controle externo, apto a ensejar a análise repressiva do Conselho do comportamento anticoncorrencial por vezes associado a esses contratos. Nos atos de concentração nºs 08012.002870/2012-38, 08012.006706/2012-08, 08012.003898/2012-34, 08012.003937/2012-01, e 08700.004957/2013-72, o Cade demonstrou preocupação com a dependência tecnológica dos obtentores de cultivares em relação à tecnologia de transgênicos da Monsanto. A posição dominante dessa no mercado de desenvolvimento de tecnologia para sementes necessárias ao funcionamento dos obtentores de cultivares possibilitava à Monsanto a capacidade de adotar políticas de *royalties* que se traduziam, na prática, em obrigações de exclusividade e não concorrência. As empresas viam-se obrigadas a adotar as condições fixadas pela Monsanto, sob o risco de terem sua demanda de licença recusada (Ato de Concentração nº 08700.001097/2017-49).

Apesar de frequentes os exemplos de controle externo por meio de conformações contratuais, não se pode descartar a existência do fenômeno em virtude de (ii) dívidas das empresas. Isso porque os credores podem passar a impor sua vontade com relação à renegociação das dívidas da sociedade, reorganização empresarial e remanejamento da administração social, principais pilares que irão determinar o futuro da empresa.[255] Em uma situação mais drástica, como a de recuperação judicial, as escolhas e conclusões dos que têm crédito a receber são extremamente determinantes para a definição da política adotada pela sociedade devedora e possível decretação de falência.[256] Ainda, no caso das debêntures, essa influência é até mesmo legitimada pelo art. 58, da Lei nº 6.404/76.[257] O dispositivo assegura às instituições o direito de indicar representante como membro do Conselho Fiscal da empresa emissora até o resgate final de todas as obrigações emitidas. Como regra geral, em caso de endividamento através da emissão de debêntures, as operações relevantes da empresa, como incorporação, têm sua efetivação condicionada à prévia aprovação dos debenturistas, reunidos em assembleia específica para este fim.

Ainda, seria possível o controle externo pela (iii) presença de um sócio oculto no capital social que exerce, sem contrato ou vínculo social oficialmente conhecido, uma autêntica atividade empresarial, em colaboração com o sócio ostensivo, pessoa física ou jurídica.[258] Nesse tipo societário de controle externo, sócio ostensivo e oculto têm suas relações mediadas por um contrato que não pode ser registrado no registro de empresas. O sócio ostensivo responde ilimitadamente pelas obrigações assumidas em nome próprio para o desenvolvimento da sociedade. O sócio oculto é, geralmente,

---

[255] COMPARATO, Fábio Konder; SALOMÃO FILHO, Calixto. *O poder de controle na sociedade anônima*. 5. ed. Rio de Janeiro: Forense, 2008. p. 79
[256] MENEZES, Maurício. *O poder de controle nas companhias em recuperação judicial*. Rio de Janeiro: Forense, 2012.
[257] "§2º Enquanto puder ser exercido o direito à conversão, dependerá de prévia aprovação dos debenturistas, em assembleia especial, ou de seu agente fiduciário, a alteração do estatuto para: a) mudar o objeto da companhia; b) criar ações preferenciais ou modificar as vantagens das existentes, em prejuízo das ações em que são conversíveis as debêntures".
[258] COMPARATO, Fábio Konder; SALOMÃO FILHO, Calixto. *O poder de controle na sociedade anônima*. 5. ed. Rio de Janeiro: Forense, 2008. p. 72-73.

o investidor, e oferece por vezes o *know-how* necessário para o desenvolvimento da atividade empresarial.

De modo didático, apresenta-se a seguir o esquema que consolida as classificações sobre os mecanismos externos de estruturação do poder empresarial, por meio de contratos, dívidas ou sócio oculto no capital social. Ressalte-se, novamente, que se trata de conceitos altamente complexos e de difícil sistematização, de modo que contrapontos e críticas serão bem-vindos, diante de uma primeira tentativa de apresentação visual do tema.

FIGURA 23 – Classificações sobre os mecanismos externos de exercício do poder empresarial – Contratos, dívidas e sócio oculto no capital social

MECANISMOS EXTERNOS DE EXERCÍCIO DO PODER EMPRESARIAL (CONTROLE EXTERNO)

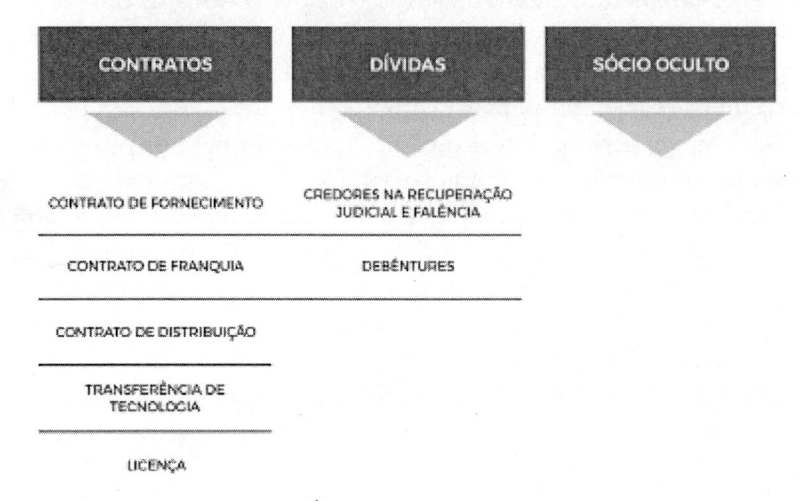

CONTRATOS	DÍVIDAS	SÓCIO OCULTO
CONTRATO DE FORNECIMENTO	CREDORES NA RECUPERAÇÃO JUDICIAL E FALÊNCIA	
CONTRATO DE FRANQUIA	DEBÊNTURES	
CONTRATO DE DISTRIBUIÇÃO		
TRANSFERÊNCIA DE TECNOLOGIA		
LICENÇA		

Fonte: Elaboração própria.

4.3 Breves noções sobre grupos empresariais e fragmentação do controle

Apresentados os mecanismos internos (4.2) e externos (4.3) de estruturação e exercício do poder empresarial, cumpre realizar uma breve digressão doutrinária e histórica sobre a transição das formas tradicionais de concentração empresarial para as chamadas formas "híbridas", que configuram uma nova forma de concentração do poder econômico na zona intermediária entre a dicotômica relação de empresa-mercado.

A concentração empresarial é um fenômeno que ancora a evolução da economia capitalista. Comparato[259] explica que as vantagens de se construir economias internas de escala se tornaram mais evidentes, e com a corrida tecnológica, só empresas grandes pareciam viáveis, já que poderiam fixar um planejamento de médio e longo prazo, com financiamento interno e expansão comercial para participação nos setores mais avançados de tecnologia, eis porque foi crescente o número de concentrações de empresas desde a Segunda Guerra Mundial. Esse entendimento de que a concentração passou a ser vista como necessidade para êxito empresarial é compartilhado por outros doutrinadores, como Bulgarelli[260] Justen Filho.[261]

Tal movimento concentracionista observou duas fases: o crescimento interno e o crescimento externo. A primeira fase, do crescimento empresarial interno, é marcada pelas grandes empresas monolíticas, caracterizadas pela fusão e incorporação. Nessas situações, unidades empresariais independentes unem-se para formar uma única empresa, de forma que suas unidades não possuem individualidade econômica ou jurídica.[262] A rápida expansão interna das sociedades engendra, no entanto, além de preocupações com uma gestão eficiente, uma reação dos Estados, que a partir do final do século XIX e início do século XX passam a impor limites legais ao crescimento das empresas.[263] A imposição de limites à liberdade econômica e de organização societária deriva

---

[259] COMPARATO, Fábio Konder. *Aspectos jurídicos da macroempresa*. São Paulo: Revista dos Tribunais, 1970. p. 4-5.
[260] BULGARELLI, Waldírio. *O conceito de fusão, incorporação e cisão*. São Paulo: Atlas, 2000.
[261] JUSTEN FILHO, Marçal. *Desconsideração da personalidade societária no direito brasileiro*. São Paulo: Revista dos Tribunais, 1987. p. 24.
[262] MUNHOZ, Eduardo Secchi. *Empresa contemporânea e direito societário*: poder de controle e grupos de sociedades. São Paulo: Juarez de Oliveira, 2002. p. 90.
[263] ANTUNES, José Engrácia. *Os grupos de sociedades*: estrutura e organização jurídica da empresa plurissocietária. Coimbra: Almedina, 2002. p. 49.

da compreensão de que a concentração empresarial pode implicar a criação de entidade com elevado poder econômico com efeitos negativos para o mercado.

Assim nasce a segunda fase do movimento concentracionista, de expansão externa, que conduz ao fenômeno da empresa plurissocietária. As empresas passam a integralizar estruturas cada vez maiores, de grupo de sociedades, mantendo a independência jurídica, mas com unidade econômica.[264] O grupo fundamenta-se nas vantagens econômicas e na diversidade da unidade, com uma "separação entre a sociedade e a empresa, surgindo a chamada empresa plurissocietária, cujas antecessoras históricas foram a empresa individual e a empresa societária".[265] É a chamada passagem da era atomística à molecular. [266] [267]

Os efeitos provocados por essas concentrações econômicas nos mercados são vários e diferentes a depender do modelo de concentração adotada. Tradicionalmente, as concentrações empresariais podem ser classificadas em três grandes blocos: (i) concentrações horizontais, (ii) concentrações verticais e (iii) conglomerados.

Nos termos de Forgioni,[268] as concentrações horizontais (i) ocorrem entre empresas com relação direta de concorrência no mesmo mercado relevante e recebem particular atenção do direito antitruste, visto que têm efeitos importantes no mercado, podendo resultar na diminuição da oferta e no consequente aumento de preços, prejudicando consumidores.

---

[264] MUNHOZ, Eduardo Secchi. *Empresa contemporânea e direito societário*: poder de controle e grupos de sociedades. São Paulo: Juarez de Oliveira, 2002. p. 91.

[265] MUNHOZ, Eduardo Secchi. *Empresa contemporânea e direito societário*: poder de controle e grupos de sociedades. São Paulo: Juarez de Oliveira, 2002. p. 92.

[266] ANTUNES, José Engrácia. *Os grupos de sociedades*: estrutura e organização jurídica da empresa plurissocietária. Coimbra: Almedina, 2002. p. 37.

[267] O professor Engrácia Antunes inicia uma de suas mais importantes obras dividindo a história do direito comercial em três períodos, de acordo com o protagonismo dos agentes econômicos que marcaram cada um deles: (i) o direito dos comerciantes individuais, que prevaleceu durante séculos; (ii) o direito das sociedades comerciais ou empresas societárias, que corresponde ao século XIX; e (iii) o direito dos grupos societários ou empresas plurissocietárias, que se inicia a partir do século XX (ANTUNES, José Engrácia. *Os grupos de sociedades*: estrutura e organização jurídica da empresa plurissocietária. Coimbra: Almedina, 2002. p. 31-46).

[268] FORGIONI, Paula. *Fundamentos do antitruste*. São Paulo: Revista dos Tribunais, 2016.

As concentrações verticais (ii), por sua vez, ocorrem entre empresas que operam em diferentes níveis ou estágios da mesma indústria, mantendo entre si relações comerciais na qualidade de cliente/fornecedor ou prestador de serviços, concatenados no processo produtivo ou na distribuição do produto. Essas formas de associação entre as empresas podem gerar ganhos em eficiência e serem vistas positivamente pelo direito antitruste.

Uma terceira categoria, "residual" nos termos de Salomão Filho,[269] consiste nas concentrações conglomeradas (iii), que englobam concentrações de agentes que não guardam relações entre si, nem de concorrência direta nem de cliente/fornecedor. Para a OCDE, concentrações conglomerais são concentrações entre empresas não relacionadas.[270] A definição de Ana Frazão, por fim, abarca esses dois elementos: conglomerados ocorrem entre duas empresas não relacionadas e não concorrentes que atuam em mercados distintos.[271] O caráter residual dessa classificação é confirmado na prática brasileira, representando a minoria dos atos de concentração avaliados pelo Cade.[272]

Esses três modelos de concentração empresarial, por sua vez, são viabilizados juridicamente pela incorporação,[273] pela fusão[274] ou pela cisão,[275] com consequências diferentes para a personalidade jurídica e para a transmissão do patrimônio.[276]

Ocorre que, cada vez mais esses modelos estanques não se mostram suficientes para explicar a alta complexidade da atividade

---

[269] SALOMÃO FILHO, Calixto. *O novo direito societário*. 4. ed. São Paulo: Malheiros, 2011.
[270] OCDE. *Glossary of Industrial Organization Economics and Competition Law*. 2002. p. 58.
[271] FRAZÃO, Ana. *Direito da concorrência*: pressupostos e perspectivas. São Paulo: Saraiva, 2017. p. 117.
[272] IANELLI, Vivian. Análise empírica dos atos de concentração verticais: como o Cade tem endereçado os efeitos unilaterais e coordenados em seus julgados? Trabalho de Conclusão de Curso (Bacharelado) – Universidade de Brasília, Brasília, 2019. p. 35.
[273] "Art. 227. A incorporação é a operação pela qual uma ou mais sociedades são absorvidas por outra, que lhes sucede em todos os direitos e obrigações".
[274] "Art. 228. A fusão é a operação pela qual se unem duas ou mais sociedades para formar sociedade nova, que lhes sucederá em todos os direitos e obrigações".
[275] "Art. 229. A cisão é a operação pela qual a companhia transfere parcelas do seu patrimônio para uma ou mais sociedades, constituídas para esse fim ou já existentes, extinguindo-se a companhia cindida, se houver versão de todo o seu patrimônio, ou dividindo-se o seu capital, se parcial a versão".
[276] BULGARELLI, Waldírio. *O conceito de fusão, incorporação e cisão*. São Paulo: Atlas, 2000. p. 50 e ss.

empresarial, não necessariamente vinculada a uma pessoa jurídica ou a um grupo. Amatori e Colli[277] sinalizam para um esgotamento da grande empresa ante o aparecimento dessas novas tecnologias. Supõe-se que a revolução das comunicações, o desenvolvimento tecnológico e a competição globalizada teriam complexificado a forma de interação entre as empresas, que passam a se organizar, como explica Forgioni,[278] a partir de uma "teia" de contratos firmados por empresas desverticalizadas.

As evoluções da teoria da organização industrial[279] apresentam importante avanço para a teoria da firma proposta por Ronald Coase.[280] Segundo Richardson, as opções tradicionais de produzir bens e serviços dentro da própria organização empresarial (relações internas – *make*) ou adquiri-los no mercado (relações externas – *buy*) nem sempre levarão a arranjos organizacionais adequados para a performance da empresa no mercado. Quando a empresa produz internamente, há uma relação de autoridade,[281] ao passo que quando a empresa compra externamente, realiza transações consensuais no mercado.

"Empresa" e "mercado" não devem, portanto, ser vistos como elementos contraditórios, mas pontos extremos de um contínuo movimento entre situações de "mercado puro" (*pure market*) e de "empresa pura" (*pure firm*). Amanda Athayde e Laura Schertel[282] sinalizam o caráter sistêmico das redes contratuais, que ocupam posição intermediária entre esses dois polos. Entre um e outro

---

[277] AMATORI, Franco; COLLI, Andrea. *Storia d'impresa*: complessità e comparazione. Milão: Pearson Italia, 2011. p. 317-318.

[278] FORGIONI, Paula. *A evolução do direito comercial brasileiro*: da mercancia ao mercado. São Paulo: Revista dos Tribunais, 2009. p. 25-28.

[279] Cf. RICHARDSON, G. B. The organization of industry. In: BUCKLEY, Peter; MICHIE, Jonathan. *Firms, organizations and contracts*. New York: Oxford University Press, 1999. p. 59-74.

[280] COASE, Ronald. *The firm, the market and the law*. Chicago: The University of Chicago Press, 1988. p. 33-55.

[281] Essa hierarquia ou autoridade, explica Frazão, é o que chamamos de controle ou direção empresarial (FRAZÃO, Ana. Joint ventures contratuais. *Revista de Informação Legislativa*, v. 52, n. 187, p. 187-211, jul./set. 2015. p. 190).

[282] ATHAYDE, Amanda; MENDES, Laura Schertel. Comentário: TEUBNER, Gunther. "Profit sharing como dever associativo? Da transferência de vantagens de rede em sistemas de franquia e A crise da teoria contratual e sua reinvenção em novas realidades". In: TEUBNER, Gunther; CAMPOS, Ricardo; VICTOR, Sérgio A. F. (Org.). *Jurisprudência sociológica* – Perspectivas teóricas e aplicações dogmáticas. São Paulo: Saraiva, 2020. p. 482.

extremo, existiriam vários estágios intermediários, que Richardson define como *firm like markets* ou *markets like firm*.[283] Trata-se de um fenômeno interessante porque permite rápidas modificações da estrutura empresarial, com menos custos econômicos.[284] O novo modelo de relações interempresariais a partir de contratos garante assim a flexibilidade das transações, com padrões mínimos de estabilidade para fazer frente às incertezas do mercado.[285] É notável, nesse sentido, a eficiência trazida pela extinção de uma relação contratual em comparação com operações tradicionais de fusão, incorporação, cisão etc.[286]

Assim, a realidade atual é marcada pela fragmentação e desagregação das empresas, ou pela substituição de um sistema de produção verticalmente integrado por um sistema de produção coordenado entre diferentes empresas.[287] Essa "rede dinâmica", com combinações únicas de estratégia, estrutura e processos gerenciais em face de condições competitivas cada vez mais complexas e mutáveis, leva, entre outras consequências, à troca de mecanismos administrativos internos por substitutos de mercado.[288] Essa "terceira via" na linha da gradação entre empresa e mercado é então marcada pela cooperação, definida como qualquer relação de longa duração entre empresas independentes.[289] [290]

---

[283] RICHARDSON, G. B. The organization of industry. *In*: BUCKLEY, Peter; MICHIE, Jonathan. *Firms, organizations and contracts*. New York: Oxford University Press, 1999. p. 59-74.

[284] MUNHOZ, Eduardo Secchi. *Empresa contemporânea e direito societário*: poder de controle e grupos de sociedades. São Paulo: Juarez de Oliveira, 2002. p. 133.

[285] WILLIAMSON, Oliver. Transaction cost economics: how it works; where it is headed. *The Economist*, v. 146, n. 3, 1998. p. 23-58.

[286] MUNHOZ, Eduardo Secchi. *Empresa contemporânea e direito societário*: poder de controle e grupos de sociedades. São Paulo: Juarez de Oliveira, 2002. p. 133.

[287] DORE, Ronald. Goodwill and market capitalism. *In*: BUCKLEY, Peter; MICHIE, Jonathan. *Firms, organizations and contracts*. New York: Oxford University Press, 1999. p. 361-365.

[288] MILES, Raymond E.; SNOW, Charles C. Organizations: new concepts for new forms. *In*: BUCKLEY, Peter; MICHIE, Jonathan. *Firms, organizations and contracts*. New York: Oxford University Press, 1999. p. 429.

[289] MARITI, P.; SMILEY, R.H. Co-operative agreements. *In*: BUCKLEY, Peter; MICHIE, Jonathan. *Firms, organizations and contracts*. New York: Oxford University Press, 1999. p. 276-292.

[290] Para compreender melhor o fenômeno específico da cooperação entre as empresas através de diferentes naturezas de contrato, como os contratos híbridos, as *joint ventures* e os contratos associativos, cf. FORGIONI, Paula. *Teoria geral dos contratos empresariais*. São Paulo: Revista dos Tribunais, 2011; FRAZÃO, Ana. Joint ventures contratuais. *Revista*

Nesse diapasão, novas formas de relacionamento entre empresas agregam desverticalização e contratualização dos processos produtivos, complexificando a interação entre as empresas, o que representa um importante desafio para o direito societário, dado que, para caracterizá-las e compreendê-las, seus métodos tradicionais revelam-se insuficientes.

Em resumo: novas formas de organização têm procurado uma zona intermediária entre dois extremos apresentados por Coase (empresa – mercado),[291] não mais se restringindo a uma escolha entre o produzir internamente na empresa (*make*) ou adquirir externamente no mercado (*buy*). E essa zona intermediária consiste justamente na tentativa de combinar a estabilidade empresarial com a flexibilidade do mercado,[292] em um movimento de esgotamento da grande empresa e da importância cada vez maior da desverticalização, da terceirização (*outsourcing*), das redes entre as empresas,[293] ou seja, de formas flexíveis entre mercado e empresa.[294] Exemplos dessas formas mais flexíveis de associação entre empresas são chamados contratos de cooperação, relacionais,[295] híbridos,[296] associativos[297] e

---

de Informação Legislativa, v. 52, n. 187, p. 187-211, jul./set. 2015; CARVALHO, Angelo Gamba Prata de. *Os contratos híbridos como formas de organização jurídica do poder econômico*. Trabalho de Conclusão de Curso (Bacharelado) – Universidade de Brasília, Brasília, 2017; MARSSOLA, Julia. Contratos associativos: do desafio conceitual à dificuldade de enquadramento pelo Cade. *In*: MACEDO, Agnes *et al*. (Org.). *Women in Antitrust WIA – Livro I*. São Paulo: Singular, 2018.

[291] COASE, Ronald. *The firm, the market and the law*. Chicago: The University of Chicago Press, 1988. p. 33-55.

[292] FRAZÃO, Ana. Joint ventures contratuais. *Revista de Informação Legislativa*, v. 52, n. 187, p. 187-211, jul./set. 2015. p. 189.

[293] AMATORI, Franco; COLLI, Andrea. *Storia d'impresa*: complessità e comparazione. Milão: Pearson Italia, 2011. p. 317-318.

[294] RICHARDSON, G. B. The organization of industry. *In*: BUCKLEY, Peter; MICHIE, Jonathan. *Firms, organizations and contracts*. New York: Oxford University Press, 1999. p. 59-74.

[295] Contratos relacionais tendem a se estender no tempo, com certa interdependência entre os contratantes e foco maior na disciplina do relacionamento no que na ordem específica do cumprimento de obrigações (FORGIONI, Paula. *Teoria geral dos contratos empresariais*. São Paulo: Revista dos Tribunais, 2011. p. 174-175).

[296] Nos contratos híbridos, observamos uma coordenação explícita entre agentes distintos e autônomos organizacionalmente, sem compartilhamento de riscos (FORGIONI, Paula. *Teoria geral dos contratos empresariais*. São Paulo: Revista dos Tribunais, 2011. p. 173-174; CARVALHO, Angelo Gamba Prata de. *Os contratos híbridos como formas de organização jurídica do poder econômico*. Trabalho de Conclusão de Curso (Bacharelado) – Universidade de Brasília, Brasília, 2017. p. 32).

[297] Os contratos associativos constituem contratos de empresa com fim comum, e podem ser distinguidos dos híbridos por essa identidade de propósitos, a criação de um

networks ou redes contratuais.[298] Como se vê, há um fenômeno de fragmentação da teoria contratual clássica.[299]

Os grupos empresariais, portanto, estão inseridos justamente nessa zona intermediária que busca combinar a estabilidade empresarial com a flexibilidade do mercado. Consistem, assim, em um conjunto de empresas que possuem personalidades jurídicas distintas, mas que atuam com direção unitária. Comparato aponta, então, uma "unidade na diversidade".[300] Para o autor, a concentração do poder político das empresas se tornou compatível a partir da descentralização administrativa. Comparato sinaliza que dois instrumentos foram essenciais para permitir o surgimento dos grupos empresariais: a personalidade coletiva e participação acionária.[301] A personalidade coletiva permitiu a multiplicação dos focos de relações jurídicas e uma autonomia patrimonial. Já a participação acionária possibilitou um comando unitário sobre diversos patrimônios. Ou seja, foi possível obter controle sem o ônus da propriedade, que representa o risco.

Nesse sentido, são inúmeras as vantagens trazidas por essa estrutura dos grupos empresariais. Por exemplo, Munhoz[302] aponta vantagens econômicas, no sentido de permitir maior eficiência e operações de integração com redução de riscos, visto que as

---

empreendimento comum com compartilhamento de riscos (MARSSOLA, Julia. Contratos associativos: do desafio conceitual à dificuldade de enquadramento pelo Cade. *In*: MACEDO, Agnes *et al*. (Org.). *Women in Antitrust WIA* – Livro I. São Paulo: Singular, 2018. p. 24-25; CAIXETA, Deborah Batista. *Contratos associativos*: características e relevância para o direito concorrencial das estruturas. 2015. Dissertação (Mestrado em Direito) – Universidade de Brasília, Brasília, 2015. p. 112).

[298] As redes contratuais designam um conjunto de empresas independentes que adotam um padrão de contratos inter-relacionados com o objetivo de dar às partes alguns benefícios da coordenação normalmente obtidos pela integração vertical com uma única empresa, sem jamais ter criado um negócio integrado único (COLLINS, Hugh. Legal regulation of dependent entrepreneurs: comment. *Journal of institutional and theoretical economics*, v. 152, n. 1, p. 263-270, mar. 1996. p. 1).

[299] NEGREIROS, Teresa. *Teoria do contrato* – Novos paradigmas. Rio de Janeiro: Renovar, 2002. p. 110.

[300] COMPARATO, Fábio Konder. Grupos societários. *In*: COMPARATO, Fábio Konder. *Ensaios e pareceres de direito comercial*. Rio de Janeiro: Forense, 1978. p. 195.

[301] COMPARATO, Fábio Konder. Grupos societários. *In*: COMPARATO, Fábio Konder. *Ensaios e pareceres de direito comercial*. Rio de Janeiro: Forense, 1978. p. 195.

[302] MUNHOZ, Eduardo Secchi. *Empresa contemporânea e direito societário*: poder de controle e grupos de sociedades. São Paulo: Juarez de Oliveira, 2002. p. 133.

companhias permanecem com seu patrimônio e administração próprios. Além disso, os grupos empresariais permitem a reunião de diversas empresas em estruturas mais elásticas e flexíveis, o que possibilita ajustes constantes. Afinal, aponta o autor, a extinção da relação contratual que gerou o grupo é mais simples que a extinção de uma cisão, incorporação, fusão ou venda.

A existência da chamada "direção unitária" entre as empresas é, portanto, o elemento mais importante para a formação de grupos empresariais.[303] Trata-se da tentativa de adotar uma direção econômica unitária e comum[304] para orientar as escolhas das empresas e deixá-las mais semelhantes. Essa ideia é uma resposta do direito societário à expansão das empresas contemporâneas.[305] As sociedades jurídicas se unem por uma direção econômica unitária, mantendo a sua personalidade jurídica distinta das demais organizações.

Engrácia Antunes[306] ensina que essa direção econômica em comum pode relacionar-se à política comercial, financeira e de gestão das sociedades.[307] Ainda que o conceito seja difícil de ser delimitado, o autor enumera aspectos que, não necessariamente de forma cumulativamente, caracterizam a direção unitária: (i) filosofia geral comum ao grupo; (ii) estrutura geral comum ao grupo; (iii) objetivos e estratégias comuns ao grupo; (iv) política geral de funcionamento do grupo em áreas como *marketing*, produtos, finanças e pessoal; e (v) supervisão sobre a execução de todos os aspectos acima mencionados, o que enseja a criação de estruturas de controle interno,[308] inclusive no que diz respeito ao gerenciamento de

---

[303] SZTAJN, Rachel. Ensaio tipológico dos grupos de sociedades. *In*: BAPTISTA, Luiz Olavo; HUCK, Hermes Marcelo; CASELLA, Paulo Borba (Org.). *Direito e comércio internacional*: tendências e perspectivas. Estudos em homenagem ao Prof. Irineu Strenger. São Paulo: LTR, 1994. p. 599.

[304] ANTUNES, José Engrácia. *Os grupos de sociedades*: estrutura e organização jurídica da empresa plurissocietária. Coimbra: Almedina, 2002. p. 52.

[305] RODRIGUES, Eduardo Frade. *O direito societário e a estruturação do poder econômico*. Dissertação (Mestrado em Direito) – Universidade de Brasília, Brasília, 2016. p. 18.

[306] ANTUNES, José Engrácia. *Os grupos de sociedades*: estrutura e organização jurídica da empresa plurissocietária. Coimbra: Almedina, 2002. p. 38; 55.

[307] ANTUNES, José Engrácia. *Os grupos de sociedades*: estrutura e organização jurídica da empresa plurissocietária. Coimbra: Almedina, 2002. p. 92.

[308] A expressão "controle interno" aqui usada não se refere ao exercício da tomada de decisão das sociedades empresariais. Nesse trecho, faz referência à estrutura orgânica dentro das

risco. No entanto, como sinalizado pelo autor, não há, na doutrina, uma definição clara e pacífica de qual a abrangência dessa direção unitária. Em uma análise mais ampla, para a formação do grupo, seria necessário que houvesse uma direção comum em quaisquer áreas da sociedade e não apenas na econômica – como apontado por Antunes –,[309] desde que capaz de suprimir a independência econômica da companhia.

O grupo formado a partir da direção unitária entre diferentes empresas é, segundo Comparato,[310] um grupo empresarial de coordenação. Suas principais características são a presença de direção unitária e a conservação da independência entre as empresas. As empresas, agrupadas nesse modelo, participam da definição das políticas gerais do grupo em condições de igualdade. Assim, é possível observar situações nas quais não necessariamente existe participação acionária e que as empresas não subordinam seus interesses a um agente "controlador", mas que existe a direção unitária que harmoniza os interesses do grupo, como é o exemplo dos consórcios. Assim, nos grupos de coordenação, como descreve Lobo,[311] as empresas submetem-se a um superórgão controlador-supervisor-diretor, comandado por representantes das companhias do grupo, mas se mantêm independentes.

Por sua vez, nos grupos de subordinação, há uma sociedade que controla as demais (*vide* discussão sobre o conceito de controle, nos termos da subseção 4.1). Para Lobo,[312] a sociedade controladora exerce incontestável poder de comando e domínio sobre as outras, de forma a gerar uma direção unitária por meio de diretrizes e ordens de seu interesse. Dessa forma, a atividade das companhias subordinadas é voltada para o interesse do grupo ou mesmo da controladora, mesmo que isso não seja expresso em lei, como pontua

---

sociedades, para garantir que o exercício da atividade empresarial esteja em acordo com as políticas e a direção da sociedade empresarial.

[309] ANTUNES, José Engrácia. *Os grupos de sociedades*: estrutura e organização jurídica da empresa plurissocietária. Coimbra: Almedina, 2002. p. 93

[310] COMPARATO, Fábio Konder; SALOMÃO FILHO, Calixto. *O poder de controle na sociedade anônima*. 5. ed. Rio de Janeiro: Forense, 2008. p. 363.

[311] LOBO, Jorge. Direito dos grupos de sociedades. *Revista Forense*, Rio de Janeiro, v. 341, 1998. p. 94.

[312] LOBO, Jorge. Direito dos grupos de sociedades. *Revista Forense*, Rio de Janeiro, v. 341, 1998. p. 94.

Comparato.[313] Sobre a diferença entre essas duas espécies (grupos de coordenação e subordinação), Frazão[314] aponta que nos grupos de coordenação há sim uma hierarquia, mas o grau em que isso acontece é inferior ao dos grupos subordinados.

Para além da diferenciação doutrinária entre os grupos empresariais de coordenação e de subordinação, cumpre também mencionar a classificação dos grupos de direito ou de fato. A Lei das S.A. define no art. 265 que os grupos de direito existem mediante convenção pela qual se obriguem a combinar recursos ou esforços para a realização dos respectivos objetos, ou a participar de atividades ou empreendimentos comuns. Ainda, cumpre ressaltar que, nos termos do art. 266 da Lei das S.A., a convenção grupal que estabelecer o grupo vai determinar a estrutura do grupo, mantendo a personalidade e patrimônio distinto das companhias. Assim, quanto aos grupos de fato, esses não são criados por meio de convenção, ou mesmo possuem organização formal ou obrigacional, como traz Eizirik.[315]

Por fim, para o objetivo deste livro, de se valer das noções do direito societário para melhor apreender o conceito de partes relacionadas para as investigações antidumping, cabe ainda refletir acerca dos efeitos dessa fragmentação de controle, nas consequências de ter uma empresa influenciando as decisões de outra, com conhecimento de suas operações, ainda que de formas mais sutis do que o controle e a direção econômica unitária.

Com a estrutura desverticalizada e contratual, marcada por novos arranjos de interação cooperativa entre as empresas, as formas de influência e de controle de uma empresa sobre outra ficam cada vez mais complexas, com contornos menos nítidos. Por exemplo, uma empresa pode exercer influência relevante[316] sobre a outra, ao

---

[313] COMPARATO, Fábio Konder. Grupos societários. *In*: COMPARATO, Fábio Konder. *Ensaios e pareceres de direito comercial.* Rio de Janeiro: Forense, 1978. p. 205.

[314] FRAZÃO, Ana. Grupos societários no direito do trabalho: critérios de configuração e consequências. *Revista Semestral de Direito Empresarial*, Rio de Janeiro, n. 16, 2016. p. 120.

[315] EIZIRIK, Nelson. *A Lei das S/A comentada.* São Paulo, Quartier Latin, 2011. v. 3. p. 332.

[316] Exerce influência relevante, por exemplo, o acionista minoritário com poder de veto para algumas decisões estratégicas da empresa. Outros exemplos são a possibilidade de eleger membros do conselho de administração e da diretoria, o exercício real de influência nas assembleias-gerais etc. (RODRIGUES, Eduardo Frade. *O direito societário e a estruturação do poder econômico.* Dissertação (Mestrado em Direito) – Universidade de Brasília, Brasília, 2016. p. 106).

invés de influência significativa (*vide* subseção 4.1 deste livro). A influência relevante é observada quando há influência apenas em algumas decisões da empresa, sendo uma questão de fato. Frequentemente está associada a participações societárias minoritárias, que não dão ao agente um poder de controle sobre a empresa, mas lhe propiciam direitos societários que permitem algum grau de influência sobre algumas decisões estratégicas.[317]

Ademais, é possível haver o compartilhamento de informações estratégicas de uma empresa com a outra[318] por meio de instrumentos que fogem à noção clássica do direito societário. É o caso, por exemplo, de informações trocadas por meio de participações societárias pequenas e minoritárias e por vezes totalmente passivas, desprovidas de qualquer influência relevante.[319] É o caso, também, de informações trocadas por meio da existência de *interlocking directorates*,[320] ou seja, por dirigentes comuns em empresas diferentes.[321] Ademais, o acesso a informações estratégicas pode se dar não através de participação societária ou de arranjos contratuais, mas através de laços de parentesco. Essas são relações de dominância pessoal, em que a influência ou o controle decorrem da existência de vínculos eminentemente pessoais entre gestores de duas ou mais sociedades.[322]

---

[317] RODRIGUES, Eduardo Frade. *O direito societário e a estruturação do poder econômico*. Dissertação (Mestrado em Direito) – Universidade de Brasília, Brasília, 2016. p. 106.

[318] RODRIGUES, Eduardo Frade. *O direito societário e a estruturação do poder econômico*. Dissertação (Mestrado em Direito) – Universidade de Brasília, Brasília, 2016. p. 113.

[319] RODRIGUES, Eduardo Frade. *O direito societário e a estruturação do poder econômico*. Dissertação (Mestrado em Direito) – Universidade de Brasília, Brasília, 2016. p. 114.

[320] Os *interlocking directorates* ou conselhos entrelaçados podem ser verificados quando duas ou mais empresas, ainda que não tenham participações societárias entre si, possuem administradores em comum, ou quando duas ou mais empresas são sócias de uma terceira, interagindo entre si no exercício dessa função (RODRIGUES, Eduardo Frade. *O direito societário e a estruturação do poder econômico*. Dissertação (Mestrado em Direito) – Universidade de Brasília, Brasília, 2016. p. 106). A doutrina também alerta para a possibilidade de *interlocking directores* indiretos, que seriam decorrentes não de um mesmo executivo entre duas empresas, mas do vínculo entre executivos diferentes de empresas diversas (MENDONÇA, Elvino de Carvalho et al. (Org.). *Compêndio de direito da concorrência*: temas de fronteira. São Paulo: Migalhas, 2015. p. 16).

[321] FRAZÃO, Ana. Grupos societários no direito do trabalho: critérios de configuração e consequências. *Revista Semestral de Direito Empresarial*, Rio de Janeiro, n. 16, 2016. p. 126.

[322] CARVALHO, Angelo Gamba Prata de. *Controle empresarial externo*: a definição da política financeira como critério para a identificação do controle. Dissertação (Mestrado) – Universidade de Brasília, Brasília, 2019. p. 82.

4.4 Quadro-resumo dos mecanismos internos e externos de estruturação do exercício do poder empresarial e da fragmentação do controle

Em resumo, as formas de poder empresarial podem ser estruturadas por meio de mecanismos internos clássicos do direito societário, como controle majoritário, controle minoritário ou coligação/influência significativa. Ademais, o poder empresarial pode ser exercido por meio de mecanismos externos, explicitados pela noção de controle externo. Escapam, porém, a estas noções mais estanques as formas mais sutis de poder empresarial, caracterizadas pelo contexto de fragmentação da noção de controle e de desverticalização do processo produtivo, por meio de instrumentos como a influência relevante em decisões específicas e o compartilhamento de informações estratégicas, seja por meio de participações societárias passivas, por meio de *interlocking directorates*, por meio de relações de parentesco, entre outras.

Na tentativa de simplificar, ainda que de modo demasiado, toda essa complexidade jurídica das formas de estruturação e exercício do poder empresarial, apresenta-se a imagem a seguir, no intuito de facilitar a compreensão dos institutos. Ressalte-se, novamente, que se trata de conceitos altamente complexos e de difícil sistematização, de modo que contrapontos e críticas serão bem-vindos, diante de uma primeira tentativa de apresentação visual do tema.

FIGURA 24 – Quadro-resumo dos mecanismos internos
e externos de estruturação do exercício do poder
empresarial e da fragmentação do controle

MECANISMOS INTERNOS E EXTERNOS DE ESTRUTURAÇÃO E EXERCÍCIO DO PODER EMPRESARIAL E FRAGMENTAÇÃO DO CONTROLE

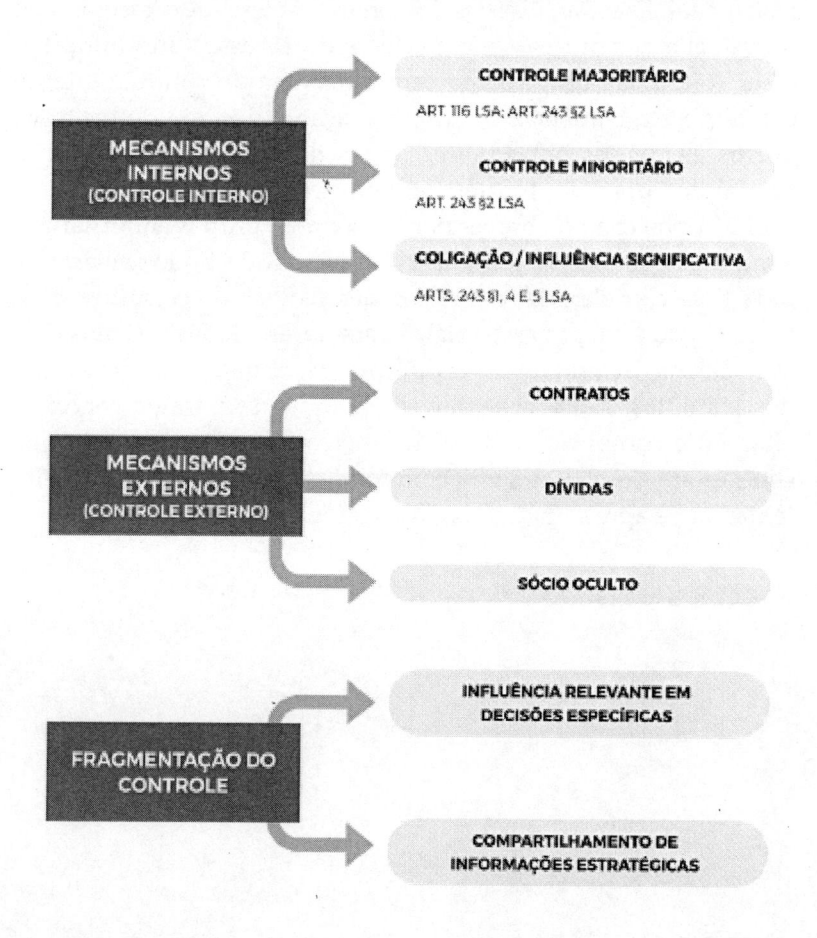

MECANISMOS INTERNOS (CONTROLE INTERNO)
- CONTROLE MAJORITÁRIO — ART. 116 LSA; ART. 243 §2 LSA
- CONTROLE MINORITÁRIO — ART. 243 §2 LSA
- COLIGAÇÃO / INFLUÊNCIA SIGNIFICATIVA — ARTS. 243 §1, 4 E 5 LSA

MECANISMOS EXTERNOS (CONTROLE EXTERNO)
- CONTRATOS
- DÍVIDAS
- SÓCIO OCULTO

FRAGMENTAÇÃO DO CONTROLE
- INFLUÊNCIA RELEVANTE EM DECISÕES ESPECÍFICAS
- COMPARTILHAMENTO DE INFORMAÇÕES ESTRATÉGICAS

Fonte: Elaboração própria.

Conclusão do Capítulo 4

Este capítulo apresentou os resultados da revisão de literatura de direito societário conduzida a fim de responder à pergunta de pesquisa que orientou a elaboração desta obra. O objetivo foi traçar um breve panorama dos mecanismos de configuração do poder empresarial, apresentando diferentes tipologias e interpretações doutrinárias para a noção de controle que pudessem instrumentalizar a análise das diferentes hipóteses de caracterização do relacionamento entre as partes em processos antidumping, a ser conduzida no próximo capítulo. Além do controle interno e externo e a tendência de fragmentação e declínio do controle, outros elementos importantes foram discutidos, como direção econômica unitária, influência significativa ou relevante. Este capítulo trouxe ainda breves noções sobre os grupos empresariais. Ainda, na tentativa de simplificar, mesmo que de modo demasiado, toda essa complexidade jurídica das formas de estruturação e exercício do poder empresarial, foram apresentadas imagens com sistematizações tentativas, no intuito de facilitar a compreensão dos institutos. Ressalte-se, novamente, que se trata de conceitos altamente complexos e de difícil sistematização, de modo que contrapontos e críticas serão bem-vindos, diante de uma primeira tentativa de apresentação visual do tema.

CAPÍTULO 5

5 Proposta de correlação entre os conceitos do direito societário e as hipóteses de partes relacionadas no Decreto nº 8.058/2013 de investigações antidumping

Nesta seção será apresentada proposta de correlação entre os conceitos do direito societário discutidos no Capítulo 4 e cada uma das hipóteses do Decreto nº 8.058/2013 nas investigações antidumping quanto à caracterização ou não de partes relacionadas. Para tanto, primeiro serão apresentadas as correlações referentes ao art. 35, §1º do Decreto nº 8.058/2013, referentes às partes relacionadas que compõem a indústria doméstica (5.1), para em seguida apresentar as correlações referentes ao art. 14, §10 do Decreto nº 8.058/2013, referentes às partes relacionadas investigadas pela prática de dumping.

Com isso, espera-se responder à seguinte pergunta: qual a correlação entre o conceito de partes relacionadas em investigações antidumping e os conceitos de controle e influência do direito societário? Conforme já mencionado, a hipótese da pesquisa é de que o direito societário, com suas noções de controle, influência significativa ou relevante, pode fornecer pistas para essa definição presente em processos de defesa comercial.

5.1 Correlação entre as hipóteses do art. 35, §1º do Decreto nº 8.058/2013 e os conceitos do direito societário

Conforme a subseção 2.2 deste livro, recorda-se que o §1º do art. 35[323] do Decreto nº 8.058/2013 se refere a três hipóteses de

---

[323] Decreto nº 8.058/2013: "Art. 35. [...] §1º Para os efeitos do inciso I do caput, os produtores domésticos serão considerados associados ou relacionados aos produtores estrangeiros,

relacionamento para fins da configuração de partes relacionadas que compõem a indústria doméstica, que serão a seguir correlacionadas com os conceitos do direito societário apresentados no Capítulo 4. Recorde-se, ademais, que todas as hipóteses dizem respeito a relacionamento entre empresas.

FIGURA 10 (Repetição) – Incisos do art. 35, §1º do Decreto nº 8.058/2013 sobre partes relacionadas que compõem a indústria doméstica

PARTES RELACIONADAS ÀS EMPRESAS QUE COMPÕEM A INDÚSTRIA DOMÉSTICA

ART. 35.§1

DECRETO 8.058/2013 E PARTES RELACIONADAS

I – UMA DELAS POSSUIR CONTROLE, DIRETO OU INDIRETO, DA OUTRA, INCLUSIVE POR ACORDO DE ACIONISTAS

II – TERCEIRA PESSOA POSSUIR CONTROLE DE AMBAS, DIRETA OU INDIRETAMENTE

III – AMBAS POSSUÍREM CONTROLE, DIRETA OU INDIRETAMENTE, DE TERCEIRA PESSOA

Fonte: Elaboração própria.

---

aos exportadores ou aos importadores somente no caso de: I - um deles controlar direta ou indiretamente o outro; II - ambos serem controlados direta ou indiretamente por um terceiro; ou III - juntos controlarem direta ou indiretamente um terceiro".

5.1.1 Art. 35, §1º, I, do Decreto nº 8.058/2013 e sua correlação com os conceitos do direito societário: "I - um deles controlar direta ou indiretamente o outro"

Nos termos do inc. I do §1º do art. 35 do Decreto nº 8.058/2013, pode ser caracterizado relacionamento entre partes que compõem a indústria doméstica se uma delas possuir controle, direto ou indireto, da outra. Nota-se que a redação é muito semelhante àquela da hipótese do inc. V, do §10 do art. 14 do Decreto nº 8.058/2013.

Essa hipótese se concentra na noção de controle, sem distinção entre controle interno (*vide* subseção 4.1) ou controle externo (*vide* subseção 4.2). Diante da inexistência de parâmetros percentuais para esse exercício do controle interno, este inc. I do §1º do art. 35 do Decreto nº 8.058/2013 parece abarcar todas as formas de controle interno, majoritário ou minoritário.

Como exemplo, pode-se pensar no cenário em que determinada produtora nacional seja titular de parte do capital social do exportador ou de um importador do produto investigado, ou que o exportador estrangeiro possua participação no capital social da produtora nacional. A participação pode ser, portanto, ascendente ou descendente. O controle pode ser direto ou indireto, de modo que a participação no capital social pode vincular diretamente o produtor nacional e o exportador ou o importador do produto investigado ou o vínculo pode ser estabelecido por intermédio de terceira empresa. Nessa última hipótese, o produtor nacional pode possuir controle de uma empresa, a qual, por sua vez, exerce o controle sobre o exportador ou o importador do produto investigado.

O §2º do art. 35 do Decreto nº 8.058/2013 define controle como a existência de condições legais ou operacionais de restringir ou influir nas decisões da segunda. Nesse sentido, o controle não é definido apenas nas situações de participação no capital social, podendo uma situação de controle ser identificada quando, por exemplo, a produtora nacional e o importador possuírem administradores, membros de conselhos de administração comuns, por meio de relações de parentesco, entre outras.

5.1.2 Art. 35, §1º, II do Decreto nº 8.058/2013 e sua correlação com os conceitos do direito societário: "II - ambos serem controlados direta ou indiretamente por um terceiro"

Nos termos do inc. II do §1º do art. 35 do Decreto nº 8.058/2013, pode ser caracterizado relacionamento entre partes que compõem a indústria doméstica se ambos forem controlados direta ou indiretamente por um terceiro. Nota-se que a redação é muito semelhante àquela da hipótese do inc. VI do §10 do art. 14 do Decreto nº 8.058/2013.

Neste caso, diferentemente do inc. I, para além da existência de controle entre duas empresas, há uma relação destas e uma terceira. Trata-se da hipótese em que as duas empresas estão em posição de subordinação em relação à controladora, ou seja, são sociedades controladas. Configura-se, portanto, relacionamento vinculado à noção de grupo de subordinação do direito societário.

Esta hipótese também se concentra na noção de controle, sem distinção entre controle interno (*vide* subseção 4.1) ou controle externo (*vide* subseção 4.2). Diante da inexistência de parâmetros percentuais para esse exercício do controle interno, este inc. II do §1º do art. 35 do Decreto nº 8.058/2013 também parece abarcar todas as formas de controle interno, majoritário ou minoritário.

Como exemplo, pode-se imaginar a situação de duas empresas que, embora não possuam participações no capital social uma da outra, são controladas por uma terceira empresa, uma *holding* ou um fundo de investimento. O controle pode ser direto ou indireto, de forma que a participação no capital social pode vincular diretamente o produtor nacional, o exportador ou o importador do produto investigado com uma terceira entidade ou o vínculo pode ser estabelecido por intermédio de outras empresas. Nessa última hipótese, todas as partes estariam ligadas a uma entidade única, ainda que esta exercesse o controle por meio de suas subsidiárias.

Recorde-se que o §2º do art. 35 do Decreto nº 8.058/2013 define controle como a existência de condições legais ou operacionais de restringir ou influir nas decisões da segunda. Imagine-se, por exemplo, a situação em que produtor nacional e importador do produto investigado sejam economicamente dependentes de um terceiro a ponto de este deter controle sobre as atividades de ambas as empresas. Nesse cenário, poder-se-ia estar diante de uma situação em que o relacionamento é definido pela existência de subalternidade do produtor nacional e do importador a uma terceira empresa.

5.1.3 Art. 35, §1º, III do Decreto nº 8.058/2013 e sua correlação com os conceitos do direito societário: "III - juntos controlarem direta ou indiretamente um terceiro"

Nos termos do inc. III do §1º do art. 35 do Decreto nº 8.058/2013, pode ser caracterizado relacionamento entre partes nacionais que compõem a indústria doméstica se juntos controlarem direta ou indiretamente um terceiro. Nota-se que a redação é muito semelhante àquela da hipótese do inc. VII do §10 do art. 14 do Decreto nº 8.058/2013.

Neste caso, tal qual mencionado quanto ao inc. II, e diferentemente da hipótese do inc. I, para além da existência de controle entre duas empresas, há uma relação destas e uma terceira. Trata-se da hipótese em que as duas empresas estão em posição de hierarquia às outras duas empresas, ou seja, são sociedades controladoras. Configura-se, portanto, relacionamento vinculado à noção de grupo de subordinação do direito societário.

Novamente esta hipótese se concentra na noção de controle, sem distinção entre controle interno (*vide* subseção 4.1) ou controle externo (*vide* subseção 4.2). Diante da inexistência de parâmetros percentuais para esse exercício do controle interno, este inc. II do §1º do art. 35 do Decreto nº 8.058/2013 também parece abarcar todas as formas de controle interno, majoritário ou minoritário pelas "sociedades-mãe" nesta "sociedade-filha".

Como exemplo, pode-se imaginar a situação de duas empresas que, embora não possuam participações no capital social uma da outra, empreendem iniciativa comum por meio de estabelecimento de terceira empresa, estabelecendo uma *joint venture*. Outra hipótese que poderia ilustrar o relacionamento seria identificar uma situação em que houvesse relações operacionais que implicassem as condições de restringir ou influir nas decisões de uma empresa pela outra. Caso o produtor nacional e o importador ou o produto estrangeiro controlem uma empresa que utilize o produto em questão em seu processo produtivo, pode-se estar diante de uma situação em que o relacionamento esteja presente, porque o produtor nacional e o importador podem adotar comportamentos que estejam modulados pelo interesse comum no fornecimento do produto.

5.1.4 Quadro-resumo das correlações entre os conceitos do direito societário e o art. 35, §1º do Decreto nº 8.058/2013

Para facilitar a compreensão e apresentar a proposta deste livro de correlação entre as três hipóteses de relacionamento para fins de definição da indústria doméstica, nos termos do §1º do art. 35 do Decreto nº 8.058/2013, são apresentadas duas formas. A primeira imagem concentra-se na distinção do direito societário, para então correlacionar com as hipóteses do §1º do art. 35 do Decreto nº 8.058/2013.

FIGURA 25 – Correlação dos conceitos do direito societário
com as hipóteses do art. 35, §1º do Decreto nº 8.058/2013

**CORRELAÇÃO DOS CONCEITOS DO DIREITO
SOCIETÁRIO COM AS HIPÓTESES DO
ART. 35, §1º DO DECRETO 8.058 / 2013**

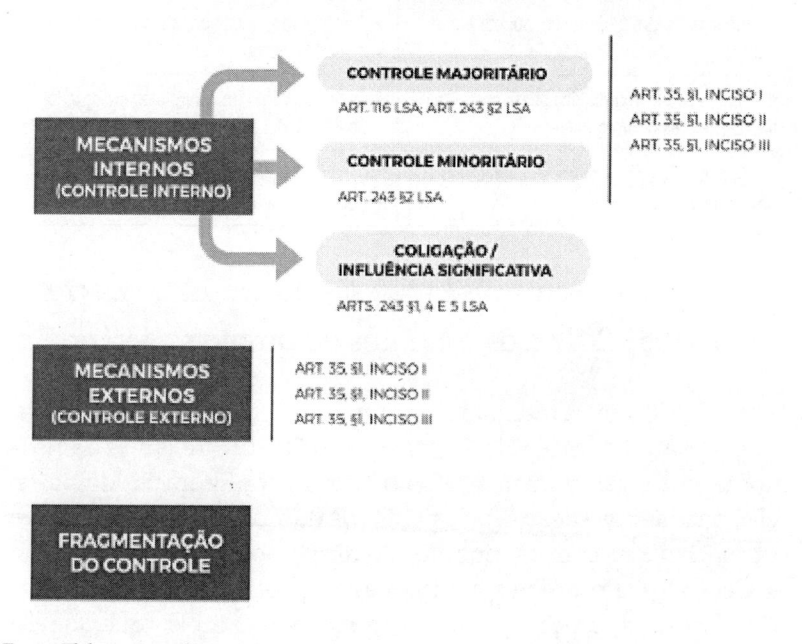

MECANISMOS INTERNOS (CONTROLE INTERNO)

- **CONTROLE MAJORITÁRIO**
  ART. 116 LSA; ART. 243 §2 LSA
- **CONTROLE MINORITÁRIO**
  ART. 243 §2 LSA
- **COLIGAÇÃO / INFLUÊNCIA SIGNIFICATIVA**
  ARTS. 243 §1, 4 E 5 LSA

ART. 35, §1, INCISO I
ART. 35, §1, INCISO II
ART. 35, §1, INCISO III

MECANISMOS EXTERNOS (CONTROLE EXTERNO)

ART. 35, §1, INCISO I
ART. 35, §1, INCISO II
ART. 35, §1, INCISO III

FRAGMENTAÇÃO DO CONTROLE

Fonte: Elaboração própria.

A tabela a seguir tem foco nas hipóteses de relacionamento para fins da defesa comercial, para então correlacionar com as hipóteses do direito societário.

Art. 35, §1º do Decreto nº 8.058/2013 (partes relacionadas que compõem a indústria doméstica)	Conceitos do direito societário
I - um deles controlar direta ou indiretamente o outro;	• Controle interno (majoritário ou minoritário) • Controle externo
II - ambos serem controlados direta ou indiretamente por um terceiro;	• Controle interno (majoritário ou minoritário) • Controle externo
III - juntos controlarem direta ou indiretamente um terceiro	• Controle interno (majoritário ou minoritário) • Controle externo

5.2 Correlação entre as hipóteses do art. 14 do Decreto nº 8.058/2013 e os conceitos do direito societário

Conforme apresentado na subseção 2.1 deste livro, recorda-se que o art. 14, §10[324] do Decreto nº 8.058/2013 refere-se às nove hipóteses de relacionamento para fins da configuração de partes relacionadas investigadas pela prática de dumping, que serão a seguir correlacionadas com os conceitos do direito societário apresentados no Capítulo 4. Recorda-se, ainda, que as hipóteses de relacionamento para fins de apuração do dumping são mais amplas que aquelas referentes à definição da indústria doméstica, conforme já mencionado anteriormente. Cumpre lembrar, ademais, que algumas das hipóteses dizem respeito a relacionamento entre empresas (incs. II, IV, V, VI, VII e IX), ao passo que outras dizem respeito a relacionamento entre empresas e indivíduos (incs. I, III e VIII).

---

[324] Decreto nº 8.058/2013: "Art. 14. [...] §10. Para os fins deste Capítulo, as partes serão consideradas relacionadas ou associadas se: I - uma delas ocupar cargo de responsabilidade ou de direção em empresa da outra; II - forem legalmente reconhecidas como associadas em negócios; III - forem empregador e empregado; IV - qualquer pessoa, direta ou indiretamente, possuir, controlar ou deter cinco por cento ou mais das ações ou títulos emitidos com direito a voto de ambas; V - uma delas, direta ou indiretamente, controlar a outra, inclusive por intermédio de acordo de acionistas; VI - forem ambas, direta ou indiretamente, controladas por uma terceira pessoa; VII - juntas controlarem direta ou indiretamente uma terceira pessoa; VIII - forem membros da mesma família; IX - se houver relação de dependência econômica, financeira ou tecnológica com clientes, fornecedores ou financiadores".

FIGURA 7 (Repetição) – Incisos do art. 14, §10 do Decreto nº 8.058/2013 sobre partes relacionadas investigadas pela prática de dumping

PARTES RELACIONADAS INVESTIGADAS PELA PRÁTICA DE DUMPING

ART. 14.§10

DECRETO 8.058/2013 E PARTES RELACIONADAS

I – UMA DELAS OCUPAR CARGO DE RESPONSABILIDADE OU DIREÇÃO EM EMPRESA DA OUTRA

II – LEGALMENTE ASSOCIADAS EM NEGÓCIOS

III – EMPREGADOR E EMPREGADO

IV – QUALQUER PESSOA POSSUIR CONTROLE, DIRETO OU INDIRETO, OU COM 5% OU MAIS DE AÇÕES OU TÍTULOS COM DIREITO A VOTO DE AMBAS

V – UMA DELAS POSSUIR CONTROLE, DIRETO OU INDIRETO, DA OUTRA, INCLUSIVE POR ACORDO DE ACIONISTAS

VI – TERCEIRA PESSOA POSSUIR CONTROLE DE AMBAS, DIRETA OU INDIRETAMENTE

VII – AMBAS POSSUÍREM CONTROLE, DIRETA OU INDIRETAMENTE, DE TERCEIRA PESSOA

VIII – MEMBROS DA MESMA FAMÍLIA

IX – RELAÇÃO DE DEPENDÊNCIA ECONÔMICA, FINANCEIRA OU TECNOLÓGICA COM CLIENTES, FORNECEDORES OU FINANCIADORES

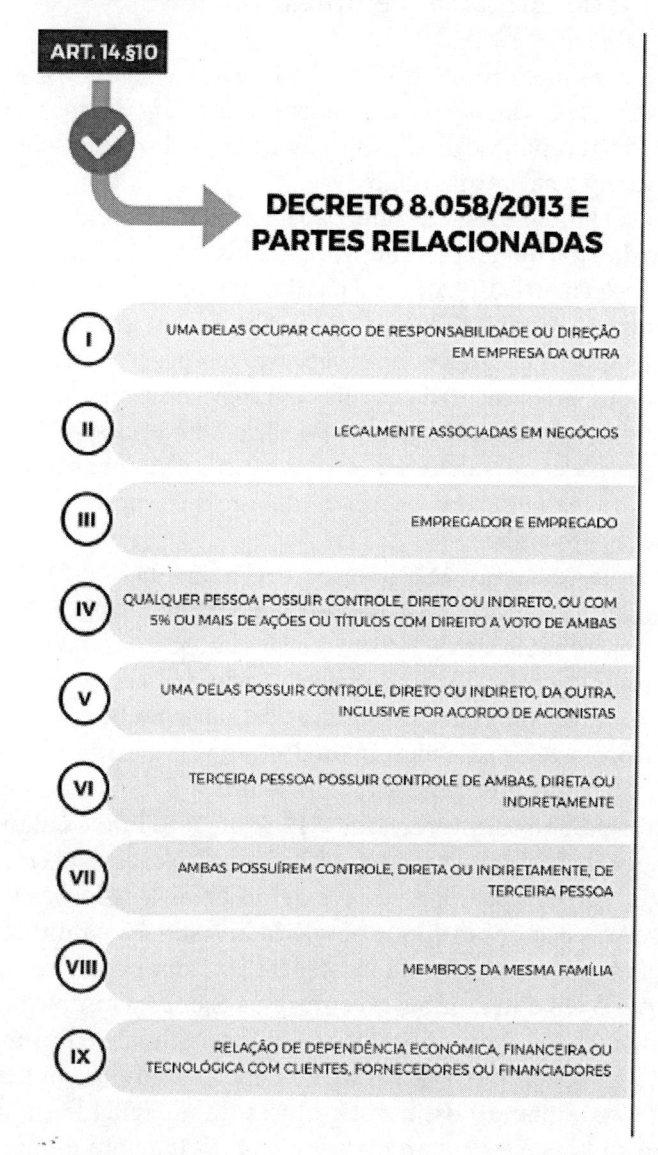

Fonte: Elaboração própria.

5.2.1 Art. 14, §10, I do Decreto nº 8.058/2013 e sua correlação com os conceitos do direito societário: "I - uma delas ocupar cargo de responsabilidade ou de direção em empresa da outra"

Nos termos do inc. I do §10 do art. 14 do Decreto nº 8.058/2013, pode ser caracterizado relacionamento para fins de apuração da prática de dumping se uma parte ocupar cargo de responsabilidade ou de direção na empresa outra.

Esta hipótese legal se refere ao relacionamento entre empresa e indivíduo (tal qual hipóteses previstas dos incs. III e VIII do art. 14, §10 do Decreto nº 8.058/2013), na medida em diz respeito ao exercício de cargos de responsabilidade ou de direção em uma empresa. O vínculo entre as empresas, portanto, está mediado por uma pessoa natural que está vinculada às duas empresas. Assim, cabe avaliar, na investigação antidumping específica, se há pessoa física que participa, concomitantemente, dos processos de tomada de decisão de duas ou mais empresas, ocupando cargo de responsabilidade ou de direção em ambas.

Trata-se, assim, de hipótese correlacionada à noção de fragmentação do controle (*vide* subseção 4.3 deste livro), decorrente do compartilhamento de informações estratégicas, possivelmente próxima ao conceito do direito societário de *interlocking directorates*. Importante deixar claro que, apesar de haver no Brasil regras na legislação societária de eleição da diretoria pela assembleia-geral para que o indivíduo possa representar a companhia perante terceiros ou outros empregados (§1º do art. 1.011 do Código Civil para sociedades limitadas e art. 147, §3º, da LSA), esse mesmo grau de rigor não necessariamente é exigido pelas legislações estrangeiras. Assim, é possível que em dada investigação antidumping a constatação a respeito da existência de uma pessoa física que constitui o elo entre ambas as empresas aconteça tanto com base em evidências dos próprios documentos constitutivos da empresa quanto, por exemplo, a partir de evidências colhidas em verificações *in loco*, quando os investigadores da autoridade de defesa comercial brasileira notarem que o comportamento empresarial de ambas as empresas não pode ser considerado independente, de modo que ambas deveriam ser consideradas conjuntamente quando da investigação antidumping.

Como exemplo, é possível configurar o seguinte cenário hipotético: uma empresa na qual o principal indivíduo da gestão possui acesso ao sistema contábil de outra empresa, sistema este que apenas é acessado para fins gerenciais e referentes a vendas do produto objeto da investigação.

Outra hipótese é a de determinado indivíduo que seja proprietário ou acionista de uma empresa e que desempenhe alguma função de liderança (responsabilidade ou direção) em uma segunda empresa – pode representar um elo que impacte e modifique a forma com que as empresas se relacionam entre si. A presença dessa pessoa física que desempenha atividade empresarial em uma empresa e atividade de gestão, responsabilidade ou direção na segunda pode gerar um vínculo significativo entre as empresas, a ponto de as transações entre as empresas estarem afetadas. Caso um mesmo indivíduo esteja presente em duas empresas, ocupando cargo de responsabilidade ou direção, incluindo o conselho de administração e o conselho fiscal, a proximidade entre as empresas pode implicar o relacionamento para fins de determinação do dumping, porque as empresas podem operar entre si de maneira diversa daquela que operariam na ausência do vínculo criado pela presença do indivíduo nos cargos de responsabilidade ou de direção em ambas as empresas.

Não há como se descaracterizar, nesses casos, a conclusão de que as empresas possuem acesso a informações uma da outra que não possuiriam em um cenário na ausência dessa pessoa física que atua como elo, de modo que não atuam de modo independente no mercado, mas sim como pertencentes ao mesmo grupo econômico, decorrente do relacionamento.

5.2.2 Art. 14, §10, II do Decreto nº 8.058/2013 e sua correlação com os conceitos do direito societário: "II - forem legalmente reconhecidas como associados em negócios"

Nos termos do inc. II do §10 do art. 14 do Decreto nº 8.058/2013, pode ser caracterizado relacionamento para fins de apuração da prática de dumping se as empresas forem legalmente reconhecidas como associadas em negócios.

O uso da expressão "legalmente reconhecidas" pressupõe documentação que evidencie este laço entre ambas as empresas. Ou seja, o termo "legalmente" indica que não pode haver uma simples associação de fato, mas sim de direito.

Neste ponto, insta verificar que tal laço pode ser tanto societário quanto contratual. Ou seja, é possível que a associação nos negócios se dê pelos mecanismos internos clássicos de estruturação do poder empresarial no direito societário (ou seja, controle interno, coligação e influência significativa), mas também é possível que haja um contrato de associação das empresas em negócios, característico de controle externo (como seria o caso da formação de uma *joint venture* contratual, a existência de um contrato de distribuição e fornecimento estável). Isso porque os entes econômicos são cada vez mais estruturados através de laços contratuais em detrimento de contornos societários.[325]

No caso *Tubos de borracha elastomérica – Alemanha, Emirados Árabes Unidos, Israel, Itália e Malásia*,[326] por exemplo, o importador solicitou que o preço de exportação fosse reconstruído a partir do preço de revenda para o primeiro comprador independente por entender que o preço de exportação dos seus fornecedores estrangeiros não seria confiável em razão de associação ou relacionamento existente entre eles decorrente da existência de contrato de distribuição exclusivo mantido entre o importador e os exportadores investigados. A relação contratual de exclusividade, segundo os importadores, implicava associação ou relacionamento entre as partes interessadas. Importa destacar que o relacionamento foi invocado pela própria parte interessada, em sua estratégia de defesa, e não atribuída pela autoridade investigadora brasileira. Em que pese a autoridade de defesa comercial não ter enquadrado a situação de relacionamento em discussão em uma das hipóteses normativas, entende-se que a opção de enquadramento seria o

---

[325] FRAZÃO, Ana. *Direito da concorrência*: pressupostos e perspectivas. São Paulo: Saraiva, 2017. p. 201.

[326] BRASIL. Resolução Camex nº 57, de 19 de junho de 2015. *Diário Oficial da União*, 22 jul. 2015.

inc. II do §10 do art. 14 do Decreto nº 8.058/2013, uma vez que o relacionamento invocado pelo importador se baseava na relação contratual entre ele e seus fornecedores estrangeiros.

Além dos contratos de exclusividade, poder-se-ia imaginar a situação em que contratos de franquia possam gerar as relações de associação em negócio que impacte a liberdade de transacionar, a formação de preços ou de estratégias comerciais. Em um contrato de franquia, ainda que as empresas não possuam vínculos societários, elas podem agir como se fossem parte de um mesmo grupo econômico, de forma que os efeitos do relacionamento para a determinação do dumping devam ser aplicados para as empresas envolvidas.

Por fim, contratos associativos de diversas naturezas podem implicar a modulação da forma com que duas empresas transacionam entre si. Duas empresas que se associem para a consecução de um empreendimento comum podem transacionar entre si de maneira distinta da que operam com terceiras partes. A associação entre as empresas pode significar a necessidade de se realizar o teste de vendas a partes relacionadas com o objetivo de identificar as operações normais, por exemplo, como discutido na subseção 3.2.1.2 deste livro.

5.2.3 Art. 14, §10, III do Decreto nº 8.058/2013 e sua correlação com os conceitos do direito societário: "III - forem empregador e empregado"

Nos termos do inc. III do §10 do art. 14 do Decreto nº 8.058/2013, pode ser caracterizado relacionamento para fins de apuração do dumping se as partes forem empregador e empregado.

Esta hipótese legal se refere ao relacionamento entre empresa e indivíduo (tal qual hipóteses previstas dos incs. I e VIII do art. 14, §10 do Decreto nº 8.058/2013), na medida em que apenas pessoas naturais podem figurar em uma relação trabalhista. Essa hipótese, portanto, não apresenta vinculação entre empresas propriamente ditas, mas entre as empresas e seus empregados. Segundo o §7º do art. 14 do Decreto nº 8.058/2013, a consequência expressa para as operações entre empregador e empregado é a de que essas operações não serão consideradas operações comerciais normais e as vendas para empregados serão desprezadas na apuração do valor normal.

No caso *Batatas congeladas – Alemanha, Bélgica, França e Holanda*,[327] no cálculo do valor normal de três empresas exportadoras investigadas, os dados reportados pela empresa referentes às vendas domésticas incluíam a venda do produto para empregados da fábrica, razão pela qual essas transações não foram consideradas operações normais de comércio, tendo sido, portanto, desconsideradas para fins de apuração do valor normal das empresas.

Não se trata de hipótese correlacionada à noção de controle, porque não está presente a dualidade de personalidade jurídica que venha a atuar como grupo de forma conexa ou uniforme. As vendas a empregados são consideradas operações especiais que não se ajustam à identificação de operações ocorridas em curso normal, e não devem compor a base do valor normal[328] que será utilizada na apuração da margem de dumping.

5.2.4 Art. 14, §10, IV do Decreto nº 8.058/2013 e sua correlação com os conceitos do direito societário: "IV - qualquer pessoa, direta ou indiretamente, possuir, controlar ou deter cinco por cento ou mais das ações ou títulos emitidos com direito a voto de ambas"

Nos termos do inc. IV do §10 do art. 14 do Decreto nº 8.058/2013, pode ser caracterizado relacionamento para fins de apuração da prática de dumping se qualquer pessoa, direta ou indiretamente, possuir, controlar ou deter cinco por cento ou mais das ações ou títulos emitidos com direito a voto de ambas as partes.

---

[327] BRASIL. Resolução Camex nº 6, de 16 de fevereiro de 2017. *Diário Oficial da União*, 17 fev. 2017.

[328] SILVEIRA, Bárbara Medrado Dias et al. *A determinação de dumping no processo de defesa comercial*. Brasília: MDIC/Secex/Decom, 2015. Caderno Decom n. 3. p. 145.

Trata-se, portanto, de hipótese de relacionamento voltada ao capital social da empresa, que evidencia os mecanismos internos de estruturação do poder empresarial no direito societário (*vide* subseção 4.1 deste livro). A hipótese menciona a participação mínima no capital social com direito a voto, e não a máxima, razão pela qual são abarcadas tanto participações minoritárias passivas, características da noção de fragmentação de controle, quanto a noção de coligação/influência significativa e quanto o controle interno (minoritário ou majoritário). Isso porque a expressão "controlar ou deter" torna esse inciso bastante abrangente para fins de caracterização do relacionamento.

Essa tende a ser a hipótese mais comum de identificação de partes relacionadas nas investigações antidumping. A autoridade investigadora requer que todas as partes que participam do processo como respondentes aos questionários (sejam eles dos exportadores, de importadores ou de outros produtores nacionais) apresentem quadro de estrutura societária, indicando todas as empresas das quais sejam titular de participação superior a 5%. O questionário também exige que sejam apresentadas informações sobre as pessoas (físicas ou jurídicas) que possuam participação superior a 5% sobre a sociedade empresária. Há um mapeamento completo, portanto, de todas as empresas e pessoas físicas que estejam acima ou abaixo da empresa respondente e que possuam participação social superior à porcentagem indicada.

Além de ser requerida da parte interessada em sua resposta ao questionário, podendo ser, portanto, verificada pela autoridade investigadora, essa informação estará sujeita necessariamente ao contraditório e ao controle das demais partes interessadas. Como determina o art. 51, §5º, II, do Decreto nº 8.058/2013, não podem ser consideradas confidenciais as informações relativas à composição acionária e à identificação do respectivo controlador e à organização societária do grupo de que faça parte. A vedação sobre o tratamento confidencial das informações de estrutura societária é justificada pela necessidade de garantir o contraditório e a identificação pelas entidades que atuam no setor de eventual ocultamento da informação de relacionamento por parte da empresa respondente.

Como a determinação legal é de que sejam apresentadas as informações sobre participação superior a 5%, a identificação do relacionamento por meio da participação direta é de fácil identificação. Ademais, o dispositivo determina como hipótese de configuração do relacionamento a participação ou o controle indireto de 5% ou mais das ações ou títulos emitidos com direito a voto de ambas as empresas. Essa participação indireta pode ser evidenciada por meio de participações cruzadas. Por exemplo, determinada pessoa física ou jurídica (nível A) pode deter participação em determinadas empresas (nível B), as quais, por sua vez, detêm participações individuais inferiores a 5% em terceira empresa (nível C). Em que pese os vínculos diretos (entre empresas dos níveis B e C) representem individualmente participações inferiores ao patamar mínimo indicado na norma, caso o somatório dessas participações de forma indireta seja superior a 5%, estará determinado o relacionamento entre as empresas de nível A e C.

Na figura a seguir, a Empresa 1 (nível A) detém 100% do capital social da Empresa 2 (nível B), a qual possui 3% de participação na Empresa 5 (nível C). A participação indireta da Empresa 1 na Empresa 5 é de 3% por intermédio da Empresa 2. Já a Empresa 1 (nível A) detém 50% do capital social da Empresa 3 (nível B), a qual possui 2% de participação na Empresa 5 (nível C). A participação indireta da Empresa 1 na Empresa 5 é de 1% por intermédio da Empresa 3. A Empresa 1 (nível A) detém 50% do capital social da Empresa 4 (nível B), a qual possui 4% de participação na Empresa 5 (nível C). A participação indireta da Empresa 1 na Empresa 5 é de 2% por intermédio da Empresa 4. A participação total da Empresa 1 na Empresa 5 é de 6%, quando considerado o controle exercido indiretamente por meio de suas empresas relacionadas no nível B.

FIGURA 26 – Exemplo de participações indiretas
minoritárias entre empresas

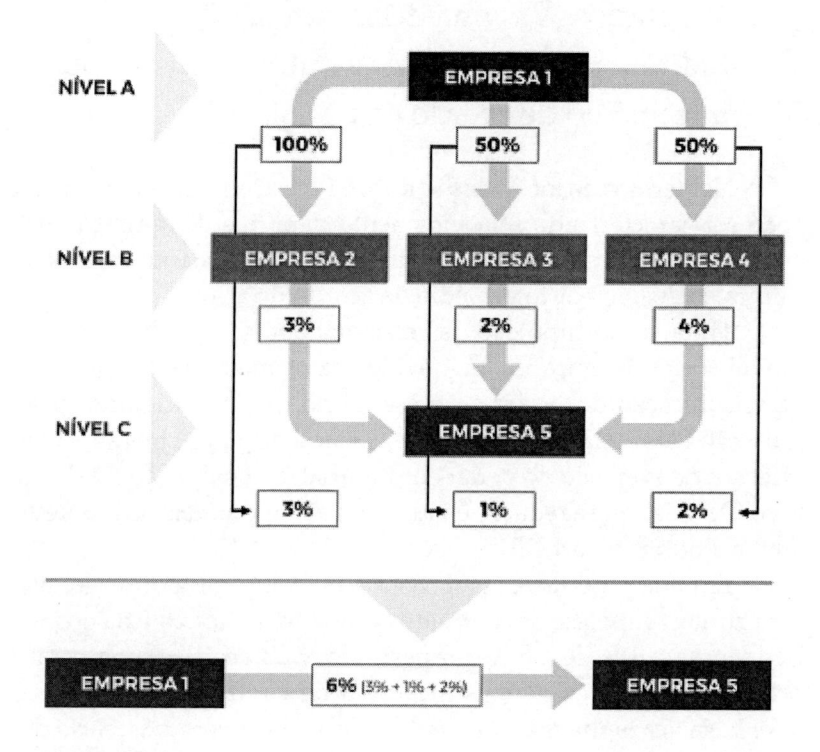

NÍVEL A — EMPRESA 1
100% | 50% | 50%

NÍVEL B — EMPRESA 2 | EMPRESA 3 | EMPRESA 4
3% | 2% | 4%

NÍVEL C — EMPRESA 5
3% | 1% | 2%

EMPRESA 1 — 6% (3% + 1% + 2%) → EMPRESA 5

Fonte: Elaboração própria.

Assim, entende-se que a hipótese do inc. IV do §10 do art. 14 do Decreto nº 8.058/2013 correlaciona-se com o conceito do direito societário de controle interno minoritário ou majoritário, bem como de coligação/influência significativa e fragmentação do controle.

5.2.5 Art. 14, §10, V do Decreto nº 8.058/2013 e sua correlação com os conceitos do direito societário: "V - uma delas, direta ou indiretamente, controlar a outra, inclusive por intermédio de acordo de acionistas"

Nos termos do inc. V do §10 do art. 14 do Decreto nº 8.058/2013, pode ser caracterizado relacionamento para fins de apuração da prática de dumping se uma delas, direta ou indiretamente, controlar a outra, inclusive por intermédio de acordo de acionistas.

Trata-se de hipótese de relacionamento voltada tanto ao capital social da empresa, que evidencia os mecanismos internos de estruturação do poder empresarial no direito societário (*vide* subseção 4.1 deste livro), quanto à existência de fato de mecanismos externos de exercício do poder empresarial (*vide* subseção 4.2 deste livro). Nota-se que a redação é muito semelhante àquela da hipótese do inc. I do §1º do art. 35 do Decreto nº 8.058/2013.

Em que pese haver menção a "controle" em termos gerais, nota-se que a hipótese de controle externo é bastante explícita no inc. IX do mesmo §10, de modo que neste inc. V parecem se concentrar, prioritariamente, as demais hipóteses de controle interno. Essa inferência fica ainda mais evidente ao se mencionar a existência de possível acordo de acionistas, que pressupõe, portanto, a existência de títulos ou ações do capital social da empresa.

Os exemplos para a hipótese normativa presente neste inciso são similares ao discutido na subseção 5.1.4. A diferença fundamental de um e outro dispositivo é a definição mais aberta deste inciso quando comparada à hipótese definida no inc. IV do §10 do art. 14 do Decreto nº 8.058/2013. Enquanto a definição do inc. IV se restringe à posse ou ao controle de certa porcentagem de ações ou títulos emitidos com direito a voto, a hipótese prevista no inc. V permite a identificação do relacionamento por outras formas de controle.

Assim, entende-se que a hipótese do inc. V do §10 do art. 14 do Decreto nº 8.058/2013 se correlaciona com o conceito do direito societário de controle interno, tanto minoritário quanto majoritário, inclusive mediante acordo de acionistas. De todo modo, não se pode deixar de verificar que há, também, a possibilidade de se constatar controle externo.

5.2.6 Art. 14, §10, VI do Decreto nº 8.058/2013 e sua correlação com os conceitos do direito societário: "VI - forem ambas, direta ou indiretamente, controladas por uma terceira pessoa"

Nos termos do inc. VI do §10 do art. 14 do Decreto nº 8.058/2013, pode ser caracterizado relacionamento para fins de apuração da prática de dumping se as partes forem, direta ou indiretamente, controladas por uma terceira pessoa.

Trata-se de hipótese de relacionamento voltada tanto ao capital social da empresa, que evidencia os mecanismos internos de estruturação do poder empresarial no direito societário (*vide* subseção 4.1 deste livro), quanto à existência de fato de mecanismos externos de exercício do poder empresarial (*vide* subseção 4.2 deste livro). Nota-se que a redação é muito semelhante àquela da hipótese do inc. II do §1º do art. 35 do Decreto nº 8.058/2013.

Novamente, em que pese haver menção a "controle" em termos gerais, nota-se que a hipótese de controle externo é bastante explícita no inc. IX do mesmo §10, de modo que neste inc. V parecem se concentrar, prioritariamente, as demais hipóteses de controle interno.

Neste caso, diferentemente das hipóteses anteriores dos incs. IV e V, para além da existência de controle entre duas empresas, há uma relação destas e uma terceira. Note-se que a expressão utilizada foi "pessoa", o que terminologicamente é amplo e diverge das demais expressões usadas nos outros incisos. No entanto, não cabe a interpretação de que se refere à pessoa física, já que, quando se trata de relacionamento individual entre empresa e pessoa física, o decreto é explícito em evidenciar a sua situação fática: ocupação de cargo (inc. I), relação trabalhista (inc. III) e relação familiar (inc. VI). Corrobora essa interpretação o fato de que os incs. VI e VII utilizam, semelhantemente, a mesma expressão "terceira pessoa", referindo-se às hipóteses de controle de uma empresa sobre outras. O inc. VI trata da hipótese em que as duas empresas estão em posição de subordinação em relação à controladora, ou seja, são sociedades controladas. Configura-se, portanto, relacionamento vinculado à noção de grupo de subordinação do direito societário.

Não há exigência, para essa noção de controle, de que haja participação mínima no capital social, de modo que o controle pode ser exercido de modo majoritário ou minoritário pela "sociedade-mãe" nestas duas partes relacionadas estrangeiras ("sociedades filha"), mas também controle sem detenção de títulos ou ações, desde que haja também controle externo destas empresas na "sociedade-filha". Como exemplo, pode-se imaginar a situação de duas empresas que, embora não possuam participações no capital social uma da outra, são controladas por uma terceira empresa, uma *holding* ou um fundo de investimento.

Assim, entende-se que a hipótese do inc. VI do §10 do art. 14 do Decreto nº 8.058/2013 correlaciona-se com o conceito do direito societário de controle interno, tanto minoritário quanto majoritário. De todo modo, não se pode deixar de verificar que há, também, a possibilidade de se constatar controle externo.

5.2.7 Art. 14, §10, VII do Decreto nº 8.058/2013 e sua correlação com os conceitos do direito societário: "VII - juntas controlarem direta ou indiretamente uma terceira pessoa"

Nos termos do inc. VII do §10 do art. 14 do Decreto nº 8.058/2013, pode ser caracterizado relacionamento para fins de apuração da prática de dumping se, juntas, as partes controlarem direta ou indiretamente uma terceira pessoa.

Trata-se de hipótese de relacionamento voltada tanto ao capital social da empresa, que evidencia os mecanismos internos de estruturação do poder empresarial no direito societário (*vide* subseção 4.1 deste livro), quanto à existência de fato de mecanismos externos de exercício do poder empresarial (*vide* subseção 4.2 deste livro). Nota-se que a redação é muito semelhante àquela da hipótese do inc. III do §1º do art. 35 do Decreto nº 8.058/2013.

Neste caso, tal qual mencionado quanto ao inc. VI, e diferentemente das hipóteses dos incs. IV e V, para além da existência de controle entre duas empresas, há uma relação destas e uma terceira. Note-se que a expressão utilizada foi "pessoa", o que terminologicamente é amplo e diverge das demais expressões usadas nos outros incisos. No entanto, não cabe a interpretação de que se refere à pessoa física, já que, quando se trata de relacionamento individual entre empresa e pessoa física, o decreto é explícito em evidenciar a sua situação fática: ocupação de cargo (inc. I), relação trabalhista (inc. III) e relação familiar (inc. VI). Corrobora essa interpretação o fato de os incs. VI e VII utilizarem, semelhantemente, a mesma expressão, "terceira pessoa", referindo-se às hipóteses de controle de uma empresa sobre outras. O inc. VI trata da hipótese em que as duas empresas estão em posição de hierarquia superior às outras duas empresas, ou seja, são sociedades controladoras. Configura-se, portanto, relacionamento também vinculado à noção de grupo de subordinação do direito societário.

Tampouco há exigência, para essa noção de controle, de que haja participação mínima no capital social, de modo que pode ser exercido de modo majoritário ou minoritário pelas "sociedades-mãe" nesta "sociedade-filha", mas também controle sem detenção de títulos ou ações, desde que haja também controle externo destas empresas na "sociedade-filha". Como exemplo, pode-se imaginar a situação de duas empresas que, embora não possuam participações no capital social uma da outra, empreendem iniciativa comum por meio de estabelecimento de terceira empresa, estabelecendo uma *joint venture*.

Assim, entende-se que a hipótese do inc. VII do §10 do art. 14 do Decreto nº 8.058/2013 correlaciona-se com o conceito do direito societário de controle interno, tanto minoritário quanto majoritário. De todo modo, não se pode deixar de verificar que há, também, a possibilidade de se constatar controle externo.

5.2.8 Art. 14, §10, VIII do Decreto nº 8.058/2013 e sua correlação com os conceitos do direito societário: "VIII - forem membros da mesma família"

Nos termos do inc. VIII do §10 do art. 14 do Decreto nº 8.058/2013, pode ser caracterizado relacionamento para fins de apuração da prática de dumping se as partes forem membros da mesma família.

Esta hipótese legal refere-se ao relacionamento entre empresa e indivíduo (tal qual hipóteses previstas dos incs. I e III do art. 14, §10 do Decreto nº 8.058/2013), e o que o caracteriza não é a existência de participação societária ou de laços contratuais, mas sim a existência de laços pessoais de parentesco. Interessante mencionar que se trata de uma pressuposição praticamente automática,[329] de que o laço familiar impede o comportamento autônomo entre as partes, já que, em se tratando de partes relacionadas em que ao menos uma delas seja estrangeira, poderia ser um ônus demasiado para a autoridade de defesa comercial brasileira investigar os reais impactos do relacionamento familiar entre partes de duas empresas estrangeiras, com a presunção de que fazem parte do mesmo grupo econômico e não possuem comportamentos típicos de mercado.

Observe-se que essa presunção de que não possuem comportamentos típicos de mercado, quando relacionada às operações de venda do produto similar no mercado doméstico do país exportador ou na aquisição de insumos e utilidades, implica a utilização do teste de venda a partes relacionadas e à demonstração de que as transações ocorreram a preços de mercado. O tratamento dessas operações dependerá do resultado dos testes realizados, podendo

---

[329] O Decreto nº 8.058/2013 diverge, por exemplo, da jurisprudência no Tribunal de Contas da União, segundo a qual o mero relacionamento familiar não seria suficiente para caracterizar fraude à licitação. Esse entendimento da Corte possui dois enunciados, exarados pelos acórdãos nºs 2.996/2016 – Plenário e 952/2018 – Plenário: "Enunciado: A existência de relação de parentesco ou de afinidade familiar entre sócios de distintas empresas ou sócios em comum não permite, por si só, caracterizar como fraude a participação dessas empresas numa mesma licitação, mesmo na modalidade convite. Sem a demonstração da prática de ato com intuito de frustrar ou fraudar o caráter competitivo da licitação, não cabe declarar a inidoneidade de licitante". O primeiro caso trata-se de compras realizadas pelo município de João Pessoa-PB. Em suma, o ministro relator, Benjamin Zymler, entendeu que a mera participação de empresas cujos sócios são familiares sem, no entanto, reunião de elementos que demonstrem a prática de ato com intuito de frustrar ou fraudar a licitação não enseja a aplicação de pena. Já o segundo caso é referente à auditoria na Confederação Brasileira de Voleibol – CBV, relativo à aplicação de recursos advindos da Lei Pelé. O Ministro Relator Vital do Rego aponta que a jurisprudência do Tribunal entende que "não há, de fato, vedação legal à participação, no mesmo certame licitatório, de empresas do mesmo grupo econômico ou com sócios em relação de parentesco". No entanto, ressalta que essa situação pode gerar quebra de isonomia entre as licitantes. Ainda, o relator cita precedente no sentido de que, para considerar fraude à licitação, seria necessário demonstrar nexo causal entre a conduta das empresas com parentes e a fraude à licitação.

as operações ser desconsideradas para apuração do valor normal ou compor a base de sua apuração.

Como exemplo, é possível pensar no seguinte cenário: pessoas com laços de parentesco possuem empreendimentos no mesmo mercado ou em mercados complementares, sendo consumidora e fornecedora de bens ou serviços uma da outra. As relações de parentesco podem levar a que suas atividades empresariais sejam orientadas de forma a conferir tratamento mais favorável de uma empresa a outra. A relação de parentesco deve ser entendida de forma abrangente, não se limitando ao parentesco consanguíneo, mas também o por afinidade.

Outro cenário hipotético para determinação do relacionamento entre partes relacionadas pode ser identificado na relação de parentesco entre pessoas com cargo de responsabilidade ou direção. As relações de parentesco entre pessoas que ocupam cargos de responsabilidade ou direção podem levar as atividades empresariais de duas empresas a serem orientadas de forma a conferir tratamento mais favorável de uma empresa a outra.

A situação descrita pelo inc. VIII do §10 do art. 14 do decreto leva-nos a pensar na necessidade de refletir sobre as interações entre empresas que não detêm qualquer participação societária uma na outra, em linha com a discussão da complexificação das formas de relacionamento entre empresas.

Assim, entende-se que a hipótese do inc. VIII do §10 do art. 14 do Decreto nº 8.058/2013 correlaciona-se com o conceito do direito societário da fragmentação do controle, decorrente da existência de relações familiares.

5.2.9 Art. 14, §10, IX do Decreto nº 8.058/2013 e sua correlação com os conceitos do direito societário: "IX - se houver relação de dependência econômica, financeira ou tecnológica com clientes, fornecedores ou financiadores"

Nos termos do inc. IX do §10 do art. 14 do Decreto nº 8.058/2013, pode ser caracterizado relacionamento para fins de apuração da prática de dumping se houver relação de dependência econômica, financeira ou tecnológica com clientes, fornecedores ou financiadores. Esta parece ser, de todas, a hipótese mais ampla de relacionamento para fins de apuração do dumping.

Trata-se, aqui, a nosso ver, da noção de controle externo, segundo a qual, apesar da inexistência de laços societários entre as empresas, há relacionamentos contratuais ou fáticos que evidenciam relação de dependência entre ambas. Essa dependência é tão ampla no Decreto nº 8.058/2013, que se menciona que pode ter cunho econômico, financeiro ou tecnológico, o que possivelmente abarca todas as hipóteses possíveis de interpretação do dispositivo.

São exemplos de dependência financeira os casos de endividamento da sociedade (*vide* noção de controle externo por dívidas, nos termos da subseção 4.2 deste livro), através da emissão de debêntures e as dívidas bancárias, por exemplo. Já os casos de dependência econômica são frequentemente observados a partir de relações contratuais estabelecidas entre as empresas (*vide* noção de controle externo por contratos, nos termos da subseção 4.2 deste livro), por meio de contratos de fornecimento e distribuição, entre outros. Nessas situações, as condições de operacionalização das atividades empresariais são estabelecidas por uma empresa central com a qual o outro polo do negócio jurídico manterá relação de maior ou menor dependência. Ainda, a dependência tecnológica também é observada a partir de relações contratuais estabelecidas entre as empresas (*vide* noção de controle externo por contratos, nos termos da subseção 4.2 deste livro), por meio de contratos de transferência de tecnologia, licença etc. É possível se vislumbrar, por exemplo, a hipótese em que uma parte é proprietária de um *know-how* importante para a outra sociedade, por exemplo, matéria-prima, materiais de fabricação, treinamento de funcionários, marca, processo produtivo etc. A partir do momento em que a sociedade não consegue ou é proibida de produzir sem o suporte técnico de uma outra companhia, pode se configurar a dependência tecnológica, também associada ao controle.

Trata-se, portanto, de hipótese bastante inserida no contexto mais amplo do comércio internacional, de modo que toda a cadeia global de valor envolvida na produção de um produto pode ficar, de algum modo, sujeita a esse tipo de conclusão quanto à existência de relacionamento.

Como exemplo, a autoridade de defesa comercial analisou, no caso *Calçados – China*,[330] a existência de acordos de fornecimento estabelecidos entre as empresas detentoras de marcas esportivas globalmente conhecidas e os produtores/exportadores investigados. Segundo constatado pela autoridade, as marcas globais possuíam políticas rígidas de relacionamento com os produtores/ exportadores que obrigatoriamente deveriam ser seguidas pelo produtor desde a fase do desenvolvimento da amostra, do controle da qualidade do produto, da logística de distribuição, do custo de desenvolvimento, da conformidade contábil e dos termos de pagamento. As atividades operacionais do produtor seguiriam as políticas estabelecidas pela marca e seriam objeto de coordenação e supervisão por parte desta, por meio de escritórios dedicados às marcas presentes nos fabricantes e serviços de tecnologia de informação exclusivos, além de haver compartilhamento da governança das ações de produção, com controle conjunto da marca e do produtor, inclusive mediante autorização prévia das marcas para produção. Segundo consignado pela autoridade investigadora, haveria cláusulas nos contratos referentes à transferência de tecnologia entre marcas e fabricantes, incluindo conhecimento técnico, *know-how*, experiências e habilidades, dados e informações, de natureza intangível, bem como especificações sobre o uso e o fornecimento de bens de capital, os quais são essenciais para a confecção dos produtos finais fornecidos.

A proximidade entre as marcas internacionais e os produtores investigados foi estabelecida inclusive com relação às políticas de formação de preços dessas marcas e o controle sobre preços nas operações com os produtores/exportadores referentes ao custos dos insumos, na proposição de margens de lucros auferidas pelo produtor, na política de proteção cambial das operações, resultando

---

[330] BRASIL. Resolução Camex nº 20, de 1º de março de 2016. *Diário Oficial da União*, 2 mar. 2016. É importante destacar que este caso foi incluído neste trabalho em razão de ter sido o único caso em que houve a aplicação do dispositivo pela autoridade de defesa comercial no Brasil, em que pese o fato de se tratar de uma revisão de direito antidumping, e, portanto, não fazer parte do critério de análise que orientou o recorte metodológico deste trabalho, conforme destacado no Capítulo 1.

em elementos que corroboram o fato de que os fabricantes aderem ao preço estabelecido pelo cliente, conforme demonstrado pelos resultados das verificações *in loco* e os acordos de fornecimento recebidos. Segundo a autoridade:

> nesse modelo de precificação, a marca possui a governança do preço desde a etapa de produção e comercialização, passando pelas operações logísticas e de financiamento com intermediárias relacionadas de cada marca até o importador relacionado da marca. Nesse contexto, os elos das cadeias têm preços definidos pela marca, com vistas a garantir que o produto final ao ser vendido ao primeiro comprador independente possua preço que cubra todos custos e despesas relacionados ao desenvolvimento, produção, distribuição e comercialização do produto e garanta uma margem de lucro razoável.

Assim, os intercâmbios de informações entre as marcas internacionais e o produtor/exportador indicaram a ocorrência de relação de dependência mútua (essencialmente tecnológica, mas também econômica e financeira) entre marcas e fabricantes que operam nesse modelo de negócios. As marcas internacionais e os fabricantes atuariam em conjunto, tendo cada um desses polos foco em diferentes funções e operações dentro da cadeia produtiva, dentro de um fluxo contínuo de trocas de informações.

Compreender o fenômeno do controle externo e de suas modalidades para o direito societário é especialmente importante, para traçar possíveis paralelos com inc. IX do §10 do art. 14 do Decreto nº 8.058/2013, que estabelece que, quando houver dependência econômica, financeira ou tecnológica entre fornecedores ou financiadores, as partes poderão ser consideradas relacionadas. Esses aspectos estão intimamente ligados ao controle externo explorado neste tópico.

5.2.10 Quadro-resumo das correlações entre os conceitos do direito societário e o art. 14, §10 do Decreto nº 8.058/2013

Para facilitar a compreensão e apresentar a proposta deste livro de correlação entre as nove hipóteses de relacionamento para fins de definição da indústria doméstica, nos termos do §10 do art. 14 do Decreto nº 8.058/2013, são apresentadas duas formas. A primeira imagem concentra-se na distinção do direito societário, para então se fazer a correlação com as hipóteses do §10 do art. 14 do Decreto nº 8.058/2013.

FIGURA 27 – Correlação dos conceitos do direito societário com as hipóteses do art. 14, §10 do Decreto nº 8.058/2013

CORRELAÇÃO DOS CONCEITOS DO DIREITO SOCIETÁRIO COM AS HIPÓTESES DO ART. 14, §10 DO DECRETO 8.058 / 2013

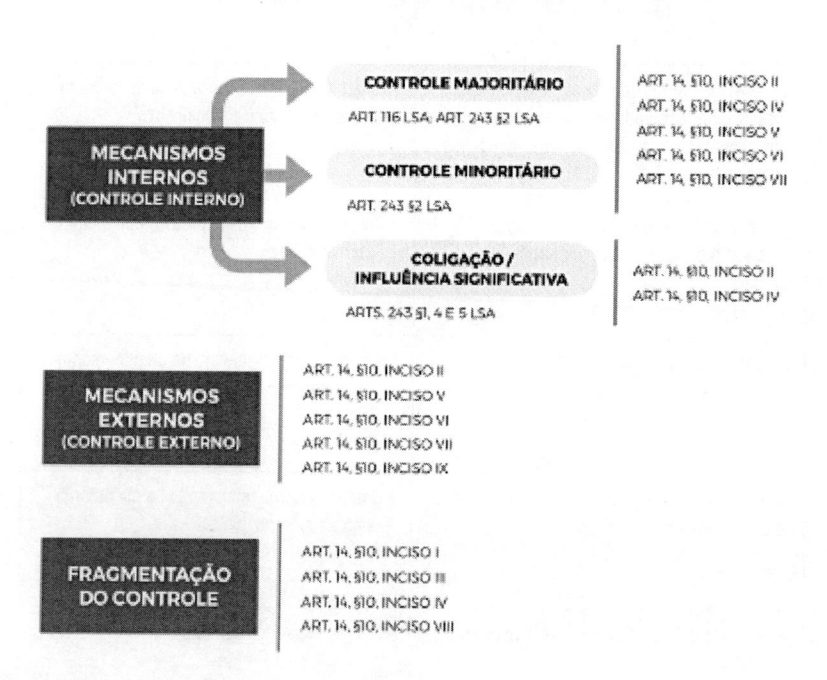

MECANISMOS INTERNOS (CONTROLE INTERNO)

- CONTROLE MAJORITÁRIO — ART. 116 LSA; ART. 243 §2 LSA
  - ART. 14, §10, INCISO II
  - ART. 14, §10, INCISO IV
  - ART. 14, §10, INCISO V
  - ART. 14, §10, INCISO VI
  - ART. 14, §10, INCISO VII
- CONTROLE MINORITÁRIO — ART. 243 §2 LSA
- COLIGAÇÃO / INFLUÊNCIA SIGNIFICATIVA — ARTS. 243 §1, 4 E 5 LSA
  - ART. 14, §10, INCISO II
  - ART. 14, §10, INCISO IV

MECANISMOS EXTERNOS (CONTROLE EXTERNO)
- ART. 14, §10, INCISO II
- ART. 14, §10, INCISO V
- ART. 14, §10, INCISO VI
- ART. 14, §10, INCISO VII
- ART. 14, §10, INCISO IX

FRAGMENTAÇÃO DO CONTROLE
- ART. 14, §10, INCISO I
- ART. 14, §10, INCISO III
- ART. 14, §10, INCISO IV
- ART. 14, §10, INCISO VIII

Fonte: Elaboração própria.

A tabela a seguir tem foco nas hipóteses de relacionamento para fins da defesa comercial, para então se fazer a correlação com as hipóteses do direito societário.

Art. 14, §10 do Decreto nº 8.058/2013 (partes relacionadas pela prática de dumping)	Conceitos do direito societário
I - uma delas ocupar cargo de responsabilidade ou de direção em empresa da outra;	• Fragmentação do controle
II - forem legalmente reconhecidas como associados em negócios;	• Controle interno (majoritário ou minoritário) • Coligação/Influência significativa • Controle externo
III - forem empregador e empregado;	• Fragmentação do controle
IV - qualquer pessoa, direta ou indiretamente, possuir, controlar ou deter cinco por cento ou mais das ações ou títulos emitidos com direito a voto de ambas;	• Controle interno (majoritário ou minoritário) • Coligação/influência significativa
V - uma delas, direta ou indiretamente, controlar a outra, inclusive por intermédio de acordo de acionistas;	• Controle interno (majoritário ou minoritário) • Controle externo
VI - forem ambas, direta ou indiretamente, controladas por uma terceira pessoa;	• Controle interno (majoritário ou minoritário) • Controle externo
VII - juntas controlarem direta ou indiretamente uma terceira pessoa;	• Controle interno (majoritário ou minoritário) • Controle externo
VIII - forem membros da mesma família; ou	• Fragmentação do controle
IX - se houver relação de dependência econômica, financeira ou tecnológica com clientes, fornecedores ou financiadores	• Controle externo

5.2.11 Quadro-resumo das correlações entre os conceitos do direito societário e os arts. 14, §10, e 35, §1º do Decreto nº 8.058/2013

Para facilitar a compreensão e apresentar a proposta deste livro de correlação entre as nove hipóteses de relacionamento para fins de definição da indústria doméstica, nos termos do §10 do art. 14 do Decreto nº 8.058/2013, são apresentadas duas formas. A primeira imagem concentra-se na distinção do direito societário, para então se fazer a correlação com as hipóteses do §10 do art. 14 do Decreto nº 8.058/2013.

FIGURA 28 – Correlação dos conceitos do direito societário com as hipóteses do art. 14, §10 e o art. 35, §1º do Decreto nº 8.058/2013

CORRELAÇÃO DOS CONCEITOS DO DIREITO SOCIETÁRIO COM AS HIPÓTESES DO ART. 14, §10 E DO ART. 35 §1 DO DECRETO 8.058 / 2013

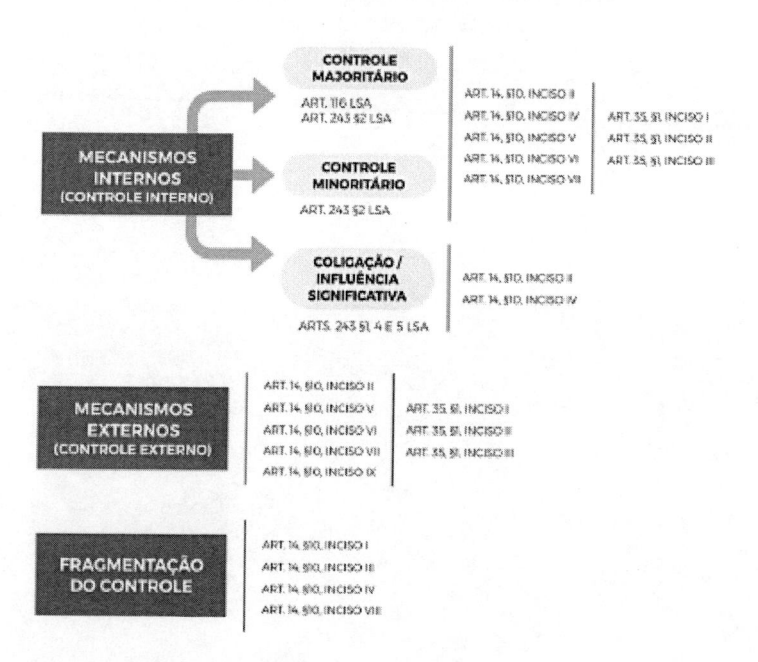

MECANISMOS INTERNOS (CONTROLE INTERNO)

- CONTROLE MAJORITÁRIO
  - ART. 116 LSA
  - ART. 243 §2 LSA
  - ART. 14, §10, INCISO II
  - ART. 14, §10, INCISO IV
  - ART. 14, §10, INCISO V
  - ART. 14, §10, INCISO VI
  - ART. 14, §10, INCISO VII
  - ART. 35, §1, INCISO I
  - ART. 35, §1, INCISO II
  - ART. 35, §1, INCISO III

- CONTROLE MINORITÁRIO
  - ART. 243 §2 LSA

- COLIGAÇÃO / INFLUÊNCIA SIGNIFICATIVA
  - ARTS. 243 §1, 4 E 5 LSA
  - ART. 14, §10, INCISO II
  - ART. 14, §10, INCISO IV

MECANISMOS EXTERNOS (CONTROLE EXTERNO)

- ART. 14, §10, INCISO II
- ART. 14, §10, INCISO V
- ART. 14, §10, INCISO VI
- ART. 14, §10, INCISO VII
- ART. 14, §10, INCISO IX
- ART. 35, §1, INCISO I
- ART. 35, §1, INCISO II
- ART. 35, §1, INCISO III

FRAGMENTAÇÃO DO CONTROLE

- ART. 14, §10, INCISO I
- ART. 14, §10, INCISO III
- ART. 14, §10, INCISO IV
- ART. 14, §10, INCISO VIII

Fonte: Elaboração própria.

Conclusão do Capítulo 5

O objetivo deste último capítulo foi apresentar uma proposta de correlação entre noções do direito societário discutidas no Capítulo 4 e cada uma das hipóteses do Decreto nº 8.058/2013 nas investigações antidumping quanto à caracterização ou não de partes relacionadas. A análise foi dividida na apresentação das correlações referentes ao art. 35, §1º, do Decreto nº 8.058/2013, referentes às partes relacionadas que compõem a indústria doméstica, e as correlações referentes ao art. 14, §10, do Decreto nº 8.058/2013, referentes às partes relacionadas investigadas pela prática de dumping. Para cada hipótese de relacionamento prevista em cada um dos incisos do Decreto nº 8.058/2013, foi apresentado como o direito societário, com suas noções de controle interno e externo, influência significativa e fragmentação do poder de controle, pode fornecer pistas para essa definição presente em processos antidumping.

CONSIDERAÇÕES FINAIS

A presente obra surgiu da constatação de uma importante lacuna doutrinária: a ausência de definição precisa para a caracterização de partes relacionadas em investigações antidumping. Após uma pesquisa preliminar, os autores, ainda que não resultassem em uma definição uníssona, identificaram que o relacionamento entre as partes, da forma como é inserido nas normativas brasileiras e estrangeiras, é frequentemente associado às noções de controle e influência, estudadas pelo direito societário. A partir dessa observação, este livro se dedicou a investigar de que forma as lições do direito societário sobre controle e influência poderiam fornecer elementos que permitissem uma melhor compreensão e caracterização das partes relacionadas em investigações antidumping no Brasil.

Para tanto, no Capítulo 1, vimos de que forma as partes relacionadas são definidas pela OMC no Acordo Antidumping. Entretanto, o Acordo estabelece os elementos caracterizadores da relação entre as partes apenas em relação à indústria doméstica, a saber: o exercício de controle de uma parte sobre a outra, o exercício de controle de ambos sobre uma terceira parte, ou ambos controlados por uma mesma terceira parte. A ainda incipiente jurisprudência do Órgão de Solução de Controvérsias sobre o tema não acrescenta objetivamente uma interpretação para o "controle" a que a legislação faz referência, limitando-se a discutir quando o relacionamento entre as partes legitima determinadas ações por parte das autoridades antidumping (ex.: construção do valor normal por *benchmark*, desconsideração das informações das partes relacionadas para o cálculo do preço de exportação etc.).

A ausência de uma conceituação precisa e expressa para a noção de partes relacionadas no âmbito normativo e jurisprudencial da OMC encorajou os membros a unirem esforços para avançar nas discussões acerca da natureza e do impacto do relacionamento entre as partes para fins de investigações antidumping, iniciativa que ficou conhecida como *Friends of Antidumping* (FANs). As primeiras movimentações nesse sentido remontam a 2002 e culminaram na apresentação de um anteprojeto que, em 2011, propunha inclusive delimitar a noção de controle (fala-se, por exemplo, em controle de fato), fundamental para a caracterização do relacionamento entre as partes. O Brasil foi peça-chave dessa empreitada. Sem sucesso, houve nova tentativa de retomar as discussões pela China em 2017, que também fracassou. A existência desse movimento por parte dos membros revela uma insatisfação com a pouca atenção que tem sido acordada pela doutrina, legislação e jurisprudência à existência e aos efeitos causados pelas partes relacionadas em investigações antidumping.

De todo modo, a definição incluída no Acordo Antidumping da OMC é, como demonstrado no Capítulo 1, retomada em todas as jurisdições estrangeiras em que foram identificadas noções acerca de partes relacionadas nas normativas nacionais de investigações antidumping. Jurisdições mais sofisticadas no que diz respeito à disciplina legal do relacionamento entre as partes para investigações antidumping, como é o caso de União Europeia, Estados Unidos, Austrália e Canadá, apresentam definições para partes relacionadas também em relação aos exportadores/produtores do país de origem investigados pela prática de dumping, que frequentemente incluem hipóteses mais sofisticadas para caracterização do relacionamento entre as partes, como laços familiares, societários, laborais, dirigentes em comum etc. Outras jurisdições, como China e Índia, limitam-se a reproduzir os elementos de caracterização para partes relacionadas em relação à indústria doméstica. Vale lembrar, no entanto, que apenas a legislação chinesa adotou sutileza na linguagem para se referir aos laços que podem configurar relacionamento entre as partes, falando não apenas em exercício de controle de uma parte sobre a outra, mas também no exercício de influência (*has influence over*).

Após o breve *benchmark* sobre como a OMC e diferentes países conceituam a noção de partes relacionadas, o Capítulo 2 apresenta as hipóteses de caracterização de relacionamento entre as partes inseridas na legislação brasileira, ou seja, no Decreto nº 8.058/2013. O art. 14, §10, do Decreto nº 8.058/2013 apresenta as hipóteses de relacionamento para fins da determinação do dumping, podendo ser caracterizado relacionamento em casos de "controle", "associação", "direção", "dependência" e "relações pessoais e laborais". Já o art.

35, §1º enumera as hipóteses de relacionamento de produtores da indústria doméstica, todas associadas à noção de "controle".

Em seguida, o terceiro capítulo discute os impactos e repercussões da existência de relacionamento entre as partes em diferentes etapas da investigação antidumping. Inicialmente, analisam-se os efeitos da existência de partes relacionadas para a definição da indústria doméstica e para a apreciação da admissibilidade da petição pela autoridade investigadora. Produtores nacionais relacionados com outros podem ser desconsiderados na composição de indústria doméstica, regra que permite resguardar os interesses da indústria doméstica e impedir que os interesse específicos de partes relacionadas sejam favorecidos em detrimento dos demais. Analisando os resultados obtidos a partir da pesquisa empírica elaborada para esta obra, constatou-se que em apenas um caso analisado (4,3% do total) o relacionamento entre as partes poderia ter implicado algum impacto para a indústria doméstica, argumento que foi afastado pela autoridade investigadora. O impacto da exclusão dos produtores nacionais do conceito de indústria doméstica opera-se no exame de admissibilidade da petição e na titularidade do procedimento: os produtores nacionais relacionados não podem se opor à apresentação da petição e tampouco requerer o encerramento da investigação sem aplicação de medidas antidumping.

Em seguida, foram discutidos os impactos da existência de partes relacionadas para o cálculo da margem de dumping, um dos efeitos mais significativos da constatação de relacionamento entre as partes. Essa relevância se reflete na prática da autoridade antidumping brasileira, como identificado na pesquisa empírica: em 85% das investigações abarcadas no escopo da análise, o relacionamento entre as partes influenciou o cálculo do valor normal. O custo de produção, como elemento essencial para o cálculo do valor normal, merece atenção especial dos produtores, que devem provar que, mesmo se os insumos forem adquiridos de partes relacionadas, essas transações ocorreram em preço de mercado e sem diferença relevante com relação a transações que teriam ocorrido se as partes não tivessem vínculos entre si. Ou seja, é necessário provar que o relacionamento entre as partes não alterou as condições de mercado nem significou transações mais ou menos favoráveis.

A consequência de custos alterados pelo relacionamento entre as partes não é a desconsideração completa dos custos, mas um ajuste desses custos a ser operacionalizado pela autoridade. O mesmo não ocorre com operações de venda entre partes relacionadas, que serão inteiramente desconsideradas se for objetivamente identificado que o relacionamento resultou em distorção de 3% ou mais do preço de venda.

Também foram apresentadas as repercussões da existência de partes relacionadas na determinação do dano experimentado pela indústria doméstica. Para tanto, dividiu-se a análise dos indicadores de dano e para a avaliação dos efeitos sobre os preços do produto similar no mercado brasileiro – subcotação. Apesar de serem possíveis as repercussões, não foram identificados casos em que houve a repercussão do relacionamento nos indicadores de dano ou nos preços do produto similar no mercado brasileiro.

Outra repercussão possível da constatação de relacionamento entre as partes se verifica na aplicação de medidas antidumping. Partes relacionadas podem ser tratadas como um único produtor ou exportador, de modo que às partes relacionadas não serão atribuídas margens de dumping individualizadas. Foi o caso de 58% dos casos analisados na pesquisa conduzida para este livro. O relacionamento entre as partes também influencia as negociações de compromissos de preços. Isso porque o preço praticado entre partes relacionadas não pode servir de parâmetro para determinação do preço mínimo de compromisso, visto que essa medida, para ser eficaz, deve refletir os preços praticados para partes autônomas. Repercussão nas discussões de compromissos de preço pela existência de partes relacionadas foi verificada em 11% dos casos selecionados pela pesquisa.

O relacionamento entre as partes pode, ademais, trazer consequências até para após a aplicação da medida antidumping. Em revisões de circunvenção referentes à importação de partes e peças para montagem no Brasil, determinados importadores podem solicitar a não extensão da medida para suas operações, quando comprovarem que suas importações não possuem o objetivo de frustrar a eficácia da medida. Essa possibilidade que não se aplica aos importadores que sejam partes relacionadas aos produtores estrangeiros gravados pela medida antidumping. No mesmo sentido de preocupação com a eficácia da medida aplicada, para que novos exportadores possam requerer a determinação de uma margem de dumping individual, estes devem comprovar ausência de relacionamento com outras partes.

De modo amplo, portanto, nota-se que os primeiros três capítulos do livro fornecem um panorama dos elementos caracterizadores de partes relacionadas encontrados no sistema multilateral de comércio e nas legislações brasileira e estrangeiras. Sua relevância para processos de defesa comercial é atestada pela discussão, com exemplos empíricos, do impacto do relacionamento entre as partes em diferentes momentos das investigações antidumping.

O Capítulo 4 começa a articular esses elementos caracterizadores buscando referências na doutrina do direito societário, formando um arcabouço doutrinário para instrumentalizar correlações com as hipóteses de caracterização de partes relacionadas encontradas na normativa brasileira e, assim, a resposta à pergunta de pesquisa que norteou esta obra. Em verdade, aquele capítulo apresentou os resultados de uma revisão de literatura do direito societário, que possibilitou descrever brevemente os mecanismos internos e externos de estruturação de poder empresarial do direito societário, bem como o fenômeno dos grupos empresariais.

O controle é elemento central para o direito societário na caracterização da gestão e da estruturação interna das empresas. Uma primeira lição do direito societário, fundamental para a análise proposta neste livro, é a dissociação entre a propriedade empresarial e a gestão. Com o fenômeno da desagregação das empresas, discutido no Capítulo 4, o controle torna-se cada vez mais fragmentado, com formas de exercício cada vez mais complexas, podendo assumir diferentes contornos. Uma clivagem importante é a separação entre controle interno e controle externo. No que diz respeito aos mecanismos internos de estruturação de poder empresarial, há controle interno quando este advém de uma relação direta entre o controlador e a empresa, que confere àquele a capacidade de influenciar as decisões societárias. Nesse sentido, em princípio, o controle interno se verifica quando o titular atua no interior da própria empresa. Adotou-se, para esta obra, a tipologia do controle interno proposta por Comparato, que propõe quatro tipos de controle – totalitário, majoritário, minoritário e gerencial – e que fornece elementos para melhor compreender as noções referidas pelas legislações acerca da caracterização do relacionamento entre as partes. Ademais, foram descritas as hipóteses de controle previstas na Lei das Sociedades Anônimas brasileira, nos arts. 166 e 243, §2º.

Para além dessa tipologia do controle interno, outra noção importante e relacionada aos mecanismos internos de estruturação do poder empresarial é o exercício de influência significativa, que resulta num grau mais brando de existência de interferência nas decisões da empresa, mas já previsto na Lei das Sociedades Anônimas brasileira. Aparece frequentemente em sociedades coligadas, em que investidores não participam de todas as decisões da sociedade participada, sendo suficiente que sejam capazes de influenciar as decisões fundamentais do funcionamento desta última. Vale dizer, na coligação, há uma forma de exercício de poder em que, apesar de exigir algum grau de participação acionária e influência significativa, não há controle propriamente dito (art. 243, §§1º, 4º e 5º da Lei nº 6.404/76).

Já os mecanismos externos de poder empresarial viabilizam o exercício de poder sobre a empresa para entes estranhos, isto é, que não integram os órgãos societários. Nesses casos, o controle é exercido não pelo direito ao voto, mas pela existência de valores mobiliários específicos (como debêntures) ou de contratos celebrados com a empresa controlada, ou de outras situações de fato relevantes. O controle externo ganha força com o fenômeno da desintegração das empresas, que se dá cada vez mais por contratos de colaboração em detrimento dos laços tradicionais societários e verticalizados. Diferentes tipologias apresentadas por doutrinadores do direito societário tentam esquematizar o controle externo. O elemento em comum entre as diferentes propostas da doutrina parece ser a existência de dependência econômica. Em outras palavras, existe controle externo quando uma empresa for dependente economicamente da outra e quando sua atuação no mercado estiver condicionada às escolhas da outra empresa. Concretamente, o controle externo pode ser exercido em decorrência de contratos, de endividamento das empresas e pela presença de um sócio oculto no capital social.

Para além dos mecanismos internos e externos de estruturação do poder empresarial, os novos modelos organizacionais dos grupos de empresas fornecem elementos interessantes para caracterizar o relacionamento entre as partes em processos antidumping. Por exemplo, a característica fundamental dos grupos empresariais é a existência de direção unitária – uma direção econômica comum para orientar as escolhas das empresas e homogeneizar sua atuação. Apesar de atuarem sob uma mesma direção, as empresas mantêm personalidade jurídica distinta, constituindo, assim, um grupo empresarial de coordenação. Trata-se, assim, da unidade na diversidade. Quando uma sociedade é controladora e exerce incontestável poder de domínio sobre as demais, fala-se em grupo de subordinação, ao passo que, quando não há a noção de hierarquia de uma empresa sobre a outra, fala-se em grupo de coordenação.

Para além dos grupos de empresas, o direito societário é desafiado pela sofisticação e complexificação dos laços empresariais, que abandonam os modelos tradicionais de concentração empresarial em direção a arranjos organizacionais pautados na cooperação e colaboração. Nesse sentido, como indica a doutrina de direito societário, o compartilhamento de informações estratégicas entre empresas pode se dar por meio de instrumentos não tradicionais, com participações societárias irrelevantes e sem qualquer poder de influência nas decisões. Além disso, o compartilhamento de informações estratégias e, portanto, o relacionamento entre as partes podem também ocorrer em nível pessoal: vínculos de parentesco e/ou de trabalho existentes entre gestores de duas ou mais empresas.

Identificadas as hipóteses de caracterização do relacionamento entre as partes nas legislações brasileira e estrangeiras, bem como o impacto da existência de partes relacionadas em diferentes etapas de uma investigação antidumping, e estudadas as diferentes noções de direito societário para o exercício do poder empresarial, o Capítulo 5 foi a *mise en mouvement* das discussões conduzidas nesta obra. Relacionando as noções de direito societário a cada uma das hipóteses de caracterização de relacionamento entre as partes da legislação brasileira, dispostas no inc. III do §1º do art. 35 e no inc. VII do §10 do art. 14 do Decreto nº 8.058/2013, o último capítulo materializa a resposta à pergunta de pesquisa que norteou este livro, de modo didático e direto.

Diante de todo o exposto, as correlações entre o texto do decreto e as noções de controle interno, influência significativa e fragmentação de controle confirmaram a nossa hipótese de que a doutrina do direito societário poderia fornecer elementos relevantes para aprimorar a compreensão acerca da natureza do relacionamento entre as partes e, por conseguinte, de seus impactos em investigações antidumping no Brasil.

REFERÊNCIAS

Obras

AMATORI, Franco; COLLI, Andrea. *Storia d'impresa*: complessità e comparazione. Milão: Pearson Italia, 2011.

ANTUNES, José Engrácia. *Os grupos de sociedades*: estrutura e organização jurídica da empresa plurissocietária. Coimbra: Almedina, 2002.

ATHAYDE, Amanda; MENDES, Laura Schertel. Comentário: TEUBNER, Gunther. "Profit sharing como dever associativo? Da transferência de vantagens de rede em sistemas de franquia e A crise da teoria contratual e sua reinvenção em novas realidades". *In*: TEUBNER, Gunther; CAMPOS, Ricardo; VICTOR, Sérgio A. F. (Org.). *Jurisprudência sociológica* – Perspectivas teóricas e aplicações dogmáticas. São Paulo: Saraiva, 2020.

BERLE, Adolf. A.; MEANS, Gardiner C. *The modern corporation & private property*. New Brunswick, London: Transaction Publishers, 1999.

BULGARELLI, Waldírio. *O conceito de fusão, incorporação e cisão*. São Paulo: Atlas, 2000.

CARVALHO, Angelo Gamba Prata de. *Controle empresarial externo*: a definição da política financeira como critério para a identificação do controle. Dissertação (Mestrado) – Universidade de Brasília, Brasília, 2019.

CARVALHO, Angelo Gamba Prata de. *Os contratos híbridos como formas de organização jurídica do poder econômico*. Trabalho de Conclusão de Curso (Bacharelado) – Universidade de Brasília, Brasília, 2017.

CARVALHOSA, Modesto. *Acordo de acionistas*: homenagem a Celso Barbi Filho. São Paulo: Saraiva, 2011.

CARVALHOSA, Modesto. *Comentários à Lei de Sociedades Anônimas*. São Paulo: Saraiva, 1997. v. 2.

CASTAÑÓN PENHA VALLE, Marília. Compromissos de preços: uma breve análise das dificuldades para sua implementação. *In*: HEES, Felipe; CASTAÑÓN PENHA VALLE, Marília (Org.). *Dumping subsídios e salvaguardas*: revistando aspectos técnicos dos instrumentos de defesa comercial. São Paulo: Singular, 2012.

COASE, Ronald. *The firm, the market and the law*. Chicago: The University of Chicago Press, 1988.

COASE, Ronald. The nature of the firm. *In*: ESTRIN, Saul; MARIN, Alan (Ed.). *Essential readings in economics*. Palgrave, London, 1995.

COLLINS, Hugh. Legal regulation of dependent entrepreneurs: comment. *Journal of institutional and theoretical economics*, v. 152, n. 1, p. 263-270, mar. 1996.

COMPARATO, Fábio Konder. *Aspectos jurídicos da macroempresa*. São Paulo: Revista dos Tribunais, 1970.

COMPARATO, Fábio Konder. Estado, empresa e função social. *Revista dos Tribunais*, ano 85, v. 732, out. 1996.

COMPARATO, Fábio Konder. Grupos societários. *In*: COMPARATO, Fábio Konder. *Ensaios e pareceres de direito comercial*. Rio de Janeiro: Forense, 1978.

COMPARATO, Fábio Konder; SALOMÃO FILHO, Calixto. *O poder de controle na sociedade anônima*. 5. ed. Rio de Janeiro: Forense, 2008.

COSTA, Carlos Celso Orcesi. Controle externo nas companhias. *Revista de Direito Mercantil, Industrial, Econômico e Financeiro*, n. 44, p. 70-75, out./dez. 1981.

CRUZ, Tatiana Lins. *O uso de medidas antidumping como mecanismo de barreira à entrada no mercado brasileiro*. Dissertação (Mestrado em Direito) – Universidade de São Paulo, São Paulo, 2014.

DORE, Ronald. Goodwill and market capitalism. *In*: BUCKLEY, Peter; MICHIE, Jonathan. *Firms, organizations and contracts*. New York: Oxford University Press, 1999.

EIZIRIK, Nelson. *A Lei das S/A comentada*. São Paulo, Quartier Latin, 2011. v. 3.

FERREIRA, Aurélio Buarque de Holanda. *Novo Aurélio Século XXI*: o dicionário da língua portuguesa. 3. ed. Rio de Janeiro: Nova Fronteira, 1999.

FONSECA, Marco César Saraiva da. Aplicação do direito antidumping – O conceito de "all others rate". *In*: HEES, Felipe; CASTAÑÓN PENHA VALLE, Marília (Org.). *Dumping subsídios e salvaguardas*: revistando aspectos técnicos dos instrumentos de defesa comercial. São Paulo: Singular, 2012.

FORGIONI, Paula. *A evolução do direito comercial brasileiro*: da mercancia ao mercado. São Paulo: Revista dos Tribunais, 2009.

FORGIONI, Paula. *Contrato de distribuição*. São Paulo: Revista dos Tribunais, 2008.

FORGIONI, Paula. *Fundamentos do antitruste*. São Paulo: Revista dos Tribunais, 2016.

FORGIONI, Paula. *Teoria geral dos contratos empresariais*. São Paulo: Revista dos Tribunais, 2011.

FRANÇA, Erasmo Valadão; ADAMEK, Marcelo Vieira. O novo conceito de sociedade coligada na Lei Acionaria Brasileira. *Revista de Direito Mercantil*, ano L, n. 159/160, jul./dez. 2001.

FRAZÃO, Ana. A necessária diferenciação entre contratos associativos e contratos híbridos. *In*: CAMPILONGO, Celso; PFEIFFER, Roberto (Org.). *Evolução antitruste no Brasil*. São Paulo: Singular, 2018.

FRAZÃO, Ana. *Direito da concorrência*: pressupostos e perspectivas. São Paulo: Saraiva, 2017.

FRAZÃO, Ana. Grupos societários no direito do trabalho: critérios de configuração e consequências. *Revista Semestral de Direito Empresarial*, Rio de Janeiro, n. 16, 2016.

FRAZÃO, Ana. Joint ventures contratuais. *Revista de Informação Legislativa*, v. 52, n. 187, p. 187-211, jul./set. 2015.

FRAZÃO, Ana. Outras instâncias de poder na sociedade por ações: declínio do protagonismo do controle? *In*: COELHO, Fabio Ulhoa (Org.). *Lei das Sociedades Anônimas Comentada*. Rio de Janeiro: Forense, 2021.

GATT. *Acordo sobre a implementação do artigo VI do Acordo Geral Sobre Tarifas e Comércio*. 1994.

GORGA, Erica. Berle e Means e a evolução da propriedade e do controle acionários no mercado de capitais brasileiros. *In*: GORGA, Erica; PELA, Juliana (Coord.). *Direito empresarial* – Contratos, direito societário e bancário – Estudos avançados. Rio de Janeiro: Elsevier, 2013.

GUERREIRO, Cláudio José Gonçalves; ROSARIO, Luiza Damásio Ribeiro. A alteração da Lei das SA e o conceito de sociedade coligada. *In*: ROCHA, Sergio André. *Direito tributário, societário e a reforma da Lei das S/As*. [s.l.]: [s.n.], [s.d.]. v. 2.

GUIDUGLI, João Henrique. *Controle externo contratual*: o desenvolvimento da empresa e os grupos de contratos sob o direito societário. São Paulo: Quartier Latin, 2006.

HANDY, Charles B. *Como compreender as organizações*. Rio de Janeiro: Zahar, 1978.

HEES, Felipe. O conceito de "partes afiliadas" na definição das condições comerciais normais: aspectos técnicos e as negociações na Rodada Doha. *In*: HEES, Felipe; CASTAÑÓN PENHA VALLE, Marília (Org.). *Dumping subsídios e salvaguardas*: revistando aspectos técnicos dos instrumentos de defesa comercial. São Paulo: Singular, 2012.

JUSTEN FILHO, Marçal. *Desconsideração da personalidade societária no direito brasileiro*. São Paulo: Revista dos Tribunais, 1987.

KERSTENETZKY, Jaques. *Firmas e mercados*: uma análise histórico-institucional do problema da coordenação. 178 f. Tese (Doutorado) – Departamento de Economia, UFRJ, Rio de Janeiro, 1995.

LOBO, Jorge. Direito dos grupos de sociedades. *Revista Forense*, Rio de Janeiro, v. 341, 1998.

MACEDO, Ricardo Ferreira. *Controle não societário*. Rio de Janeiro: Renovar, 2004.

MARITI, P.; SMILEY, R.H. Co-operative agreements. *In*: BUCKLEY, Peter; MICHIE, Jonathan. *Firms, organizations and contracts*. New York: Oxford University Press, 1999.

MARSSOLA, Julia. Contratos associativos: do desafio conceitual à dificuldade de enquadramento pelo Cade. *In*: MACEDO, Agnes *et al.* (Org.). *Women in Antitrust WIA* – Livro I. São Paulo: Singular, 2018.

MCGOVERN, Edmond. *European Union anti-dumping and trade defence law and practice*. [s.l.]: Globefield Press, 2019.

MENDONÇA, Elvino de Carvalho *et al.* (Org.). *Compêndio de direito da concorrência*: temas de fronteira. São Paulo: Migalhas, 2015.

MENEZES, Maurício. *O poder de controle nas companhias em recuperação judicial*. Rio de Janeiro: Forense, 2012.

MILES, Raymond E.; SNOW, Charles C. Organizations: new concepts for new forms. *In*: BUCKLEY, Peter; MICHIE, Jonathan. *Firms, organizations and contracts*. New York: Oxford University Press, 1999.

MUNHOZ, Eduardo Secchi. *Empresa contemporânea e direito societário*: poder de controle e grupos de sociedades. São Paulo: Juarez de Oliveira, 2002.

NEGREIROS, Teresa. *Teoria do contrato* – Novos paradigmas. Rio de Janeiro: Renovar, 2002.

NOGUEIRA, Anna Carolina; MAGRINI, Naiana. Concentração setorial na aplicação de medidas antidumping no Brasil: análise de fatores jurídicos e econômicos. *In*: ATHAYDE, Amanda; MELO, Lílian Cintra de (Org.). *Comércio internacional e concorrência*: desafios e perspectivas atuais. Brasília: Faculdade de Direito – UnB, 2021. v. III.

OCDE. *Transfer Pricing Guidelines for Multinational Enterprises and Tax Administrations*. July 2010.

OCDE. *White Paper on Corporate Governance in Latin America*. 2003.

OLIVEIRA, Glauco Avelino Sampaio. Industrial determinants of anti-dumping in Brazil – Protection competition and performance: an analysis with binary dependent variable and panel data. *Economia*, v. 15, p. 206-227, 2014.

OMC. Communication from the Chairman. *Negotiating Group on Rules, TN/RL/W/254*. 21 abr. 2011.

OMC. Comunicação recebida em 10 e outubro de 2005 da Delegação do Brasil. *TN/RL/GEN/67*. 2005.

OMC. Comunicação recebida em 11 de março de 2004 pelas missões permanentes do Brasil, Colômbia, Costa Rica; Hong Kong, China; Japão; Coreia do Sul; Noruega; Territórios Aduaneiros de Taipé Chinês, Penghu, Kinmen e Matsu; Singapura, Suíça e Tailândia. *TN/RL/W/146*. 11 mar. 2004.

OMC. Comunicação recebida em 14 de outubro de 2002 da Missão Permanente da Austrália. *TN/RL/W/23*. 15 out. 2002.

OMC. Comunicação recebida em 15 de abril de 2003 da Missão Permanente da Argentina. *TN/RL/W/81*. 23 abr. 2003.

OMC. Comunicação recebida em 17 de junho de 2003 da Missão Permanente dos Estados Unidos da América. *TN/RL/W/130*. 20 jun. 2003.

OMC. Comunicação recebida em 21 de abril de 2017 da Delegação da China. *TN/RL/GEN/85*. 24 abr. 2017.

OMC. Comunicação recebida em 27 de junho de 2002 das Missões Permanentes do Brasil, Chile, Colômbia, Costa Rica; Hong Kong, China; Israel; Japão; Coreia do Sul; Noruega; Territórios Aduaneiros de Taipé Chinês, Penghu, Kinmen e Matsu; Singapura, Suíça e Tailândia. *TN/RL/W/10*. 28 jun. 2002.

OMC. Comunicação recebida em 5 de março de 2003 da Missão Permanente da China. *TN/RL/W/66*. 6 mar. 2003.

OMC. *Notification of laws and regulations under articles 18.5 and 32.6 of the agreements*. 2019.

OMC. Replies to Additional Questions to Our Second Contribution. *TN/RL/W/31*. 25 nov. 2002.

OMC. United States. *Trade Policy Review*, 22-24 mar. 2006.

PACHE, Gilles; PARAPONARIS, Claude. *L'Entreprise en Réseau*. Paris: PUF, 1993. Coleção Que sais-je? n. 2.704.

PARGENDLER, Mariana. Responsabilidade civil dos administradores e business judment rule no direito brasileiro. *Revista dos Tribunais*, n. 953, 2015.

QIN, Julia Ya. WTO-Plus obligations and their implications for the world trade organization legal system. *Journal of World Trade*, v. 37, 2003.

RICHARDSON, G. B. The organization of industry. *In*: BUCKLEY, Peter; MICHIE, Jonathan. *Firms, organizations and contracts*. New York: Oxford University Press, 1999.

RODRIGUES, Eduardo Frade. *O direito societário e a estruturação do poder econômico*. Dissertação (Mestrado em Direito) – Universidade de Brasília, Brasília, 2016.

SALOMÃO FILHO, Calixto. *O novo direito societário*. 4. ed. São Paulo: Malheiros, 2011.

SILVEIRA, Bárbara Medrado Dias *et al*. *A determinação de dumping no processo de defesa comercial*. Brasília: MDIC/Secex/Decom, 2015. Caderno Decom n. 3.

SZTAJN, Rachel. Ensaio tipológico dos grupos de sociedades. *In*: BAPTISTA, Luiz Olavo; HUCK, Hermes Marcelo; CASELLA, Paulo Borba (Org.). *Direito e comércio internacional*: tendências e perspectivas. Estudos em homenagem ao Prof. Irineu Strenger. São Paulo: LTR, 1994.

TOMAZETE, Marlon. *Curso de direito empresarial* – Teoria geral e direito societário. São Paulo: Saraiva, 2019. v. 1.

VIEGAS, Waldyr. *Fundamentos lógicos da metodologia científica*. 4. ed. Brasília: Editora Universidade de Brasília, 2007.

WILLIAMSON, Oliver. Transaction cost economics: how it works; where it is headed. *The Economist*, v. 146, n. 3, 1998.

Jurisprudência

BRASIL. Portaria Secint nº 473, de 28 de junho de 2019. *Diário Oficial da União*, 1º jul. 2019.

BRASIL. Resolução Camex nº 3, de 17 de fevereiro de 2017. *Diário Oficial da União*, 17 fev. 2017.

BRASIL. Resolução Camex nº 40, de 18 de junho de 2018. *Diário Oficial da União*, 19 jun. 2018.

BRASIL. Resolução Camex nº 5, de 16 de fevereiro de 2017. *Diário Oficial da União*, 17 fev. 2017.

BRASIL. Resolução Camex nº 51, de 23 de junho de 2016. *Diário Oficial da União*, 24 jun. 2016.

BRASIL. Resolução Camex nº 53, de 10 de agosto de 2018. *Diário Oficial da União*, 13 ago. 2018.

BRASIL. Resolução Camex nº 57, de 19 de junho de 2015. *Diário Oficial da União*, 22 jul. 2015.

BRASIL. Resolução Camex nº 6, de 16 de fevereiro de 2017. *Diário Oficial da União*, 17 fev. 2017.

BRASIL. Resolução Camex nº 8, de 7 de novembro de 2019. *Diário Oficial da União*, 8 nov. 2019.

BRASIL. Resolução Camex nº 9, de 4 de março de 2015. *Diário Oficial da União*, 5 mar. 2015.

COMISSÃO EUROPEIA. *Decision n. 283/2000/ECSC imposing a definitive anti-dumping duty on imports of certain flat rolled products of iron or nonalloy steel, of a width of 600 mm or more, not clad, plated or coated, in coils, not further worked than hot-rolled, originating in Bulgaria, India, South Africa, Taiwan and the Federal Republic of Yugoslavia and accepting undertakings offered by certain exporting producers and terminating the proceeding concerning imports originating in Iran*. 4 February 2000.

COMISSÃO EUROPEIA. *Fatty alcohols and their blends originating in India, Indonesia and Malaysia*. 13 August 2010.

COMISSÃO EUROPEIA. *Stainless steel cold-rolled flat products originating in the People's Republic of China and Taiwan*. 26 June 2014.

OMC, *Korea – Certain Paper*. WT/DS312/R, 28 October 2005.

OMC. *EU – Fatty alcohols (Indonesia)*. WT/DS442/AB/R, 5 September 2017.

OMC. *US – Countervailing Measures Concerning Certain Products from the EC*. First submission of the United States, WT/DS212, 8 December 2004.

OMC. *US – OCTG (Korea)*. WT/DS488/R, 14 November 2017.

OMC. *US – Softwood Lumber V*. WT/DS264, 11 August 2004.

OMC. *US – Hot-Rolled Steel*. WT/DS184, 24 July 2001.

OMC. *US – Hot-Rolled Steel*. WT/DS184/AB/R, 24 July 2001.

USDOC. *Certain Oil Country Tubular Goods from the Republic of Korea*. 79 FR 41983, 18 July 2014.

Legislação

BRASIL. *Decreto-Lei nº 5.452, de 1º de maio de 1943*.

BRASIL. *Lei nº 6.404, de 15 de dezembro de 1976*.

BRASIL. *Lei nº 12.529, de 30 de novembro de 2011*.

BRASIL. *Decreto nº 8.058/2013, de 26 de julho de 2013*.

BRASIL. *Resolução nº 20, de 01 de março de 2016*.

BRASIL. *Portaria Secint nº 4.434, de 1º de outubro de 2019*.

BRASIL. *Portaria Secint nº 247, de 28 de março de 2019*.

BRASIL. *Resolução nº 19, de 20 de dezembro de 2019*.

BRASIL. *Investigações antidumping*. Principais conceitos e metodologias; aspectos formais e termos processuais; passo a passo das investigações. 1. ed. Brasília, 2019.

CANADÁ. *Special Import Measures Act*. R.S.C., 1985.

CHINA. Rules on Investigations and Determinations of Industry Injury for Anti-dumping. Order of the State Economic and Trade Commission of the People's republic of China. *MOFCOM*, n. 45, 12 dez. 2002.

ÍNDIA. *Customs Tariff (Identification, Assessment and Collection of Anti-Dumping Duty on Dumped Articles and for Determination of Injury) Rules*. Central Board of Indirect Taxes & Customs – Department of Revenue, Ministry of Finance. 1995.

ÍNDIA. *Notification n. 09/2020* – Customs (N.T). Ministry of Finance, 2 February 2020.

UNIÃO EUROPEIA. *Regulamento (UE) 2016/1036 relativo à defesa contra as importações objeto de dumping dos países não membros da União Europeia, de 8 de junho de 2016*.

UNIÃO EUROPEIA. Regulamento de Execução (UE) 2015/2447 – da Comissão de 24 de novembro de 2015 que estabelece as regras de execução de determinadas disposições do Regulamento (UE) n. 952/2013 do Parlamento Europeu e do Conselho que estabelece o Código Aduaneiro da União. *Jornal Oficial da União Europeia*, 29 dez. 2015.

UNIÃO EUROPEIA. Diretiva (CE) 2007/36 – do Parlamento Europeu e do Conselho de 11 de julho de 2007 relativa ao exercício de certos direitos dos acionistas das sociedades anônimas. *Jornal Oficial da União Europeia*, 14 jul. 2007.

UNIÃO EUROPEIA. Diretiva (UE) 2017/828 – do Parlamento Europeu e do Conselho de 17 de maio de 2017 que altera a Diretiva 2007/36/CE no que se refere aos incentivos ao envolvimento dos acionistas a longo prazo. *Jornal Oficial da União Europeia*, 20 maio 2017.

UNITED STATES OF AMERICA. Understanding Antidumping & Countervailing Duties Investigations. *United States International Trade Commission*. Disponível em: https://www.usitc.gov/.

UNITED STATES OF AMERICA. *US Code*. Title 19 – Customs Duties, Chapter 4 – Tariff Act of 1930. Disponível em: https://uscode.house.gov/view.xhtml?path=/prelim@title19/chapter4&edition=prelim.

ANEXOS

ANEXO I

INVESTIGAÇÕES ANTIDUMPING ORIGINAIS REGIDAS PELO DECRETO Nº 8.058/2013 (2013/2020)

Este livro adotou como recorte metodológico a exemplificação do tema das partes relacionadas com base nos casos de aplicação de medidas antidumping decorrentes de investigações originais, iniciadas sob o Decreto nº 8.058/2013 e com decisões publicadas até abril de 2020.[1] Foram, então, desconsiderados os casos de aplicação de medidas antidumping com decisões posteriores a abril de 2020 e casos iniciados segundo a normativa anterior, o Decreto nº 1.602/1995. Para realização desta pesquisa empírica, foram selecionadas, a partir da base de dados da Secretaria Executiva da Câmara de Comércio Exterior – Camex (doravante Camex), disponibilizada no seu endereço eletrônico, as resoluções Camex, as circulares da Secretaria de Comércio Exterior – Secex (doravante Secex) e as portarias da Secretaria Especial de Comércio Exterior e Assuntos Internacionais – Secint (doravante Secint), que reconheciam a existência de dumping, utilizando o procedimento expresso do Decreto nº 8.058/2013. Esta análise foi realizada utilizando os parâmetros do binômio produto-origem, razão pela qual há possivelmente informações divergentes para diferentes origens em uma investigação antidumping referente a um mesmo produto.

---

[1] O referido decreto entrou em vigor em 1º.10.2013, mas nos termos da norma transitória prevista em seu art. 197, as investigações e as revisões cujas petições tenham sido protocoladas até a entrada em vigor do Decreto nº 8.058/2013 continuariam a ser regidas pelo Decreto nº 1.602, de 1995.

Esses processos administrativos de investigações antidumping originais, iniciadas sob o Decreto nº 8.058/2013 e com decisões publicadas até abril de 2020, totalizaram 30 (trinta) casos que, ao final, foram consolidados neste Anexo I – Investigações antidumping originais regidas pelo Decreto nº 8.058/2013 (2013/2020). A tabela classifica os casos por tipo de produto, peticionária, origem, número da resolução, circular ou portaria, e quanto à existência ou não de discussão acerca de partes relacionadas.

(continua)

Produto	Peticionária	Origem	Resolução Camex-Gecex/ Portaria SECINT/ Circular Secex	Partes relacionadas?
SAPP	ICL Brasil Ltda.	China	Res. 67/2014	Sim
SAPP	ICL Brasil Ltda.	EUA	Res. 67/2014	Sim
SAPP	ICL Brasil Ltda.	Canadá	Res. 67/2014	Sim
Ácido adípico	Rhodia	EUA	Res. 15/2015	Sim
Ácido adípico	Rhodia	França	Res. 15/2015	Não
Ácido adípico	Rhodia	Itália	Res. 15/2015	Não
Ácido adípico	Rhodia	Alemanha	Res. 15/2015	Não
Ácido adípico	Rhodia	China	Res. 15/2015	Não
Tubos de aço carbono (até 5 polegadas)	Vallourec	Ucrânia	Res. 106/2014	Sim
Chapas *off-set*	IBF Indústria Brasileira de Filmes S.A.	China	Res. 9/2015	Não

(continua)

Produto	Peticionária	Origem	Resolução Camex-Gecex/ Portaria SECINT/ Circular Secex	Partes relacionadas?
Chapas *off-set*	IBF Indústria Brasileira de Filmes S.A.	EUA	Res. 9/2015	Sim
Chapas *off-set*	IBF Indústria Brasileira de Filmes S.A.	Hong Kong	Res. 9/2015	Não
Chapas *off-set*	IBF Indústria Brasileira de Filmes S.A.	Taipé Chinês	Res. 9/2015	Não
Chapas *off-set*	IBF Indústria Brasileira de Filmes S.A.	União Europeia	Res. 9/2015	Não
Borracha de estireno-butadieno (E-SBR)	Lanxess	União Europeia	Res. 110/2015	Sim
Imã de ferrite em formato de segmento (arco)	Ugimag	China	Res. 31/2015	Não
Imã de ferrite em formato de segmento (arco)	Ugimag	Coreia do Sul	Res. 31/2015	Não
Tubos de borracha elastomérica	Armacell do Brasil Ltda.	Alemanha	Res. 57/2015	Não
Tubos de borracha elastomérica	Armacell do Brasil Ltda.	Emirados Árabes Unidos	Res. 57/2015	Sim
Tubos de borracha elastomérica	Armacell do Brasil Ltda.	Israel	Res. 57/2015	Não
Tubos de borracha elastomérica	Armacell do Brasil Ltda.	Itália	Res. 57/2015	Sim
Tubos de borracha elastomérica	Armacell do Brasil Ltda	Malásia	Res. 57/2015	Não
Filmes PET	Terphane Ltda.	China	Res. 46/2015	Não

(continua)

Produto	Peticionária	Origem	Resolução Camex-Gecex/ Portaria SECINT/ Circular Secex	Partes relacionadas?
Filmes PET	Terphane Ltda.	Egito	Res. 46/2015	Não
Filmes PET	Terphane Ltda.	Índia	Res. 46/2015	Não
Acrilato de butila	Basf S.A.	Alemanha	Res. 90/2015	Não
Acrilato de butila	Basf S.A.	África do Sul	Res. 90/2015	Não
Acrilato de butila	Basf S.A.	Taipé Chinês	Res. 90/2015	Não
Lona de PVC	**Sansuy**	**China**	**Res. 51/2016**	**Sim**
Lona de PVC	**Sansuy**	**Coreia do Sul**	**Res. 51/2016**	**Sim**
Espelhos não emoldurados	Abividros	China	Res. 10/2016	Não
Espelhos não emoldurados	**Abividros**	**México**	**Res. 10/2016**	**Sim**
Resina PET	M&G Polímeros	China	Res. 121/16	Não
Resina PET	M&G Polímeros	Índia	Res. 121/16	Não
Resina PET	**M&G Polímeros**	**Taipé Chinês**	**Res. 121/16**	**Sim**
Resina PET	M&G Polímeros	Indonésia	Res. 121/16	Não

(continua)

Produto	Peticionária	Origem	Resolução Camex-Gecex/ Portaria SECINT/ Circular Secex	Partes relacionadas?
Éter monobutílico do etilenoglicol (EBMEG)	Grupo Oxiteno	Alemanha	Res. 37/2016	Não
Tubos de aço carbono não ligado	Vallourec	China	Res. 65/2016	Não
Batatas congeladas	Bem Brasil Alimentos S.A.	Alemanha	Res. 6/2017	Sim
Batatas congeladas	Bem Brasil Alimentos S.A.	Bélgica	Res. 6/2017	Sim
Batatas congeladas	Bem Brasil Alimentos S.A.	França	Res. 6/2017	Sim
Batatas congeladas	Bem Brasil Alimentos S.A.	Holanda	Res. 6/2017	Sim
Barras chatas de aço ligado	Gerdau Aços Especiais S.A.	China	Res. 120/16	Não
Pneus agrícolas	Anip	China	Res. 3/2017	Sim
Vidros automotivos temperados e laminados	Abividro	China	Res. 5/2017	Sim
N-Butanol	Elekeiroz S.A.	África do Sul	Res. 127/16	Sim
N-Butanol	Elekeiroz S.A.	Rússia	Res. 127/16	Sim
Fios de aço	Belgo Bekaert Arames Ltda.	China	Res. 44/2017	Sim
Cordoalhas de aço	Belgo Bekaert Arames Ltda.	China	Res. 45/2017	Sim

(continua)

Produto	Peticionária	Origem	Resolução Camex-Gecex/ Portaria SECINT/ Circular Secex	Partes relacionadas?
Laminados a quente	ArcelorMittal Brasil S.A., Companhia Siderúrgica Nacional e Gerdau Açominas S.A.	China	Res. 2/2018	Sim
Laminados a quente	ArcelorMittal Brasil S.A., Companhia Siderúrgica Nacional e Gerdau Açominas S.A.	Rússia	Res. 2/2018	Sim
Ésteres acéticos	Rhodia Poliamida e Especialidades Ltda.	EUA	Res. 68/2017	Não
Ésteres acéticos	Rhodia Poliamida e Especialidades Ltda.	México	Res. 68/2017	Sim
Tubos de aço inoxidável austenítico	Marcegaglia do Brasil Ltda. e Aperam Inox Tubos Brasil Ltda.	Malásia	Res. 39/2018	Sim
Tubos de aço inoxidável austenítico	Marcegaglia do Brasil Ltda. e Aperam Inox Tubos Brasil Ltda.	Tailândia	Res. 39/2018	Não
Tubos de aço inoxidável austenítico	Marcegaglia do Brasil Ltda. e Aperam Inox Tubos Brasil Ltda.	Vietnã	Res. 39/2018	Sim
Borracha nitrílica (NBR)	Nitriflex S.A. Indústria e Comércio	Coreia do Sul	Res. 53/2018	Sim

(conclusão)

Produto	Peticionária	Origem	Resolução Camex-Gecex/ Portaria SECINT/ Circular Secex	Partes relacionadas?
Borracha nitrílica (NBR)	Nitriflex S.A. Indústria e Comércio	França	Res. 53/2018	Sim
Corpos moedores para moinho em ferro fundido e/ou aço ligado ao cromo	Magotteaux Brasil Ltda.	Índia	Res. 40/2018	Sim
Chapas de gesso (*drywall*)	Associação Brasileira do Drywall/Trevo Industrial de Acartonados S.A.	México	Res. 69/2018	Sim
Filme PET	Terphane Ltda.	Bareine	Port. 473/2019	Sim
Filme PET	Terphane Ltda.	Peru	Port. 473/2019	Não
Tubos de ferro fundido	Saint-Gobain Canalização Ltda.	China	Res. 8/2019	Não
Tubos de ferro fundido	Saint-Gobain Canalização Ltda.	Emirados Árabes Unidos	Res. 8/2019	Não
Tubos de ferro fundido	Saint-Gobain Canalização Ltda.	Índia	Res. 8/2019	Sim
Laminados planos de aço ao silício (GNO)	Aperam Inox América do Sul S.A.	Alemanha	Port. 494/2019	Não

Registre-se que a pesquisa de precedentes foi realizada de forma manual por estes autores, sem recurso a bases de dados da Subsecretaria de Defesa Comercial e Interesse Público (SDCOM) ou a pedidos de acesso a informação via Sistema de Informação ao

Cidadão (SIC). Dessa forma, eventuais equívocos na listagem dos precedentes e/ou na interpretação deles são de responsabilidade exclusiva dos autores.

ANEXO II

IMPACTO DO RELACIONAMENTO ENTRE AS PARTES NA DEFINIÇÃO DE INDÚSTRIA DOMÉSTICA

(continua)

Produto	Peticionária	Número de empresas na ID	Número de produtores nacionais	Percentual de representatividade	Impacto na definição de indústria doméstica	Partes relacionadas?
SAPP	ICL Brasil Ltda.	1	3	89,60%	Não	Sim
SAPP	ICL Brasil Ltda.	1	3	89,60%	Não	Sim
SAPP	ICL Brasil Ltda.	1	3	89,60%	Não	Sim
Ácido adípico	Rhodia	1	1	100%	Não	Sim
Tubos de aço carbono (até 5 polegadas)	Vallourec	1	2	85,70%	Não	Sim
Chapas off-set	IBF Indústria Brasileira de Filmes S.A.	1	3	> 50%	Não	Sim
Borracha de estireno-butadieno (E-SBR)	Lanxess	1	1	100%	Não	Sim

(continua)

Produto	Peticionária	Número de empresas na ID	Número de produtores nacionais	Percentual de representatividade	Impacto na definição de indústria doméstica	Partes relacionadas?
Tubos de borracha lastomérica	Armacell do Brasil Ltda.	1	1	100%	Sim	Sim
Tubos de borracha lastomérica	Armacell do Brasil Ltda.	1	1	100%	Sim	Sim
Lona de PVC	Sansuy	1	12	46,30%	Não	Sim
Lona de PVC	Sansuy	1	12	46,30%	Não	Sim
Espelhos não emoldurados	Abividros	1	2	69,70%	Não	Sim
Resina PET	M&G Polímeros	1	2	89,30%	Não	Sim
Batatas congeladas	Bem Brasil Alimentos S.A.	1	2	89,70%	Não	Sim
Batatas congeladas	Bem Brasil Alimentos S.A.	1	2	89,70%	Não	Sim
Batatas congeladas	Bem Brasil Alimentos S.A.	1	2	89,70%	Não	Sim
Batatas congeladas	Bem Brasil Alimentos S.A.	1	2	89,70%	Não	Sim
Pneus agrícolas	Anip	1	6	45,80%	Não	Sim
Vidros automotivos temperados e laminados	Abividro	2	9	83,20%	Não	Sim
N-Butanol	Elekeiroz S.A	1	1	100%	Não	Sim
N-Butanol	Elekeiroz S.A	1	1	100%	Não	Sim

(continua)

Produto	Peticionária	Número de empresas na ID	Número de produtores nacionais	Percentual de representatividade	Impacto na definição de indústria doméstica	Partes relacionadas?
Fios de aço	Belgo Bekaert Arames Ltda.	1	1	100%	Não	Sim
Cordoalhas de aço	Belgo Bekaert Arames Ltda.	1	1	100%	Não	Sim
Laminados a quente	ArcelorMittal Brasil S.A., Companhia Siderúrgica Nacional e Gerdau Açominas S.A.	4	5	~100%	Não	Sim
Laminados a quente	ArcelorMittal Brasil S.A., Companhia Siderúrgica Nacional e Gerdau Açominas S.A.	4	5	~100%	Não	Sim
Ésteres acéticos	Rhodia Poliamida e Especialidades Ltda.	1	2	90,40%	Não	Sim
Ésteres acéticos	Rhodia Poliamida e Especialidades Ltda.	1	2	90,40%	Não	Sim
Tubos de aço inoxidável austenítico	Marcegaglia do Brasil Ltda. e Aperam Inox Tubos Brasil Ltda.	2	3	90,70%	Não	Sim

(conclusão)

Produto	Peticionária	Número de empresas na ID	Número de produtores nacionais	Percentual de representatividade	Impacto na definição de indústria doméstica	Partes relacionadas?
Tubos de aço inoxidável austenítico	Marcegaglia do Brasil Ltda. e Aperam Inox Tubos Brasil Ltda.	2	3	90,70%	Não	Sim
Borracha nitrílica (NBR)	Nitriflex S.A. Indústria e Comércio	1	1	100%	Não	Sim
Borracha nitrílica (NBR)	Nitriflex S.A. Indústria e Comércio	1	1	100%	Não	Sim
Corpos moedores para moinho em ferro fundido e/ou aço ligado ao cromo	Magotteaux Brasil Ltda.	1	1	100%	Não	Sim
Chapas de gesso (*drywall*)	Associação Brasileira do Drywall/Trevo Industrial de Acartonados S.A.	4	4	100%	Não	Sim
Filme PET	Terphane Ltda.	1	1	100%	Não	Sim
Tubos de ferro fundido	Saint-Gobain Canalização Ltda.	1	1	100%	Não	Sim

    Registre-se que a pesquisa de precedentes foi realizada de forma manual por estes autores, sem recurso a bases de dados da Subsecretaria de Defesa Comercial e Interesse Público (SDCOM) ou a pedidos de acesso a informação via Sistema de Informação ao Cidadão (SIC). Dessa forma, eventuais equívocos na listagem dos precedentes e/ou na interpretação deles são de responsabilidade exclusiva dos autores.

ANEXO III

IMPACTO DO RELACIONAMENTO ENTRE AS PARTES NO VALOR NORMAL

(continua)

Produto	Peticionária	Origem	Impacto da existência de relacionamento sobre o valor normal?	Partes relacionadas?
SAPP	ICL Brasil Ltda.	China	Sim	Sim
SAPP	ICL Brasil Ltda.	EUA	Não	Sim
SAPP	ICL Brasil Ltda.	Canadá	Não	Sim
Ácido adípico	Rhodia	EUA	Sim	Sim
Tubos de aço carbono (até 5 polegadas)	Vallourec	Ucrânia	Sim	Sim
Chapas *off-set*	IBF Indústria Brasileira de Filmes S.A.	EUA	Sim	Sim
Borracha de estireno-butadieno (E-SBR)	Lanxess	União Europeia	Sim	Sim

(continua)

Produto	Peticionária	Origem	Impacto da existência de relacionamento sobre o valor normal?	Partes relacionadas?
Tubos de borracha elastomérica	Armacell do Brasil Ltda.	Emirados Árabes Unidos	Sim	Sim
Tubos de borracha elastomérica	Armacell do Brasil Ltda.	Itália	Sim	Sim
Lona de PVC	Sansuy	China	Sim	Sim
Lona de PVC	Sansuy	Coreia do Sul	Não	Sim
Espelhos não emoldurados	Abividros	México	Sim	Sim
Resina PET	M&G Polímeros	Taipé Chinês	Sim	Sim
Batatas congeladas	Bem Brasil Alimentos S.A.	Alemanha	Sim	Sim
Batatas congeladas	Bem Brasil Alimentos S.A.	Bélgica	Sim	Sim
Batatas congeladas	Bem Brasil Alimentos S.A.	França	Não	Sim
Batatas congeladas	Bem Brasil Alimentos S.A.	Holanda	Sim	Sim
Pneus agrícolas	Anip	China	Sim	Sim
Vidros automotivos temperados e laminados	Abividro	China	Sim	Sim

(continua)

Produto	Peticionária	Origem	Impacto da existência de relacionamento sobre o valor normal?	Partes relacionadas?
N-Butanol	Elekeiroz S.A.	África do Sul	Sim	Sim
N-Butanol	Elekeiroz S.A.	Rússia	Sim	Sim
Fios de aço	Belgo Bekaert Arames Ltda.	China	Sim	Sim
Cordoalhas de aço	Belgo Bekaert Arames Ltda.	China	Sim	Sim
Laminados a quente	ArcelorMittal Brasil S.A., Companhia Siderúrgica Nacional e Gerdau Açominas S.A.	China	Sim	Sim
Laminados a quente	ArcelorMittal Brasil S.A., Companhia Siderúrgica Nacional e Gerdau Açominas S.A.	Rússia	Sim	Sim
Ésteres acéticos	Rhodia Poliamida e Especialidades Ltda.	México	Não	Sim
Tubos de aço inoxidável austenítico	Marcegaglia do Brasil Ltda. e Aperam Inox Tubos Brasil Ltda.	Malásia	Sim	Sim
Tubos de aço inoxidável austenítico	Marcegaglia do Brasil Ltda. e Aperam Inox Tubos Brasil Ltda.	Vietnã	Sim	Sim
Borracha Nitrílica (NBR)	Nitriflex S.A. Indústria e Comércio	Coreia do Sul	Sim	Sim

(conclusão)

Produto	Peticionária	Origem	Impacto da existência de relacionamento sobre o valor normal?	Partes relacionadas?
Borracha Nitrílica (NBR)	Nitriflex S.A. Indústria e Comércio	França	Sim	Sim
Corpos moedores para moinho em ferro fundido e/ou aço ligado ao cromo	Magotteaux Brasil Ltda.	Índia	Sim	Sim
Chapas de gesso (*drywall*)	Associação Brasileira do Drywall/Trevo Industrial de Acartonados S.A.	México	Sim	Sim
Filme PET	Terphane Ltda.	Bareine	Sim	Sim
Tubos de ferro fundido	Saint-Gobain Canalização Ltda.	Índia	Sim	Sim

Registre-se que a pesquisa de precedentes foi realizada de forma manual por estes autores, sem recurso a bases de dados da Subsecretaria de Defesa Comercial e Interesse Público (SDCOM) ou a pedidos de acesso a informação via Sistema de Informação ao Cidadão (SIC). Dessa forma, eventuais equívocos na listagem dos precedentes e/ou na interpretação deles são de responsabilidade exclusiva dos autores.

ANEXO IV

IMPACTO DO RELACIONAMENTO ENTRE AS PARTES NO PREÇO DE EXPORTAÇÃO

(continua)

Produto	Peticionária	Origem	Impacto da existência de relacionamento sobre o preço de exportação?	Partes relacionadas?
SAPP	ICL Brasil Ltda.	China	Sim	Sim
SAPP	ICL Brasil Ltda.	EUA	Não	Sim
SAPP	ICL Brasil Ltda.	Canadá	Sim	Sim
Ácido adípico	Rhodia	EUA	Não	Sim
Tubos de aço carbono (até 5 polegadas)	Vallourec	Ucrânia	Não	Sim
Chapas *off-set*	IBF Indústria Brasileira de Filmes S.A.	EUA	Sim	Sim
Borracha de estireno-butadieno (E-SBR)	Lanxess	União Europeia	Não	Sim

(continua)

Produto	Peticionária	Origem	Impacto da existência de relacionamento sobre o preço de exportação?	Partes relacionadas?
Tubos de borracha elastomérica	Armacell do Brasil Ltda.	Emirados Árabes Unidos	Sim	Sim
Tubos de borracha elastomérica	Armacell do Brasil Ltda.	Itália	Sim	Sim
Lona de PVC	Sansuy	China	Sim	Sim
Lona de PVC	Sansuy	Coreia do Sul	Não	Sim
Espelhos não emoldurados	Abividros	México	Não	Sim
Resina PET	M&G Polímeros	Taipé Chinês	Não	Sim
Batatas congeladas	Bem Brasil Alimentos S.A.	Alemanha	Não	Sim
Batatas congeladas	Bem Brasil Alimentos S.A.	Bélgica	Não	Sim
Batatas congeladas	Bem Brasil Alimentos S.A.	França	Não	Sim
Batatas congeladas	Bem Brasil Alimentos S.A.	Holanda	Não	Sim
Pneus agrícolas	Anip	China	Não	Sim
Vidros automotivos temperados e laminados	Abividro	China	Sim	Sim

(continua)

Produto	Peticionária	Origem	Impacto da existência de relacionamento sobre o preço de exportação?	Partes relacionadas?
N-Butanol	Elekeiroz S.A.	África do Sul	Não	Sim
N-Butanol	Elekeiroz S.A.	Rússia	Não	Sim
Fios de aço	Belgo Bekaert Arames Ltda.	China	Sim	Sim
Cordoalhas de aço	Belgo Bekaert Arames Ltda.	China	Sim	Sim
Laminados a quente	ArcelorMittal Brasil S.A., Companhia Siderúrgica Nacional e Gerdau Açominas S.A.	China	Sim	Sim
Laminados a quente	ArcelorMittal Brasil S.A., Companhia Siderúrgica Nacional e Gerdau Açominas S.A.	Rússia	Sim	Sim
Ésteres acéticos	Rhodia Poliamida e Especialidades Ltda.	México	Sim	Sim
Tubos de aço inoxidável austenítico	Marcegaglia do Brasil Ltda. e Aperam Inox Tubos Brasil Ltda.	Malásia	Não	Sim
Tubos de aço inoxidável austenítico	Marcegaglia do Brasil Ltda. e Aperam Inox Tubos Brasil Ltda.	Vietnã	Sim	Sim

(conclusão)

Produto	Peticionária	Origem	Impacto da existência de relacionamento sobre o preço de exportação?	Partes relacionadas?
Borracha nitrílica (NBR)	Nitriflex S.A. Indústria e Comércio	Coreia do Sul	Sim	Sim
Borracha nitrílica (NBR)	Nitriflex S.A. Indústria e Comércio	França	Sim	Sim
Corpos moedores para moinho em ferro fundido e/ou aço ligado ao cromo	Magotteaux Brasil Ltda.	Índia	Sim	Sim
Chapas de gesso (*drywall*)	Associação Brasileira do Drywall/Trevo Industrial de Acartonados S.A.	México	Sim	Sim
Filme PET	Terphane Ltda.	Bareine	Não	Sim
Tubos de ferro fundido	Saint-Gobain Canalização Ltda.	Índia	Não	Sim

  Registre-se que a pesquisa de precedentes foi realizada de forma manual por estes autores, sem recurso a bases de dados da Subsecretaria de Defesa Comercial e Interesse Público (SDCOM) ou a pedidos de acesso a informação via Sistema de Informação ao Cidadão (SIC). Dessa forma, eventuais equívocos na listagem dos precedentes e/ou na interpretação deles são de responsabilidade exclusiva dos autores.

ANEXO V

IMPACTO DO RELACIONAMENTO SOBRE A DETERMINAÇÃO FINAL DAS MEDIDAS ANTIDUMPING

(continua)

Produto	Peticionária	Origem	Existência de grupo	Impacto do relacionamento na negativa de compromisso de preços	Partes relacionadas?
SAPP	ICL Brasil Ltda.	China	Sim	Não	Sim
SAPP	ICL Brasil Ltda.	EUA	Sim	Não	Sim
SAPP	ICL Brasil Ltda.	Canadá	Sim	Não	Sim
Ácido adípico	Rhodia	EUA	Não	Não	Sim
Tubos de aço carbono (até 5 polegadas)	Vallourec	Ucrânia	Sim	Sim	Sim
Chapas *off-set*	IBF Indústria Brasileira de Filmes S.A.	EUA	Sim	Não	Sim
Borracha de estireno-butadieno (E-SBR)	Lanxess	União Europeia	Sim	Não	Sim

(continua)

Produto	Peticionária	Origem	Existência de grupo	Impacto do relacionamento na negativa de compromisso de preços	Partes relacionadas?
Tubos de borracha elastomérica	Armacell do Brasil Ltda.	Emirados Árabes Unidos	Sim	Não	Sim
Tubos de borracha elastomérica	Armacell do Brasil Ltda.	Itália	Não	Não	Sim
Lona de PVC	Sansuy	China	Sim	Não	Sim
Lona de PVC	Sansuy	Coreia do Sul	Não	Não	Sim
Espelhos não emoldurados	Abividros	México	Não	Não	Sim
Resina PET	M&G Polímeros	Taipé Chinês	Não	Não	Sim
Batatas congeladas	Bem Brasil Alimentos S.A.	Alemanha	Não	Não	Sim
Batatas congeladas	Bem Brasil Alimentos S.A.	Bélgica	Não	Não	Sim
Batatas congeladas	Bem Brasil Alimentos S.A.	França	Não	Não	Sim
Batatas congeladas	Bem Brasil Alimentos S.A.	Holanda	Não	Não	Sim
Pneus agrícolas	Anip	China	Sim	Não	Sim
Vidros automotivos temperados e laminados	Abividro	China	Sim	Não	Sim

(continua)

Produto	Peticionária	Origem	Existência de grupo	Impacto do relacionamento na negativa de compromisso de preços	Partes relacionadas?
N-Butanol	Elekeiroz S.A.	África do Sul	Não	Não	Sim
N-Butanol	Elekeiroz S.A.	Rússia	Não	Não	Sim
Fios de aço	Belgo Bekaert Arames Ltda.	China	Não	Sim	Sim
Cordoalhas de aço	Belgo Bekaert Arames Ltda.	China	Sim	Sim	Sim
Laminados a quente	ArcelorMittal Brasil S.A., Companhia Siderúrgica Nacional e Gerdau Açominas S.A.	China	Sim	Sim	Sim
Laminados a quente	ArcelorMittal Brasil S.A., Companhia Siderúrgica Nacional e Gerdau Açominas S.A.	Rússia	Sim	Não	Sim
Ésteres acéticos	Rhodia Poliamida e Especialidades Ltda.	México	Sim	Não	Sim
Tubos de aço inoxidável austenítico	Marcegaglia do Brasil Ltda. e Aperam Inox Tubos Brasil Ltda.	Malásia	Não	Não	Sim
Tubos de aço inoxidável austenítico	Marcegaglia do Brasil Ltda. e Aperam Inox Tubos Brasil Ltda.	Vietnã	Sim	Não	Sim

(conclusão)

Produto	Peticionária	Origem	Existência de grupo	Impacto do relacionamento na negativa de compromisso de preços	Partes relacionadas?
Borracha nitrílica (NBR)	Nitriflex S.A. Indústria e Comércio	Coreia do Sul	Sim	Não	Sim
Borracha nitrílica (NBR)	Nitriflex S.A. Indústria e Comércio	França	Sim	Não	Sim
Corpos moedores para moinho em ferro fundido e/ou aço ligado ao cromo	Magotteaux Brasil Ltda.	Índia	Sim	Não	Sim
Chapas de gesso (*drywall*)	Associação Brasileira do Drywall/ Trevo Industrial de Acartonados S.A.	México	Sim	Não	Sim
Filme PET	Terphane Ltda.	Bareine	Não	Não	Sim
Tubos de ferro fundido	Saint-Gobain Canalização Ltda.	Índia	Não	Não	Sim

Registre-se que a pesquisa de precedentes foi realizada de forma manual por estes autores, sem recurso a bases de dados da Subsecretaria de Defesa Comercial e Interesse Público (SDCOM) ou a pedidos de acesso a informação via Sistema de Informação ao Cidadão (SIC). Dessa forma, eventuais equívocos na listagem dos precedentes e/ou na interpretação deles são de responsabilidade exclusiva dos autores.

Esta obra foi composta em fonte Palatino Linotype, corpo 10,5
e impressa em papel Offset 75g (miolo) e Supremo 250g (capa)
pela Gráfica Paulinelli, em Belo Horizonte/MG.